로마서 설교

Preaching Romans: *Four Perspectives*
edited by Scot McKnight and Joseph B. Modica

© 2019 Scot McKnight and Joseph B. Modica
Originally published in English under the title, *Preaching Romans* edited by Scot
McKnight and Joseph B. Modica.
Published by Wm. B. Eerdmans Publishing Co., Grand Rapids, MI, U.S.A.
All rights reserved.

Translated and used by arrangement of Wm. B. Eerdmans Publishing Co., through
rMaeng2, Seoul, Republic of Korea.
This Korean edition © 2022 by Viator, Inc., Seoul, Republic of Korea.

로마서 설교

네 관점

스캇 맥나이트, 조지프 B. 모디카 편집

전의우 옮김

비아토르

쭈글쭈글한 숙제장을 한 장 한 장 다림질해 주셨고
세계대백과사전 전집을 집에 마련해 놓으셨던
조지프의 부모님,
프란시스 모디카(†2017. 3. 5)와
벤자민 모디카(†2017. 3. 8) 두 분에게
이 책을 바칩니다.
편히 잠드소서.

일러두기 ─────────

1. 따로 표시하지 않은 경우, 사용된 한글 성경은 개역개정 4판이며, 저자의 사역(私譯) 이나 다른 번역본을 사용할 때는 따로 표기했다.
2. 괄호 안의 작은 글씨로 된 부분은 옮긴이가 덧붙인 것이다.

감사의 글

우리는 마감 날짜를 어김없이 지켰고 빼어난 에세이와 설교를 보내왔으며 그 속에서 예리한 통찰력을 보여준 기고자 모두에게 감사한다. 프로젝트가 완결되기까지 수고를 아끼지 않은 뛰어난 편집자 마이클 톰슨, 제니 호프먼, 라이언 데이비스에게도 감사한다.

나(조지프 B. 모디카)는 2017년에 불과 며칠 사이로 세상을 떠나신 부모님께 이 책을 헌정하도록 깊이 배려해 준 오랜 친구이자 공동 편집자인 스캇 맥나이트에게 감사한다. 당시 나의 형제 스티븐과 누이 마리와 나는 복잡한 의학적 결정을 내려야 했고, 모두 힘겨운 시간을 보냈다. 우리는 울었고, 기도했으며, 더 울었고, 서로 위로했다. 아무리 줄여 말해도, 가족이 함께 힘들어하고 애쓰는 시간이었다.

기억에 남는 어린 시절의 두 사건이 내가 학문의 길에 들어서는 데 일조했다. 첫째, 어머니는 부지런함과 완벽함의 본보기였다. 초등학교 때, 밖에 나가서 친구들과 놀고 싶은 마음에 숙제

9

를 후다닥 해치우기 일쑤였다. 그러다 보니 대개 낱장으로 분리되는 숙제장이 후줄근하고 쭈글쭈글했다. 어느 날, 어머니는 엄청 화난 얼굴로 다림질 판을 꺼내더니 다리미를 데워 내가 숙제해 놓은 낱장을 하나씩 다리기 시작하셨다. 내 눈을 믿을 수 없었다. "조지프, 이제부터는 뭐든지 후줄근하게 제출해서는 안 돼." 그때 나는 겨우 2학년이었다. 지금도 그날이 기억난다.

둘째, 아버지는 최신판 세계대백과사전 전질을 사려고 추가로 일자리를 구했다. 1960년대에 나온 그 백과사전은 녹색 표지에 속지가 흰색이었고, 항목이 A부터 Z까지 차례로 되어 있었다. 국회도서관이 우리 집으로 옮겨온 것 같았다. 나는 그때 3학년이었고, 백과사전을 한 권씩 처음부터 끝까지 다 읽기 시작했다. 그런데 부모님은 H 항목에 남자와 여자의 인체 그림이 포함되어 있는 것을 아셨다. 나는 몰랐다. 그래서 두 분은 내가 아직 '그 대화'를 나눌 준비가 되어 있지 않다고 생각했고, 그 권을 한동안 숨겨 두었다. 두 분은 지혜가 있었고 유머 감각도 뛰어났다.

편히 잠드소서.

바울 서신은 신약성경 해석자와 설교자에게 수수께끼 같다. 이 책은 바울을 해석하는 주요 관점들을 공정하게 제시하며, 이 관점들이 바울 서신을 설교하는 데, 따라서 회중석의 청중에게 어떻게 영향을 미칠지에 관한 통찰을 제시한다.

특별히 로마서 해석이 아주 분분하기에, 숱한 목회자가 로마서를 설교하길 두려워하게 되었다. 성서정과(聖書程課, 교회력에 따라 매주일 본문이 정해져 있다)를 따르는 목회자라면 정해진 본문을 설교하면 되겠지만, 이들은 자신이 이내 깊은 물에 들어가고 있음을 알게 된다. 좀 더 시간을 내어 바울 연구에 친숙해지고 더 많은 로마서 본문을 인내하며 연구하길 바라는 목회자가 많다.

이 책은 우리 시대에 바울을 해석하는 주요 관점 넷—종교개혁의 (옛) 관점, 새 관점, 묵시적 바울 읽기, 참여적 관점—을 이해하기 쉽게 설명한다. 먼저, 바울에 접근하는 각 방식의 주요 주창자들이 차례로 각자의 방식을 설명한다. 뒤이어, 로마서를 해석하는 각 방식이 실제로 바울을 설교할 때 어떻게 적용될 수 있는지 보여 주는 잘 알려진 설교자의 설교가 세 편씩 제시된다.

이 책은 목회자뿐 아니라 사도 바울을, 특히 로마서 해석 과정을 더 알고 싶은 평신도를 위한 것이기도 하다. 많은 평신도 독자들이 바울 서신을 다룬 학문적 연구에 깊은 관심을 보이기 때문이다.

사도 바울처럼 우리도 이 책의 학문 연구와 목회 감수성을 통해 여러분의 마음이 새로워지길 바란다(롬 12:2).

스캇 맥나이트와 조지프 B. 모디카

사 도 바울을

해석하는 관점들

/

로마서와 '루터교가 보는' 바울

스티븐 웨스터홀름
Stephen Westerholm

존 로크(1632-1704)는 오늘 우리에게 단순히 경험주의 철학자로 알려져 있지만, 과거에는 꼼꼼한 바울 연구자로도 알려져 있었다. 그가 쓴 《바울 서신 주해》는 18세기 내내 뿐 아니라 19세기에도 한동안 널리 읽혔다. 이 책의 서문에서 로크는 바울 독자들이 바울 저작을 해석한 주석가들을 참조하면서 마주하게 되는 위험을 언급했다. 어떤 독자들은 자신이 "건전하고 정통적"이라 생각하는 주석가들만 참조했다. 당연히 이 독자들의 눈에는 이런 주석들에서 자기 생각을 뒷받침하는 것들만 들어왔다. 로크는 이것은 바울이 의도한 "참 의미"에 이르는 길이 아니라고 주장했다. 다른 어떤 독자들은 다양한 주석가를 참조하는데, 이들은 "어떤 캄캄한 구절에서든 자신들을 비춰 주는" 주석가라면 그 누구도 배제하지 않았다. 이런 독자들의 경우에 문제는 이들이 "자신이 참조한 주석들이 제시한 수백 가지[해석들]에 마음이 분산되며, 따라서 자신이 애초에 주석가들을 참조할 때 가졌던 성경의 한 의미는 고사하고 전혀 아무 의미도 갖지 못한 채 빈손으로 나온다"는 것이다. 첫째 유형의 독자들이 바울이 의도한 의미보다 자신만의 의미를 찾아낸다면, 후자는 "아무 의미도 찾아내지 못한다."[1]

　　존 로크에 따르면, 당시 다양한 주석가를 참조하는 독자들은 진퇴양난에 빠졌다. 그런데 이들이 처했던 진퇴양난이, 이 책이 충분히 입증하듯이, 우리 시대에 바울 연구를 따라잡으려는 이들에게는 훨씬 큰 딜레마다. 그러나 성경이 신자들의 신앙과 행위의 최종 권위여야 한다면, 성경이 믿고 행하라 요구하는 것이 무엇인지 신자들이 이해할 수 있어야 한다. 프로테스탄트가 말하는 **오직 성경**(sola scriptura)은 성경의 **명료함**에 대한 확신을, 곧 성경은 **모든 본질적인 것에서** 의미가 명쾌하기에 하나님의 성령께서 조명해 주시길 기도하며 자신이 받는 메시지에 순종하겠다는 의지를 품고 하나님의 말씀 앞에 나아가는 신자들을 겸손하게 한다는 믿음을 늘 수반했다.[2] 이러한 확신과 일맥상통하는 이 에세이의 논점은 이것이다. 즉 학자들이 바울을 해석하는 관점이 아무리 다양하더라도, 어떤 근본 진리들은 성경이(여기서 우리는 로마서에 초점을 맞출 것이다) 아주 분명하게 가르치기 때문에, 우리는 확신을 갖고 이 진리들을 단언할 수 있고 또 단언**해야 한다는 것이다**. 더 구체적으로 말하면, 최근의 바울 연구는 바울이 서

1　John Locke, *A Paraphrase and Notes on the Epistles of St Paul*, 2 vols., ed. Arthur W. Wainwright (Oxford: Clarendon, 1987), 1:108-109(원문의 이탤릭체는 해제했다).

2　다음을 보라. Stephen Westerholm and Martin Westerholm, *Reading Sacred Scripture: Voices from the History of Biblical Interpretation* (Grand Rapids: Eerdmans, 2016), 220-221, 267-269, 273-274.

신들을 썼던 1세기 상황과 그의 논증에서 지금껏 때로 간과되었던 요소들에 마땅히 주의를 집중하지만, 바울을 해석하는 전통적 관점 또는 '옛' 관점(지금은 흔히 '루터교의 관점'이라 불린다)의 핵심 특징들은 반론의 여지없이 바울의 것이며, 바울을, 그리고 실제로 기독교 복음 자체를 제대로 이해하는 데 기본이다. 우리가 바울의 논증을 문맥 속에서 제대로 주목하면서 여기서 논하는 '핵심 특징들'은 다음과 같다.

1. 하나님이 보시기에 모든 사람은 죄인이다.
2. 하나님이 사람들의 행위를 보실 때 의로운 사람은 아무도 없다.
3. 하나님은 당신의 아들, 예수 그리스도의 죽음을 통해 사람의 죄를 대속하셨다.
4. 오직 하나님의 은혜로, 사람의 행위와 무관하게, 하나님은 예수 그리스도를 믿는 이들을 의롭다 하신다.

모든 사람은 죄인이다

많은 신자들에게 로마서 3:23은 모든 사람이 죄인임을 보여 주는 가장 중요한 증거 본문이다. "모든 사람이 죄를 범하였으매 하나님의 영광에 이르지 못하더니."[31] 이 구절을 문맥에서 떼어 내면(기억이라는 게 늘 이런 식이다!) 바울에게 중요한 많은 것들이—

그리고 바울이 로마서의 앞장들에서 전개한 대다수 논증들이—보이지 않게 된다. 여기서 나는 이 그림의 빈 곳을 채울 것이며, 동시에, 로마서 3:23을 사용하는 일반적 방식이 바울을 전혀 왜곡하지 않는다고 주장할 것이다.

로마서 1:16-17에서 바울은 복음의 본질을 "구원을 주시는 하나님의 능력"으로 요약한다. 바울은 두 장 뒤 3:21에서 또다시 이 주제를 전개한다. (핵심 특징 3, 4에 대한 아래의 논의를 보라.) 그러나 그 전에 바울은 자신이 선포하는 메시지는 모든 사람에게 필요한 것이라고 주장한다(1:18-3:20). 로마서 3:23은 당연히 바울의 논증을 요약한다(확실히 이 구절은 본래 문맥에서 이 목적에 부합한다). 하지만 바울을 공부하는 이들은 그가 이 결론에 이르기 전에 어떤 단계를 밟는지 알고 싶을 것이다.

로마서 1:18-3:20을 읽으면 거의 놓칠 수 없는 게 있다. 바울이 도달하는 결론들은 보편적이지만, 그는 한편의 유대인과 다른 한편의 비유대인(또는 이방인)이 하나님 앞에서 상대적으로 어떤 처지인지 상당히 길게 논한 후에 이 결론들에 이른다. 실제로, 바울의 논증은 대부분 모든 사람이 죄인임을 입증하는 것보다는 유대인과 이방인이 서로 차이가 있더라도 양쪽 다 하나님 앞에서 같은 처지임을 보여 주는 데 더 관심을 두는 것 같다. "하나님의 의로우신 심판"의 근본 원리는 하나님이 모든 사람을 각자의 행위대로 심판하시리라는 것이다(2:5-6). 바울은 이 원리를

---

3   성경은 개역개정 4판을 사용했다(저자는 ESV를 사용했다).

아주 단순하게 제시한다. 하나님은 모든 사람에게 '선'을 행하고 '악'(evil, 7절에서 개역개정은 "불의")을 행하지 말라고 요구하신다. 하나님은 선을 행하는 사람에게 영생을 주시지만, 악을 행하는 사람은 하나님의 진노와 마주하게 될 것이다(2:7-10). 그러나 이 근본 원리를 말할 때에도 바울은 이 원리가 유대인과 '헬라인'(이방인)에게 똑같이 적용됨을 분명하게 강조한다.

> 하나님께서 각 사람에게 그 행한 대로 보응하시되 참고 선을 행하여 영광과 존귀와 썩지 아니함을 구하는 자에게는 영생으로 하시고 오직 당을 지어 진리를 따르지 아니하고 불의를 따르는 자에게는 진노와 분노로 하시리라. 악을 행하는 각 사람의 영에는 환난과 곤고가 있으리니 **먼저는 유대인에게요 그리고 헬라인에게며** 선을 행하는 각 사람에게는 영광과 존귀와 평강이 있으리니 **먼저는 유대인에게요 그리고 헬라인에게라. 이는 하나님께서 외모로 사람을 취하지 아니하심이라**(2:6-11).

"먼저는 유대인에게" 적용되는데, 이는 여러 중요한 면에서 유대인은 오랫동안 특권을 가진 백성이기 때문이다. 그러나 여기서 바울의 핵심은 동일한 심판의 기본 원리가 유대인과 비유대인에게 똑같이 적용된다는 것이다. 당연히 그래야 한다. "하나님께서 외모로 사람을 취하지 아니하"시기 때문이다. 바울은 논증을 계속하면서 유대인과 이방인의 매우 실제적인 차이를 설명하면서도 하나님이 사람을 그 행한 대로 심판하실 때 둘 사이에 근본적 차이가 **없음**을 보여 준다. 원리는 이렇다. 양쪽 다 '선'을 행했느냐 아니면 '악'을 행했느냐에 따라 심판받을 것이다.

물론, 이 원리는 유대인과 이방인 양쪽 다 행해야 하는 선과 피해야 하는 악을 **안다**고 추정한다. 이러한 단순한 추정에 반대하여, 이방인이 아니라 유대인이 하나님의 율법을 받았으며, 이 율법은 무엇을 해야 하고 무엇을 피해야 하는지 세세하게 명시한다는 주장을 제기할 수도 있다. 바울은 이런 주장을 반박하지 않는다(2:12, 14, 18, 20에 주목하라). 그러나 바울은 하나님이 사람을 심판하실 때 단지 율법을 가졌다고 해서 달라질 게 없다고 주장한다. 율법을 가졌다고 해서 달라지는 것은 없다. 왜냐하면 (a) 유대인이 받은 율법에 제시된 하나님의 요구와 하나님이 모든 사람에게 요구하시는 선이 일치하기 때문이며, (b) 이방인은 유대인이 받은 율법이 없지만, 그렇더라도 자신들이 반드시 행해야 하는 선을 알기 때문이고, (c) 하나님이 요구하시는 것은 선을 **행하는 것**이기에, 기록된 율법을 가진 유대인이라도 하나님 앞에서 의로우려면, 그 율법이 없는 이방인과 마찬가지로, 실제로 선을 **행해야** 하기 때문이다.

a. 로마서 2:10에서 바울은 하나님에게게서 "영광과 존귀와 평강"(2:7이 말하는 "영생"에 상당하는 것)을 받으려면 유대인과 이방인이 똑같이 '선'을 행해야 한다고 주장한다. 그런데 2:13에서 언어가 바뀐다. 이 구절에서, 하나님은 당신이 의롭다 하실 사람에게 "율법을 행하는 자"가 되라고 요구하신다. 그러나 바울은 여전히 하나님이 유대인과 이방인에게 똑같이 요구하시는 것을 생

각하며, 그래서 뒤이어 어떻게 이방인이, 기록된 율법을 갖지 못했는데도, "율법이 요구하는 것"을 행할 책임이 있는지 보여 준다(2:14; 아래 b를 보라). 따라서 바울의 논증은 율법이 사람들에게 행하라고 명하는 것이, 2:10에 따르면, 하나님이 모든 사람에게 요구하시는 선과 같다는 추정에서 출발한다.[4] 이 추정과 관련하여 두 가지 핵심에 주목해야 한다.

첫째, 바울은 율법이 요구하는 것을 말할 때, 일반적으로 율법의 '의식상의(ceremonial)' 요구라 일컫는 것을, 적어도 당장은, 생각하지 않는다. 어쨌든 다른 곳에서 바울은 이방인이 유대인의 절기나 음식법을 지켜야 하거나 이방인 남자들이 할례를 받아야 한다고 생각하지 않는다는 것을 아주 분명하게 밝힌다(예를 들면 갈 4:10-11, 5:2-6). 오히려 2장 뒷부분에서 언급되는 도둑질과 간음을 금하는 규정들이 그가 어떤 계명을 염두에 두는지 보여 준다(롬 2:21-22).

둘째, 바울 당시의 유대인은 모세 율법의 요구들이 하나님이 모든 사람에게 요구하시는 선을 분명하게 제시한다는 개념을 널리 받아들였다. 잠언이 '지혜'를 사람이(모든 사람이) 따르고 실천해야 하는 것이라 말한다면(잠 3:13-18, 4:5-9 등), 후대 유대 문헌

---

4 동일한 이해가 로마서 5:13("죄가 율법 있기 전에도 세상에 있었으나")과 4:15에서도("율법이 없는 곳에는 범법도 없느니라") 나타난다. 지금 옳은 것은 전에도 옳았고, 지금 그른 것은 전에도 글렀으며(그것은 죄였다), 율법이 주어지기 전에도 그러했다. 가인은 아벨을 죽였을 때 죄를 지었다. 그러나 그는 "살인하지 말지니라"(출 20:13)는 계명을 범하지는 않았다. 그때는 아직 이 계명이 주어지지 않았기 때문이다. 율법을 주심으로써 이미 죄였던 것이(예를 들면, 살인) 범법으로, 분명한 계명(살인의 경우, 제 6계명)을 어긴 것으로 바뀌었다. 율법이 무엇이 선인지 제시한다는 것은 로마서 7:12, 16, 13:8-10에서도 분명하게 나타난다.

은 이 '지혜'를 하나님이 시내산에서 모세에게 주신 율법과 동일 시했다(예를 들면 시락서 24:1-27). 유대 변증 문헌에서 이러한 확신 은 특정한 형태를 띠었다. 즉 그리스-로마 세계에서 철학자들이 흔히 윤리적 이상들을 '자연'이나 '[기록된] 자연법'에 대한 순응 이라고 했다면, 유대 변증가들은 모세 율법이 '자연법'의 완벽한 구현이라 말하기 일쑤였다. 어쨌든, 이들은 자연법의 신적 기원 이 당신의 율법을 이스라엘에게 주신 하나님일 수 있다고, 따라 서 필연적으로, 자연 질서가 모세 율법의 규정들에 투영된다고 추정했다(마카비 4서 5:25-26을 보라).

간단히 말해, 바울은 하나님이 모든 사람에게 요구하시는 선과 모세 율법의 (도덕적) 요구들을 동일시하는데, 이에 대해서 바울은 전혀 반론을 예상하지 않는다.

b. 그렇지만 바울은 이방인에게 그들이 받지도 않은 율법 을 지킬 책임을 지울 수는 없다는 반론은 예상한다. 바울은 이방 인이 "율법 없는" 사람이더라도 때로 율법이 요구하는 것을 행 한다(예를 들면, 살인과 간음과 도둑질을 삼간다)는 자명한 사실을 들어, 하나님은 이들이 율법의 기본 요구들을 내적으로 인지하게 하셨 음을 보여 준다(2:14-15).[5] "율법을 행하는 자"가 "의롭다 하심을 얻으리라"는 선언에(2:13) 바로 이어지기 때문에, 율법이 요구하

---

5   바울은 여기서 의로운 이방인의 존재를 단정하는 게 아니다. 이것은 바울이 "율법이 요구하는 것"을 행하는 바로 그 이방인의 "생각들이 서로 혹은 고발하며 혹은 변명한다"고 말하는 데서 분명하게 드러난다(2:15; 그의 언어는 변명보다 고발을 암시한다). 바울의 핵심은 단지 이방인이 기록된 율법을 받지 못했는데도 율법의 특정한 요구들을 지킬 때, 이들은 하나님이 자신들에게 요구하시는 선을 자신들이 알고 있음을 증명한다는 것이다.

는 선을 이방인이 안다는 주장은(2:14-15) 하나님의 심판 앞에서 이방인을 유대인과 사실상 같은 처지에 둔다(2:16). 양쪽 모두 선을 행해야 하며, 이것이 율법이 요구하는 것이다.

c. 유대인이 하나님의 기본 요구들을 마주하는 형식—기록된 율법—때문에, 이 요구들의 내용에 관해서는 의심이나 논의의 여지가 없다. 유대인은 '지식과 진리의 모본'인 "율법의 교훈을 받았"기에 "하나님의 뜻을 안다." 실제로 유대인은 하나님이 양쪽 모두에게 요구하시는 선을 자신들이 이방인에게 가르칠 수 있다고 생각한다[너희는 "맹인의 길을 인도하는 자요 어둠에 있는 자의 빛이요…어리석은 자의 교사요 어린아이의 선생이라"(2:17-20)]. 바울은 유대인이 율법을 소유하고 있기에 특권을 가진 사람들임을 부정하지 않으면서, 자신의 논점을 밀고 나간다. 곧 유대인과 이방인은 하나님의 의로운 심판 앞에서 동일한 처지라는 것이다. 바울은 이방인이라고 해서 선을 행하라는 요구에서 제외될 수 없음을 보여 주었다. 이방인도 하나님이 요구하시는 것을 아는 하나님이 주신 인지능력이 있기 때문이다. 2:21을 시작으로, 바울은 유대인이 (기록된) 율법을 가졌다고 해서 율법이 명하는 선을 실제로 행해야 하는 요구(이방인과 공유하는 요구!)에서 제외되지 않음을 강조한다.

유대인과 이방인은 같은 처지다

사도 바울은 먼저 가상의 유대인에게 과장된 질문을 던진다. 그가 다른 사람들에게 가르치는 계명들을 그 자신이 실제로 지키느냐는 것이다. "그러면 다른 사람을 가르치는 네가 네 자신은 가르치지 아니하느냐. 도둑질하지 말라 선포하는 네가 도둑질하느냐. 간음하지 말라 말하는 네가 간음하느냐. 우상을 가증히 여기는 네가 신전 물건을 도둑질하느냐"(2:21-22). 바울은 도둑질하거나 간음하거나 신전 물건을 도둑질했다며 유대인을 고발하는 게 아니라는 데 주목하라.[6] 이들이 이렇게 하느냐 하지 않느냐라는 바울의 질문은 누군가 무엇을 알고 무엇을 다른 사람들에게 가르칠 수 있느냐가 아니라 그 사람이 자신이 알고 가르치는 것에 부합하느냐가 핵심 이슈라는 것을 강조할 뿐이다.

바울은 여기서 율법을 범했다며 유대인을 고발하는 게 아니다. 바울은 이들에게 중요한 것은 율법을 가졌다는 게 아니라 율법에 순종하는 것임을 일깨운다. 이것은 곧바로 이어지는 구절에서 분명하게 드러난다. "네가 율법을 행하면 할례가 유익하나." 유대인이 율법을 지킬 (이론적) 가능성이 여전히 남아 있는

---

6   바울이 이렇게 하고 있다고 생각하는 사람들은 바울의 고발이 얼마나 공정할 수 있는지 의문을 드러낸다. 유대인이 일반적으로 신전 물건을 도둑질했는가? (설령 어떤 별난 유대인이 이렇게 했더라도, 이런 경우는 너무나 드물었기에 바울의 말을 유대인에 대한 일반적 고발로 이해하는 것은 정당하지 않다.) 사실 바울이 선택하는 이 극단적 예는 그가 말하려는 핵심을 가장 효과적으로 드러낸다. 도둑들은 율법이 이런 행위를 금하는 것을 알며, 따라서 그 누구도 신전 물건을 도둑질하는 것을 변명할 수 있다고 생각지 않는 게 분명하다. 따라서 율법을 알기만 할 뿐 지키지 않으면 아무 소용이 없다.

게 분명하다. 그 반대 경우도 마찬가지다. "만일 율법을 범하면 네 할례는 무할례가 되느니라"(2:25). 여기서 유대인과 이방인을 구분하는 것은 더 이상 (기록된) 율법을 가졌느냐가 아니라, 할례 곧 하나님의 백성이라는 외적 표식이 있느냐이다. 그러나 바울의 핵심은 동일하다. 하나님의 심판 앞에서 '유대인과 비유대인에게' 똑같이 중요한 것은 율법이 요구하는 것을 실제로 행하는 것이다. "그런즉 무할례자가 율법의 규례를 지키면 그 무할례를 할례와 같이 여길 것이 아니냐. 또한 본래 무할례자가 율법을 온전히 지키면 율법 조문과 할례를 가지고 율법을 범하는 너를 정죄하지 아니하겠느냐"(2:26-27).

이번에도 바울은 한쪽에 "율법을 행하는" 할례 받은 유대인이 있다거나(2:25a), 다른 쪽에 "율법을 범하는" 유대인이 있다고 말하는 게 아니다(2:25b). 또한 바울이 "율법의 규례를 지키는" 할례 받지 않은 이방인이 있다고 말하는 것도 아니다(2:26). 이런 사람들이 있느냐 없느냐는 바울의 논증과 아무 관련이 없다. 2장 전체에서 바울이 제시하는 논증의 핵심은 하나님이 요구하시는 바를 실제로 행하는 것이 유대인과 이방인에게 똑같이 중요하다는 원리를 확립하는 것이다. 이방인이 기록된 율법이 없고 할례를 받지 않았다고 해서 그들에게 선을 행할 책임이 없는 게 아니다. 기록된 율법이 있고 할례 받은 유대인에게도 동일한 책임이 있다. 하나님의 심판에서, 동일한 기준—의로운 행위를 하라는 요구—이 양쪽 모두에게 적용된다. 이것이 로마서 2장의 핵심이다.

여전히, 모든 사람이 죄인이며, 따라서 모든 사람에게 예수 그리스도의 복음이 필요하다는 것이 바울이 1:18-3:20의 논증을 토대로 도달하는 궁극적 결론이다. 바울은 이 핵심을 이미 1:18-32에서 제시했는데, 여기서는 인류의 "모든 경건하지 않음과 불의"를 고발했다. 그리고 이 핵심이 3:10-18에서 성경 말씀들을 인용하면서 확언된다. "모든 사람이 죄를 범하였으매" 모든 사람이 예수 그리스도 안에 계시된 "하나님의 의"가 필요하다. 이것이 결국 바울이 1:18-3:20에서 제시하는 핵심이다. 그러나 우리의 로마서 이해는 바울의 논증 전체를 고려할 때 한층 깊어진다. "[이런 점에서 유대인과 이방인 사이에] 차별이 없느니라. 모든 사람이 죄를 범하였기 때문이다"(3:22-23). 현대 학자들이 강조하는 바 이 문맥은 바울에게 중요하다. 그러나 로마서를 읽는 모든 독자에게 늘 분명하듯이, 바울이 모든 사람이 죄인이라고 주장하는 것은 분명하다.

다른 하나, 현대 학자들이 강조하는 것과 관련 있는 하나를 짚고 넘어가야 한다. 오늘의 학자들이 빈번하게 강조하는 것이 있다. 로마서 1-3장이 인간의 딜레마를 사람들이 범하는 죄들(복수)이라는 견지에서 그려내는 반면, 로마서 5-7장은 이 딜레마를 죄(단수)의 종이라는 견지에서 묘사한다는 것이다. 초기 바울 연구자들은 ('칭의론'을 바울 사상의 중심으로 다루면서) 죄들과 칭의의 필요성에 초점을 맞추었을 것이다. 반면에 오늘의 많은 학자들은 '진짜 바울'이 인간은 죄의 권세 아래 있는 종이며 따라서 해방이 필요하다는 데 (전적으로는 아니더라도) 더 관심을 두었다고 보

26
사도 바울을 해석하는 관점들

는 경향이 있다. 나는 로마서 1-3장과 5-7장을 이런 식으로 나누는 것은 지나치다고 믿는다. 한편으로, 바울은 이미 로마서 3:9에서 유대인과 이방인이 똑같이 "죄[단수][의 권세] 아래에 있다"고 말한다. 로마서 1장에서, 분명히 바울은 사람들이 범하는 개별적 죄들(복수: 그 예는 같은 장 뒷부분에 열거된다)을 하나님에게 합당한 영광과 감사를 돌리길 거부하는 근본적 죄(1:21)의 구체적 표현이라고 본다. 이러한 근본적 죄가 이들의 생각을 너무도 허망하게 했고 이들의 마음을 너무도 어두워지게 했다(1:21-22). 그래서 사실 바울은 이미 1장에서 죄의 종살이를 말한다고 할 수 있다. 다른 한편으로, 로마서 6장에서, 죄의 종살이와 자신을 내어 주어 구체적인 죄들을 범하는 것이 분명히 서로에게서 비롯된다(6:12-19). 요한복음의 예수님이 바울의 핵심을 이미 말씀하셨다고 할 수 있겠다. "죄를 범하는 자마다 죄의 종이라"(요 8:34). 모든 사람이 죄인임—모든 사람이 죄의 종이라는 것을 반영하며, 구체적 죄들을 범하는 것으로 나타난다—이 여전히 바울의 기본 확신이다.

그러나 우리의 핵심으로 돌아가 보자. 바울이 살았던 1세기 상황에서 모든 사람이 죄인(실제로, 죄의 종)이며, 따라서 복음이 필요하다는 주장은 선을 행하라는 하나님의 요구가 유대인과 비유대인에게 똑같이 적용된다는 주장을 수반해야 했다. 이러한 1세기 상황은 바울에게도 그리고 로마서의 서두를 이루는 장들의 논증에도 중요한데, 로마서 3:23을 문맥에서 떼어 내면 이 상황이 보이지 않게 된다. 여전히 모든 사람이 죄인이라는 것을 딜레마, 곧 복음이 하나님의 해결책을 제시하는 딜레마로 보는 것은 바울에 대한 왜곡이 아니다.

'선행'으로는 충분하지 않다

우리는 '선행'에 관한 부정적인 말과 마르틴 루터를 자연스럽게 연결한다. 그러나 이러한 연결이 완전히 공정하지는 않다. 루터는 "선행론Treatise on Good Works"이라는 훌륭한 글을 썼고, 신자의 삶에서 선행이 중요하다고 늘 주장했다. 참 믿음이 있는 곳에 선행이 없을 수 없으며, 선행이 없는 곳에 참 믿음이 있을 수 없다.[7] 그러나 루터는 참 믿음이 없는 곳이라면 그 어떤 (참) 선행도 없다고도 했다. 사과를 얻으려면 먼저 사과나무가 있어야 하듯이, 사람들이(이들은 죄인이다) 선행을 하려면 먼저 선해져야 한다.[8] "육"(변화되지 않은 인간 본성)은 육의 일을 낳을 뿐이며(요 3:6), (설령 우리가 세상에서 가능한 가장 높은 도덕성을 말하고 있더라도), 믿음이 빠지면, 하나님께 받아들여질 수 없다.[9] 그러나 루터는 우리의 선행으로 하나님의 호의를 획득할 수 있다는 생각은 "마귀와 세상의 근본 원리"라고 믿는다.[10] "가톨릭 신자, 유대교인, 이슬람교도,

---

7 다음을 보라. Martin Luther, *Lectures on Galatians*: 1535, in *Luther's Works*, vol. 27, ed. Jaroslav Pelikan (Saint Louis: Concordia, 1964), 30.

8 다음을 보라. Martin Luther, *Lectures on Galatians*: 1535, in Luther's Works, vol. 26, ed. Jaroslav Pelikan (Saint Louis: Concordia, 1964), 169, 255.

9 다음을 보라. Luther, *Lectures on Galatians*, 26:139-140, 216.

사도 바울을 해석하는 관점들

분파주의자 사이에 아무런 차이도 없다. 물론 이들은 사람, 위치, 의식, 종교, 일, 예배 형식이 다양하다. 그러나 이들은 모두 같은 이유, 같은 마음, 같은 생각과 개념을 갖는다. '내가 이것이나 저 것을 하면, 하나님이 내게 호의를 베푸실 거야. 내가 이것이나 저 것을 하지 않으면, 하나님이 내게 진노하실 거야.'"[11]

바로 이 점에서, 현대의 많은 학자가 루터와 그 추종자들이 두 부분에서 바울을 오해했다고 생각한다. 첫째, 바울 당시의 유대인은 자신의 행위로 구원을 획득하고 있다고, 또는 획득할 수 있다고 생각하는 율법주의자가 아니었다는 것이다. 이들은 바울만큼이나 하나님의 은혜를 의지했다. 둘째는 첫째에서 나온다. 바울은 그 누구도 "율법의 행위"로 의롭다 하심을 얻을 수 없다고 말할 때(롬 3:20; 갈 2:16), 사람이 선행으로 자신의 구원을 획득할 수 있다는 생각을 공격하는 게 아니라는 것이다. 바울은 한 번도 이 문제와 마주하지 않았다. 바울이 마주했던 문제는 이방인 신자들이 할례를 받고 유대인의 음식법과 절기법을 지켜야 하느냐는 것이었다. 따라서 로마서 3:20과 갈라디아서 2:16의 핵심은 이런 "율법의 행위"가 칭의의 기초가 아니라는 것이다. 바울이 지적한 것은 유대인의 민족중심주의, 곧 이방인이 구원을 받으려면 유대인이 되어야 한다는 생각이었다.

거듭 말하건대, 현대 학자들은 마땅하게도 바울이 편지를 쓰던 상황과 그가 마주했던 문제를 우리에게 일깨워 주었다.

---

10 Luther, *Lectures on Galatians*, 27:146.
11 Luther, *Lectures on Galatians*, 26:396.

또 다시 분명히 말하건대, 그 누구도 자신의 선행으로 하나님 보시기에 의로울 수 없다는 루터의 주장은 바울에 대한 왜곡이 아니다.

유대인이 은혜를 의지했느냐는 여기서 다룰 문제가 아니다.[12] 내 생각에, 바울이 유대 율법주의를 공격한다고 주장하는 전통적 학자들과 바울이 지적한 것은 오히려 유대 민족중심주의라고 주장하는 현대 학자들 사이의 논쟁 자체가 바울의 논증을 왜곡했다. 바울이 율법과 그 '행위'로 의롭다 하심을 얻을 수 없다고 할 때, 그의 핵심은 유대인이 율법을 율법주의로 왜곡했고 (독선적이게도) 자신들은 율법을 지키기 때문에 하나님에게 주장할 권리가 있으며 하나님이 자신들을 의롭다고 인정하셔야 한다고 생각했다는 것이 아니다. 유대인이 민족중심주의적으로 생각하여 비유대인이 의롭다 하심을 얻으려면 유대인이 되고 율법에서 뚜렷이 유대적인 부분들을 지켜야 한다고 주장함으로써 율법을 왜곡했다는 것도 바울의 핵심이 아니다. 사실 바울은 유대인의 율법 왜곡을 전혀 공격하지 않는다. 바울은 율법 자체—주어졌고, 바르게 이해된 율법 자체—가 사람들이 무엇을 해야 하는지 세세하게 제시하며, 따라서 율법의 기준으로 볼 때, 율법이 명하는 것을 행하는 사람들은 의롭다고 주장한다. 거꾸로 말하면,

---

12 이런 논의는 다음을 보라. Stephen Westerholm, *Perspectives Old and New on Paul: The "Lutheran" Paul and His Critics*(Grand Rapids: Eerdmans, 2004), 341-351; *Justification Reconsidered: Rethinking a Pauline Theme*(Grand Rapids: Eerdmans, 2013), 23-34; 그리고 특히 John M. G. Barclay, *Paul and the Gift*(Grand Rapids: Eerdmans, 2015). 《바울과 선물》, 송일 옮김(새물결플러스, 2019).

사도 바울을 해석하는 관점들

율법의 명령을 따르지 않는 사람들에게 율법은 의에 이르는 길이 될 수 없다.

바울은 레위기 18:5에서 율법의 기본 원리를 발견하고, 로마서 10:5에서 이것을 인용한다. "모세가 기록하되 율법으로 말미암는 의를 행하는 사람은 그 의로 살리라 하였거니와"(갈 3:12도 보라). (특별히 주목해야 할 게 있다. 이것은 모세가 했고, 성경에 있는 말이다. 따라서 바울에게 이것은 율법에 대한 '율법주의적' 왜곡일 수 없다.) 율법은 실제로 율법의 요구에 순종하는 사람들에게(롬 7:10) "생명을 약속했다"[promised life, 개역개정은 "생명에 이르게 할 (율법)"]. 이 구절들에서, "살아 있는"(또는 "생명"이 있는) 사람은 이생과 내세에서 하나님의 호의를 누리는 사람이 분명하다. 따라서 바울은 "오직 율법을 행하는 자라야 의롭다 하심을 얻으리니"라고 할 때, 동일한 핵심을 자신의 말로 표현하고 있다(롬 2:13). 본질상, 계명으로 구성된 율법은 사람들에게 그들이 무엇을 해야 하는지 말한다. 바울이 지적하듯이, 율법은 '행하는 자'가 되라고 요구한다. 율법이 요구하는 행위들('일들'이라고 할 수 있다)을 행하는 사람은 의롭다 하심을 얻고 살 것이다. 이것이 율법이 작동하는 원리다. 이것이 "율법으로 말미암은 의"(율법에 기초한 의)이다(롬 10:5; 참조. 빌 3:9).[13]

그러나 결정적으로, 율법의 요구를 충족시키는 사람에게 복과 생명을 약속하는 바로 그 율법이 또한 불순종하는 사람에

---

13 참조. "우리가 그 명령하신 대로 이 모든 명령을 우리 하나님 여호와 앞에서 삼가 지키면 그것이 곧 우리의 의로움이니라 할지니라"(신 6:25).

게 저주와 죽음을 경고한다.

> 보라, 내가 오늘 생명과 복과 사망과 화를 네 앞에 두었나니 곧 내가 오늘 네게 명령하여 네 하나님 여호와를 사랑하고…그리하면 네가 생존하며 번성할 것이요 또 네 하나님 여호와께서 네가 가서 차지할 땅에서 네게 복을 주실 것이니라. 그러나 네가 만일 마음을 돌이켜 듣지 아니하고 유혹을 받아 다른 신들에게 절하고 그를 섬기면 내가 오늘 너희에게 선언하노니 너희가 반드시 망할 것이라.…내가 오늘 하늘과 땅을 불러 너희에게 증거를 삼노라. 내가 생명과 사망과 복과 저주를 네 앞에 두었은즉…(신 30:15-19).

따라서 바울이 언약에 관하여 말할 때, 곧 언약 아래서 율법이 '죽음'(개역개정은 "죽게 하는")과 '정죄'의 율법으로 주어졌다면서 율법이 자신의 요구를 충족하는 사람에게 생명을 약속한다는 것을 언급조차 하지 않을 때(고후 3:7, 9), 핵심은 율법의 요구가 충족되지 않았다는 것임이 분명하다. 이것은 갈라디아서 3:10의 핵심이다. "율법의 행위"를 근거로 자신이 의롭다 주장하는 사람은 "저주 아래에 있나니 기록된 바 누구든지 율법 책에 기록된 대로 모든 일을 항상 행하지 아니하는 자는 저주 아래에 있는 자라 하였음이라." 갈라디아서에서, 바울은 이방인 신자들이 할례를 받고 유대 음식법과 절기법을 지켜야 한다는 주장을 반박하는 게 분명하다. 그러나 바울이 "율법의 행위로써는 의롭다 함을 얻을 육체가 없느니라"(갈 2:16)라고 할 때, 그의 핵심은 (갈라디아서의 전체 논증이 분명하게 밝히듯이) 이방인이 할례를 받는다면 율법 전체에 순종하라고 요구하는 언약에(5:3), 죄인들에게 저주와 죽음을 가져다 줄 뿐인 언약에 들어간다는 것이다. 그러니 누구라도 이렇게 하길 원할 이유가 어디 있겠는가? 율법은 죽은 사람에게 생명을 줄 수 없으며, 의롭지 못한 사람에게 의에 이르는 길일 수 없다. "만일 능히 살게 하는 율법을 주셨더라면 의가 반드시 율법으로 말미암았으리라. 그러나 성경이 모든 것을 죄 아래에 가두었으니 이는 예수 그리스도를 믿음으로 말미암는 약속을 믿는 자들에게 주려 함이라"(갈 3:21-22). 참으로, "만일 의롭게 되는 것이 율법으로 말미암으면 그리스도께서 헛되이 죽으셨느니라"(갈 2:21). 그러나 그리스도께서 죽었고, 어떤 목적을 위해("우리 죄를 대속하기 위하여", 갈 1:4) 죽었다. 따라서 죄악된 인간에게, '칭의'는 "율법으로 말미암지" 않는다.

이것이 로마서 3:20의 핵심이기도 한데, 여기서 바울은 다시 "율법의 행위로 그의 앞에 의롭다 하심을 얻을 육체가 없나니"라고 주장한다.[14] 로마서에서 이 금언은 (어떤 독자들의 눈에는 신기하게도) "율법을 행하는 자라야 의롭다 하심을 얻으리니"라는

---

14 다음과 같은 사실을 짚고 넘어갈 만하다. (로마서 1:18에서 시작해) 3:20에서 결론에 이르는 이 논증이 그 어디서도 유대 율법주의를 비판하거나, 자신들이 율법을 지켰으며 따라서 하나님이 자신들의 의를 인정해야 한다는 유대인의 그 어떤 독선적인 자랑도 비판하지 않는다. 문제는 단순하다. 유대인과 이방인 모두 똑같이 자신들이 해야 할 것을 하지 못했다. 우리가 말하는 유대인의 '민족중심주의'가 (할례 받은) 유대인이고 율법을 가졌다는 사실만으로 하나님의 호의를 받기에 충분하다는 생각을 의미한다면, 로마서 2장의 논증은 이런 민족중심주의를 허무는 게 분명하다. 그러나 결국, 유대인도 이방인과 다를 바 없이 죄인이라는 바울의 논증은 유대인이 율법을 민족중심주의적으로 오해한 게 아니라 율법을 범했다는 주장에 근거한다.

선언(2:13) 뒤에 나온다. 그러나 둘 사이에 아무런 모순도 없다. 물론, 하나님은 율법의 계명들을 지키는 사람이라면 누구라도 의롭다 하실 것이다. 그러나 그러지 못하는 사람은—바울은 방금 유대인과 이방인이 똑같이 "죄 아래" 있고 "의인은 없나니 하나도 없으며"(3:9-10)라고 했다—자신들이 행하지 않은 "율법의 행위"로 의롭다 하심을 얻을 수는 없다.

사실, 그 누구도 자신의 힘으로 의롭게 되거나 생명을 얻을 수 없는데, 왜 하나님이 성가시게 율법을 의와 생명에 이르는 길로 주셨는가? 이런 질문이 제기될 때, 이미 살펴본 바에 따르면, 답은 분명하다. 율법은 '있는 그대로 말할' 뿐이다. 율법이 살인을, 또는 간음을, 또는 도둑질을 나쁜 것으로 만드는 것이 아니다. 율법이 있건 없건, 살인과 간음과 도둑질은 나쁜 것이다. 아무도 살인이나 간음이나 도둑질을 하지 않건 또는 모두가 하건 상관없이, 이것들은 나쁜 것이다. 율법은 하나님의 지혜로 창조된 그대로의 세상에서 본래 옳은 것과 나쁜 것을, 본래 선한 것과 악한 것을 분명하게 말할 뿐이다. 더 나아가, 누구든지 옳은 것을 행하는 사람은 하나님이 보시기에 의로울 것이다. 분명히! 율법의 기본 원리는, 도덕적으로 말하면, 세상이 굴러가게 하는 것에 대한 단순한 선언이다. 모든 사람이 지키건 아무도 지키지 않건, 율법은 여전히 참되다. 한 종족이 자신의 창조자에게 반역하는 것을, 설령 이들이 우리가 아는 유일한 종족이더라도, 정상으로 여겨서는 안 된다. 어쨌든, 한 종족이 잘못된 길을 간 것이다. 하나님은 이 종족에게, 무엇이 선이고 무엇이 악이며 각각의 피할 수 없는 결과가 무엇인지 세세하게 알려 주면서, 자신이 주신 도덕적 감각을 통해, 이들이 이미 알고 있는 것을 이들에게 아주 분명히 하셨다(롬 1:32에 주목하라). 그렇더라도 이들의 경우, 율법은 생명에 이르는 길을 효과적으로 제시한 게 아니라 이들의 죄에 따르는 책임을 훨씬 분명하게 제시했다(3:20, 4:15, 7:13).

율법은 여전히 다음과 같은 점을 지적한다. 그 누구도 율법의 행위로 하나님이 보시기에 의로울 수 없기 때문에, 그리고 율법의 행위는 하나님이 모든 사람에게 요구하시는 선과 마찬가지이기 때문에, 그 누구도 자신이 행하는 선행으로 하나님이 보시기에 의로울 수 없다는 결론이 나온다. 이러한 '루터교의' 주장은 바울을 왜곡하지 않는다. (사실, 이것이 에베소서 2:8-9과 디도서 3:4-7의 분명한 핵심이다). 설령 사도 바울이 갈라디아에서 눈앞에 마주한 문제가 이방인이 유대 율법에 복종해야 하느냐는 것이었더라도 말이다.

대속

한 종족이 그 창조자에게 반역하고, 그 종족 중에 그들이 해야 하는 것을 행한 의로운(이 단어의 일반적 의미에서) 사람이 단 한 명도 없는 비상한 상황에서, 하나님이 비상한 방식으로 개입하셨다. 하나님은 자기 아들의 죽음을 통해 인간의 죄를 대속하셨다. 다시 말해, 그리스도 예수를 "그의 피로써…화목제물(propitiation)

로 세우셨다"(롬 3:25).

ESV에서 'propitiation'(헬, 힐라스테리온)으로 번역된 단어 (NIV, NRSV: 'sacrifice of atonement', 속죄제물)를 두고 많은 논쟁이 벌어진다. 바울의 말은 그리스도께서 자신의 죽음으로, 그러지 않으면 죄인들의 죄에 대해 죄인들을 벌하실 하나님을 달래셨다는 의미일 수 없다. 어쨌든, 바울은 하나님 자신이 힐라스테리온을 주신 분이라고 분명하게 말한다. '유화(宥和)' 개념이 바울의 용례에 남아 있다면, 핵심은 의로우신 하나님, 자신의 본성에 따라 죄를 반대하고 또 죄를 정죄하셔야만 하는 분이 어쨌든 사람들을 정죄할 필요가 없도록, 죄악된 인류를 향한 사랑에서(참조. 롬 5:8), 이들의 죄를 대속하셨다는 것일 수밖에 없다. 죄에 대한 하나님의 반대는 우리의 죄에 대해 마땅한 심판을 받으신 그리스도의 죽음에서 더없이 분명하게 표현되고 완전히 성취된다(참조. 요일 2:2; 벧전 2:24).

바울은 만약 하나님이 그저 죄를 못 본 체하기로 하셨다면, 하나님의 의가 훼손되었으리라는 것을 분명히 한다. 실제로, 하나님이 과거에, 그리스도께서 오시기 전에, 죄를 기소하지 않으심으로써 그분의 의가 훼손된 것처럼 보였다. 예를 하나만 들면, 아브라함은 자신의 분명한 죄에도 불구하고 '하나님의 벗'으로 남았다. 그러나 사실, 하나님은 죄를 못 본 체하신 게 아니라 죄를 잠시 '넘기셨다'(개역개정은 롬 3:25에서 "간과하심"으로 옮겼다). 줄곧 하나님의 뜻은 그리스도께서 장차 이들을 대속하는 것이었다. 따라서 그리스도의 죽음은 하나님의 의를 드러내는 더 진전

된 목적에 기여했다. "이 예수를 하나님이 그의 피로써 믿음으로 말미암는 화목제물(propitiation)로 세우셨으니 이는 하나님께서 길이 참으시는 중에 전에 지은 죄를 넘어가심으로 자기의 의로우심을 나타내려 하심이니 곧 이때에 자기의 의로우심을 나타내사 자기도 의로우시며 또한 예수 믿는 자를 의롭다 하려 하심이라"(롬 3:25-26).

힐라스테리온이란 단어를 '속죄소(mercy seat)'로도 번역할 수 있다. 동일한 단어가 그리스어로 번역된 구약성경의 레위기 16:14에서 (그리고 다른 곳에서도) 언약궤 덮개를 지칭하는 말로 사용되었기 때문이다. 속죄일에 언약궤 덮개 위에 대속 의식으로 피를 뿌렸다. 로마서 3:25의 힐라스테리온을 '속죄소'로 번역해야 하든 그렇지 않든 간에, 이 용어의 용례는 때로 바울의 율법 이해에 관한 문제로 제기되는 다음 질문에 답을 제시한다. 율법 자체가 속죄를 위한 방법을 제공하는데(속죄일처럼), 어떻게 바울은 죄가 율법이 의에 이르는 길이 되지 못하게 막는다고 주장할 수 있는가? 로마서 3:25에 비춰볼 때, 바울의 대답은 히브리서의 대답과 같아 보인다. 구약의 속죄 의식들은, 그 본질상 죄를 실제로 속할 수 없었으며("이는 황소와 염소의 피가 능히 죄를 없이 하지 못함이라", 히 10:4), 참 '속죄소'이신 그리스도의 유효한 사역을 예표했을 뿐이다(히 10:1, 11-12을 보라; 바울이 이렇게 생각한다는 것이 고전 5:7과 골 2:16-17에서도 나타난다).

바울은 그리스도께서 인간의 죄를 대속하셨다고 주장했다는 것이 전통적 해석이다. 간단히 말하면, 바울의 말은 액면 그대로 이해되었다.

은혜에 의하여, 믿음으로 말미암아

구원은 "은혜에 의하여"(by grace, 은혜로) "믿음으로 말미암아"(through faith, 믿음을 통해) 받는다. 바울이 로마서에서 전개하는 논증이 이러한 에베소 2:8의 단언을 충분히 뒷받침한다.

바울은 로마서 1:18-3:20에서 그 누구도 율법의 요구를 충족시킴으로써 (또는 '선'을 행함으로써) 하나님 앞에서 의로울 수 없음을 보여 주었다. 따라서 누구라도 의로우려면("의롭다 하심을 얻으려면") "하나님의 은혜로 값없이 의롭다 하심을 얻을"(3:24) 수 있을 뿐이다. 바울은 바로 뒤이어 하나님이 어떻게 그리스도 안에서 죄인들의 죄를 대속하셨는지 말함으로써 하나님이 어떻게 죄인들을 의롭다고 의롭게 선언하실 수 있는지 보여 준다(3:25-26). 당연히, 죄인들이 의롭게 된 이유는 단 하나, 그리스도께서 하신 일로 가능해진 의를 은혜로 값없이 받았기 때문이며, 따라서 이들은 자랑할 게 없다(3:27-28).

"의의 선물"(free gift of righteousness, 의라는 값없는 선물)은 5:17에서도, "하나님의 은혜와 또한 한 사람 예수 그리스도의 은혜로 말미암은 선물"이 "의롭다 하심"을 가져온다고 이미 말한 문맥에서도(5:15-16) 분명하게 나타난다. 따라서 은혜로 의롭게 된 사람은 이제 은혜가 "왕 노릇 하는"[죄의 "왕 노릇"을 대신하면서(5:21);

참조. "우리가 믿음으로 서 있는 이 은혜"(5:2)] 곳에서 산다.[15] 하나님의 은혜에 근거해 그분 앞에 이렇게 서는 것은 11:5-6에서 보듯이 인간의 '행위'를 한 요인으로서 배제하는 게 분명하다. "그런즉 이와 같이 지금도 은혜로 택하심을 따라 남은 자가 있느니라. 만일 은혜로 된 것이면 행위로 말미암지 않음이니 그렇지 않으면 은혜가 은혜 되지 못하느니라."[16]

그러나 선물은 받아야 하는 것이다. 바울은 "은혜와 의의 선물을 넘치게 받는 자들"(5:17)을 말한다. 로마서 다른 곳에서, 바울은 하나님이 주시는 의의 선물을 받는 일에 열려 있음을 가리켜 믿음이라 말하며, 믿음은 어디서든 칭의에 이를 수 있는 유일한 길로 여겨진다.

복음에는 하나님의 의가 나타나서 믿음으로 믿음에 이르게 하나니 기록된 바 오직 의인은 믿음으로 말미암아 살리라 함과 같으니라(1:17).

---

15 로마서 6장에서, 바울은 "은혜 아래" 살기 때문에 계속해서 죄 안에 거해도 좋다고 생각하는 자들에게 따르는 끔찍한 결과들을 설명한다. 롬 8:13, 갈 5:13-21에서도 마찬가지다.

16 하나님이 당신의 백성을 구성하실 때 이들의 행위를 고려하지 않으신다는 원리는 9:10-11에서 분명하게 나타나며, 9:30-32, 10:6-9, 11:7, 22의 논증에서 강조된다. 바울은 하나님의 은혜를 인간의 '행위'가 배제된 것으로 이해하는데, 이것은 유대교의 일반적 시각이 아니었다; 참조. E. P. Sanders, *Paul and Palestinian Judaism* (Philadelphia: Fortress, 1977), 297: "은혜와 행위는 어떤 식으로든 서로 반대되는 것으로 여겨지지 않았다. 내가 믿기로, 하나님의 은혜가 어떤 식으로든 인간의 노력과 모순된다는 개념은 팔레스타인 유대교에서 전혀 낯설다고 말하는 게 안전하다. 그 이유는 은혜와 행위가 구원에 이르는 서로 대체 가능한 길로 여겨지지 않았기 때문이다."《바울과 팔레스타인 유대교》, 박규태 옮김(알맹e, 2018). 인간의 죄악에 대한 바울의 더 급진적 시각은 의심할 여지없이 인간은 자신의 구원에 아무런 기여도 할 수 없다는 그의 신념을 이루는 한 요소였다. 그러나 로마서 9장은 이것이 인간의 행위를 배제하는 하나님의 부르심과 은혜의 방편에 속한다는 것을 분명히 한다(특히 9:11, 16을 보라; 앞의 각주 12에서 제시된 자료도 보라).

이제는 율법 외에 하나님의 한 의가 나타났으니 율법과 선지자 들에게 증거를 받은 것이라. 곧 예수 그리스도를 믿음으로 말미암아 모든 믿는 자에게 미치는 하나님의 의니 차별이 없느니라(3:21-22).[17]

예수를 하나님이 그의 피로써 믿음으로 말미암는 화목제물로 세우셨으니…자기도 의로우시며 또한 예수 믿는 자를 의롭다 하려 하심이라(3:25-26).

그러므로 사람이 의롭다 하심을 얻는 것은 율법의 행위에 있지 않고 믿음으로 되는 줄 우리가 인정하노라.…할례자도 믿음으로 말미암아 또한 무할례자도 믿음으로 말미암아 의롭다 하실 하나님은 한 분이시니라(3:28, 30).

일을 아니할지라도 경건하지 아니한 자를 의롭다 하시는 이를

17 최근에 인기를 끌게 된 시각이 있다(상당 정도 칼 바르트가 자신의 주석에서 이 시각을 채택한 데 그 원인이 있다). 바울이 3:22에서 말하는 것은 '예수 그리스도를 믿는 믿음'이 아니라 '예수 그리스도의 신실하심'이며, 그가 3:26에서 말하는 것은 '예수를 믿는 믿음'이 아니라 '예수의 신실하심'이라는 것이다. 그 자체로만 보면, 두 번역 모두 가능하다. 내 생각에, 이 주제에 관한 활발한 논쟁은 우리의 바울 이해에 의미가 있다 해도, 거의 없다. '예수의(예수 그리스도의) 신실하심'이란 번역을 견지하는 자들은 인간의 믿음이 분명히 필요하다고 말하는 다른 본문들이 있음을 인정해야 한다. 바울이 '예수님을(예수 그리스도를) 믿는 믿음'을 말한다고 보는 자들은 그리스도의 (신실한) 순종 없이는 칭의가 불가능하리라는 데 전적으로 동의한다(참조. 롬 5:19; 빌 2:8). 문제는 간단하다. 모호한 본문들에서, 과연 바울이 그리스도의 신실하심을 말하느냐, 아니면 인간의 믿음을 말하느냐는 것이다. 바울은, 칭의와 관련된 모호하지 않은 본문들에서, 일관되게 의롭다 하심을 얻은 사람의 믿음을 말하고 그리스도의 '신실하심'을 전혀 말하지 않는다. 실제로, 바울은 로마서 4장과 갈라디아서 3장 전체에서 "아브라함이 하나님을 믿으매 그것이 그에게 의로 여겨진 바 되었느니라"를 신자들이 그리스도 안에서 의롭다 하심을 얻는 전형으로 본다(그러나 롬 4:24에 이어지는 5:1과 10:10도 보라). 따라서 내 생각에, 모호한 본문들을 본문에 맞게 해석하는 게 최선으로 보인다.

사도 바울을 해석하는 관점들

믿는 자에게는 그의 믿음을 의로 여기시나니(4:5).

그가[아브라함이] 할례의 표를 받은 것은 무할례 시에 믿음으로 된 의를 인친 것이니 이는 무할례자로서 믿는 모든 자의 조상이 되어 그들도 의로 여기심을 얻게 하려 하심이라. 또한 할례자의 조상이 되었나니 곧 할례 받을 자에게뿐 아니라 우리 조상 아브라함이 무할례 시에 가졌던 믿음의 자취를 따르는 자들에게도 그러하니라(4:11-12).

그러므로 그것이 그[아브라함]에게 의로 여겨졌느니라. 그에게 의로 여겨졌다 기록된 것은 아브라함만 위한 것이 아니요 의로 여기심을 받을 우리도 위함이니 곧 예수 우리 주를 죽은 자 가운데서 살리신 이를 믿는 자니라.…그러므로 우리가 믿음으로 의롭다 하심을 받았으니…(4:22-5:1).

사람이 마음으로 믿어 의에 이르고 입으로 시인하여 구원에 이르느니라(10:10).

실제로, 바울은 자신이 말하는 의를 "믿음의 의"(4:13), "믿음에서 난 의"(9:30), "믿음으로 말미암는 의"(10:6)라고 부르며, 이것을 (의에 이를 수 없는) "율법으로 말미암는 의"와 대비시킨다(10:5; 갈 3:11-12, 빌 3:9도 보라).

바울은 믿음이 본질적이라고 본다. 그래서 많은 사람이 믿음은 결국 하나님이 의롭다 하실 사람들에게 요구하시는 인간의 '행위'가 아닐까 하고 생각했다. 분명히, 바울은 그렇지 않다고 본다. "일하는 자에게는 그 삯이 은혜(gift)로 여겨지지 아니하고 보수로 여겨지거니와 일을 아니할지라도 경건하지 아니한 자를 의롭다 하시는 이를 믿는 자에게는 그의 믿음을 의로 여기시나니"(4:4-5).[18] 같은 장 뒷부분에서 바울은 하나님의 약속을 받는 것이 '믿음으로 되는'(depend on faith, 믿음에 달려 있는) 정확한 목적은 이 약속이 '은혜에 속하기'(rest on grace, 은혜에 달려 있기) 위해서라고 말한다(4:16). 수프와 샌드위치처럼, 믿음과 은혜는 함께 간다. '행위'와 은혜는 함께 가지 않는다(11:6). 믿음은 하나님의 은혜에 대한 적절한 반응이다. 그러나 믿음은 반응일 뿐이다. 바울에게, 믿음은 믿는 개개인의 타고난 자질이 아니라 하나님의 약속을 듣거나(4:18-19) 복음에서 그리스도의 부르심을 들음으로써 촉발되는 하나님에 대한 신뢰다. "그러므로 믿음은 들음에서 나며 들음은 그리스도의 말씀으로 말미암았느니라"(10:17). 믿음이란 하나님의 말씀이 없으면 기댈 곳 없는 사람들이 하나님의 말씀을 붙잡는 것을 말한다. 나이 많고 잉태하지 못하는 아내의 나이 많고 자녀가 없는 남편이 자녀를 약속받았다(4:18-21). "연약하고" "경건하지 않은" 사람들, 하나님과 원수진 "죄인들"(5:6-10), 이들은 하나님이 그리스도 때문에 자신들을 의롭다고 선언하실 때에야 하나님의 정죄에서 벗어날 것이다. 오직 하나님만

---

18 에베소서 2:8-9은 구원이 "믿음으로 말미암는다"고 보지만, 그러면서도 이것이 "너희에게서 난 것이 아니요" "행위에서 난 것이 아니니"라고 주장한다는 데에도 주목하라.

모든 인간적 희망을 넘어선 이런 상황들을 고치실 수 있다(4:18).
믿음은 하나님이 능히 이루실 줄 확신한다.

따라서 다음과 같이 말하는 것은 로마서의 메시지와 전적
으로 일치한다. 하나님이 보시기에 모든 사람이 죄인이며, 하나
님은 우리에게 선을 행하라고 요구하지만 이런 기준에서 선한
자를 하나도 찾지 못하시고, 하나님은 당신의 아들이 맞은 대속
의 죽음을 통해 죄를 대속하셨으며, 하나님은 복음에 믿음으로
반응하는 죄인들을 당신의 은혜로 의롭다고 선언하신다. 이러한
주장들 중에 어느 하나도 새로울 게 없다. 그러나 사도들의 메시
지에 충실한 자들은 여전히 이것들을 선포할 것이다.

2

로마서와 새 관점

스캇 맥나이트
Scot McKnight

백인 민족주의자들이 증오를 내뿜는 장면을 볼 때, 시카고 경찰이 흑인들에게 인종 폭력을 행사했다는 기사를 읽을 때, 라틴 아메리카 사람들이 저임금 중노동에 시달리는 광경을 볼 때, 북아일랜드와 아일랜드 공화국 이야기를 들을 때, 르완다 대량학살을 연구할 때, 이런저런 그룹을 향한 조직적 불의를 마주할 때, 나는 바울을 보는 새 관점이 로마서 설교자에게 선사하는 것들에 감사한다. 새 관점은 갈라디아서 3:28의 렌즈를 통해 바울과 관련된 모든 것을 보는 방향을 재설정하며, 이러한 새 관점의 방향 전환은 내 마음에 오늘 우리가 발 딛고 사는 세상에서 화해를 모색하려는 열망을 지폈다.

바울이 로마의 그리스도인들에게 쓴 아름다운 서신을 읽는 모든 방법에는 다음과 같은 몇 가지 기본적 공통점이 있다.[1] 첫

---

1 참조. Michael J. Gorman, *Apostle of the Crucified Lord: A Theological Introduction to Paul and His Letters*, 2nd ed. (Grand Rapids: Eerdmans, 2016), 183. 《신학적 방법을 적용한 새로운 바울연구개론》, 소기천, 심상법, 윤철원, 장동수 옮김(대한기독교서회, 2014).

사도 바울을 해석하는 관점들

째, 로마서의 하나님은 예수 그리스도의 성육신에서 자신을 분명하게 나타내신 이스라엘의 하나님이다. 둘째, 이스라엘의 하나님은 창조자다. 셋째, 하나님이 아브라함과 맺었고 모세와 다윗에게서 갱신하신 언약은 새 언약에서 성취된다. 넷째, 예수님은 메시아, 곧 이스라엘 이야기에 약속된 분이다. 다섯째, 예수님 이야기는 이스라엘 이야기의 중심이며, 따라서 모든 창조세계 이야기의 중심이다. 여섯째, 예수님 이야기는 전체 이야기를 다시 쓴다. 일곱째, 메시아 예수 이야기에서 신자들에게 찾아오는 구속은 하나님의 은혜의 행위다. 여덟째, 우리는 믿음과 사랑과 순종으로 이 구속에 참여한다. 아홉째, 구속에 참여할 때 변화가 일어나는데, 이는 구속을 일으키는 성령께서 교회에, 곧 이스라엘을 유대인과 이방인이 함께하는 세계 공동체로 확대하는 하나님의 백성에게 임하셨기 때문이다. 열째, 이 참여의 중심은 예수님의 교회 곧 에클레시아이며, 이들이 모이는 목적은 그리스도 안에서 하나님을 예배하고, 성령을 통해 서로 교제하며, 개개인과 에클레시아를 위해 그리스도를 닮은 (또는 십자가를 닮은) 삶으로 세계 선교에 참여하기 위해서다. 따라서 메시아 예수의 복음이 사랑과 은혜와 용서와 정의와 평화와 화해가 특징인 삶을 살도록 각 신자를 불렀다. 서로 구분되는 이러한 요소들이 저마다 로마서에서 드러나는데, 이것들이 바울을 보는 모든 관점의 공통요소다.

어디서 시작해야 하는가?

새 관점이 샌더스(1937-)의 《바울과 팔레스타인 유대교*Paul and Palestinian Judaism*》에서 시작된 것은 분명하다. 그러나 샌더스에게는 전임자들이 있었는데, 유대교를 깊이 인식했고 유대교를 유대교 자체의 고유한 방식으로 표현하는 감수성을 지닌 학자들이 그 시작이었다.[2] 바꾸어 말하면, 유대교를 기독교 신학의 범주에 맞춰 해석하길 거부했던 조지 풋 무어(1851-1931)와 크리스터 스텐달 같은 학자들이 있었다.[3] 이렇게 유대교 자료로 돌아가게 된 데는 홀로코스트, 사해사본 발견, 그리고 기타 유대교 문헌들의 출간이 결정적 계기가 되었다. 이와 더불어 대학교에 종교학과들이 개설되고, 뒤이어 진지한 종교 연구가 진행되었다(이것이 샌더스에게 문이 되어 주었다). 이런 요소들이 샌더스의 길을 준비했다면, 그의 발자취를 따른 학자들이 있었다. 이들은 어떤 면에서는 그의 프로그램을 완성하는 방식으로, 또 어떤 면에서는 그의 접근법에서 벗어나는 방식으로 샌더스의 발자취를 따랐다. 제임스 던(1939-2000)은 샌더스를 토대로 삼았고, 바울에 접근

---

2 E. P. Sanders, *Paul and Palestinian Judaism: A Comparison of Patterns of Religion* (Philadelphia: Fortress, 1977). 《바울과 팔레스타인 유대교》, 박규태 옮김(알맹e, 2018). 자신의 연구에 관한 샌더스의 시각은 다음을 보라. E. P. Sanders, *Comparing Judaism and Christianity: Common Judaism, Paul, and the Inner and the Outer in Ancient Religion* (Minneapolis: Fortress, 2016), 1-27. 유대교에 관한 그의 더 세밀한 연구는 다음을 보라. E. P. Sanders, *Judaism: Practice and Belief, 63 BCE-66 CE* (Minneapolis: Fortress, 2016).

3 George Foot Moore, "Christian Writers on Judaism," *Havard Theological Review* 14(1921): 197-254; George Foot Moore, *Judaism in the First Centuries of the Christian Era: The Age of the Tannaim*, 3 vols. (New York: Schocken Books, 1971); Krister Stendahl, *Paul among Jews and Gentiles and Other Essays* (Philadelphia: Fortress, 1976).

사도 바울을 해석하는 관점들

하는 자신만의 방식으로 샌더스의 '참여적 종말론(participationist escatology)'을 따랐다.[4] 제임스 던과 더불어 새 관점 이론들의 확산에 크게 기여한 학자는 라이트였다.[5] 많은 학자가 샌더스의 언약적 율법주의(covenantal nomism, 언약적 신율주의, 아래를 보라)를 수용했고, 그의 통찰력을 다른 여러 방향으로 취해 사도 바울을 이해했다. 이러한 다양성은 일단 제쳐 두기로 하고, 새 관점에는 세 가지의 R이 있다. 반론(reaction), 새로운 이해(renewal), 재구성(reformulation)이 그것이다.

---

4   James D. G. Dunn, "The New Perspective on Paul," in *The New Perspective on Paul*, rev. ed. (Grand Rapids: Eerdmans, 2008), 99-120. 제임스 던의 저작은 무수하다. *Jesus, Paul and the Law: Studies in Mark and Galatians* (Louisville: Westminster John Knox, 1990); *The Epistle to the Galatians*, Black's New Testament Commentary (Peabody, MA: Hendrickson, 1993); *The Theology of Paul the Apostle* (Grand Rapids: Eerdmans, 1998), 《바울신학》, 박문재 옮김(CH북스, 2019); *The New Perspective on Paul; Romans*, Word Biblical Commentary 38 (Grand Rapids: Zondervan, 2015). 제임스 던의 짧은 로마서 "주석": "Letter to the Romans," in *Dictionary of Paul and His Letters*, ed. Gerald F. Hawthorne, Ralph P. Martin, and Daniel G. Reid (Downers Grove, IL: InterVarsity Press, 1993), 838-850, esp. 844-850.

5   라이트(N. T. Wright) 또한 이 논의와 관련해 무수한 저작을 냈다. *The Climax of the Covenant: Christ and the Law in Pauline Theology* (Minneapolis: Fortress, 1993); *The New Testament and the People of God*, Christian Origins and the Question of God 1(Minneapolis: Fortress, 1992), 《신약성서와 하나님의 백성》, 박문재 옮김(CH 북스, 2003); "The Letter to the Romans," in *The New Interpreter's Bible*, vol. 12 (Nashville: Abingdon, 2002), 393-770; *Paul: In Fresh Perspective* (Minneapolis: Fortress, 2009), 《톰 라이트의 바울》, 순돈호 옮김(죠이선교회출판부, 2012); *Justification: God's Plan and Paul's Vision* (Downers Grove, IL: IVP Academic, 2009), 《톰 라이트, 칭의를 말하다》, 최현만 옮김(에클레시아북스, 2016); *Pauline Perspectives: Essays on Paul, 1978-2013* (Minneapolis: Fortress, 2013); *Paul and the Faithfulness of God*, 2 vols., Christian Origins and the Question of God 4 (Minneapolis: Fortress, 2013), 《바울과 하나님의 신실하심 상, 하》, 박문재 옮김(CH 북스, 2015); *Paul and His Recent Interpreters* (Minneapolis: Fortress, 2015).

반론

샌더스의《바울과 팔레스타인 유대교》가 갖는 힘의 원천은 예리한 논쟁이다. 샌더스의 주장에 따르면, 지금껏 너무나 많은 기독교 학자들이 사도 바울을 오해했고, 그 결과 유대교를 오해했다. 샌더스는 유대교를 행위-의 종교(works-righteousness religion, 행위로 의롭게 되는 종교, 행위와 의의 종교)가 아니라 은혜에 기초한 종교로 재정의했고, 이를 '언약적 율법주의'라 불렀다. 다시 말해, 율법에 순종했던 것은 언약에 들어가기 위해서(구원을 획득하는 순종)가 아니라, 은혜와 하나님의 언약적 은총(covenantal favor)을 토대로 (창 12, 15장) 자신의 언약적 처지(covenant standing)를 유지하기 위해서였다는 것이다.[6]

유대교의 종교 패턴이 언약적 율법주의라면, 많은 사람이 유대교를 행위에 근거한 종교로 심각하게 오해한 것이다. 유대교에 대한 이러한 샌더스 이전의 이론을 우리는 여전히 설교들에서 마주한다. 그 설교들은 인간이란 본질적으로 행위 지향적이라고, 하나님의 은총을 획득하려 한다고 말하거나 종교(유대교)와 은혜를 서로 반대편에 둔다. 나의 핵심은 인간이 자기중심적이지 않다는 게 아니라 이런 시각이 흔히 무의식적으로 (종종 의식적으로까지) 유대교 자체를 규정짓는 방식에, 바울에게서 은혜의

---

6 샌더스는 자신을 비판하는 사람들에게 답했다. 다음을 보라. Sanders, *Comparing Judaism and Christianity*, 51-83; *Judaism*, 430-451. John Barclay는 은혜가 우선이라고 보는 샌더스의 은혜관을 넘어선다. 다음을 보라. John M. G. Barclay, *Paul and the Gift* (Grand Rapids: Eerdmans, 2015), 151-158.《바울과 선물》, 송일 옮김(새물결플러스, 2019).

복음과 상반된 것으로 보는 방식에 뿌리를 두고 있다는 것이다. 샌더스는 유대교를 보는 이러한 시각을 증거를 능숙하게 조사하여 공격했다. 그는 기독교 학자들과 신학자들과 목회자들과 평신도들이 기독교를 유대교와 근본적으로 상반되는 것으로 말한다고 주장했다. 본질적으로, 샌더스는 뿌리가 깊지만 페르디난트 베버(Ferdinand Weber, 1836-1879), 에밀 쉬러(Emil Schürer, 1844-1910), 빌헬름 부세트(Wilhelm Bousset, 1865-1920), 루돌프 불트만(Rudolf Bultmann, 1884-1976) 같은 학자들을 통해 20세기에 수면 위로 올라온 해석 전통을 평가했다.[7] 샌더스는 베버를 언급하면서 이러한 기독교 학문 전통에 깊이 박혀 있는 근본 개념들을 말한다(괄호 안의 숫자는 내가 넣은 것이다).

주요 구성 요소는 [1] 행위로 구원을 벌며(earn), 한 사람의 운명은 율법 이행과 율법 불이행을 맞대어 달아봄으로써 결정된다는 이론이다. 이 견해를 유지하려면, [2] 택하심과 관련된 하나님의 은혜를 부인하거나 어떤 다른 길로 우회할 수밖에 없다.…베버의 견해가 갖는 셋째 측면—이것도 행위로 구원을 얻는다는 이론과 연결되어 있다—은 공로를 쌓고 [3] 마지막 심판 때, 이 공로를 이전해 줄 수 있다는 것이다. 넷째 측면은 이른바 랍비 문헌에 나타나는 태도와 관련이 있다. [4] 구원의 불확실성이 율법을 이행했기에 자신이 의롭다는 느낌과 섞

---

7   여기서 이 부분을 자세히 논의하는 것을 불가능하다. 다음을 보라. Sanders, *Paul and Palestinian Judaism*, 1-12, 33-59.

여 있다. 이 요소도 사람이 행위로 구원을 얻는다는 견해에 의존한다. 사람은 자신의 행위가 구원을 얻기에 충분한지 확신하지 못하거나 자신이 충분히 의롭다며 자랑하거나 둘 중 하나일 것이다. 베버의 구원론이 갖는 이러한 주요 요소들 외에도, [5] 하나님은 사람이 다가갈 수 없는 분이라는 그의 견해도 오늘까지 유지되고 있다.[8]

이러한 핵심들에서 신학계를 향한 샌더스의 염려가 보인다. 샌더스는 서문에서 자신의 의도를 밝힌다. "신약학계에서 여전히 많거나 어쩌면 대다수를 차지하는 랍비 유대교에 관한 견해를 파괴하는 것."[9] 샌더스는 종교개혁자들을 비롯해 여럿을 거명했으며,[10] 거명된 학자들에게 공개적으로 맹공을 퍼부었다. 샌더스의 이 1977년 저작에 담긴 의미는 이것이었다. 즉 학자들은 유대교는 행위 의(works righteousness)가 도드라진 종교이며 따라서 기독교의 근본적 차이점은 기독교가 은혜의 종교라고 보는 전통적 이론을 더는 당연하게 받아들일 수 없다. 새 관점 지지자들은 다들 샌더스의 신학계 비판에 동조하고 있다.

---

8 Sanders, *Paul and Palestinian Judaism*, 54.

9 Sanders, *Paul and Palestinian Judaism*, xii.《바울과 팔레스타인 유대교》(박규태 역) xlvi 에서 재인용.

10 종교개혁자들을 정형화된 생각에서 구해 내는 작업은 부분적으로 샌더스가 시작했고, 다른 학자들에 의해 계속되었다. 다음의 책을 보라. Stephen J. Chester, *Reading Paul with the Reformers: Reconciling Old and New Perspectives* (Grand Rapids: Eerdmans, 2017).

새로운 이해

따라서 새 관점의 첫째 원리는 유대교를 연구한 과거 신학계에 대한 반론이며, 둘째 원리는 유대교 자체에 대한 새로운 이해다. 샌더스는 예외들도 찾아냈고, 어쩌면 그것들을 최소화했지만, 그의 이론은 공로, 상급, 의, 순종, 구속 같은 유대교 언어의 뼈대는 행위 의(works righteousness, 행위로 얻는 의로움)가 아니라 언약이라는 것이었다.[11] 그래서 샌더스는 유대교보다 기독교에서 도출한 구원 체계를 통해 유대교를 볼 뿐 아니라 율법주의(nomism)를 경시하고 지나치게 단순화된 일반적 유대교를 그려 낸다고 비판받았지만, 문헌 증거를 자세히 살핌으로써 유대교에 대한 자신의 새로운 이해를 뒷받침한다.[12] 그는 랍비문헌, 사해사본, 외경과 위경을 연구하여 다음과 같은 여덟 개의 요점으로 결론을 내린다.

언약적 율법주의의 '패턴' 혹은 '구조'는 이렇다. (1) 하나님이 이스라엘을 선택하셨으며, (2) 율법을 주셨다. 율법은 (3) 이 선택을 유지하시겠다는 하나님의 약속과 (4) 순종해야 한다는

---

11 샌더스를 더 자세히 설명하는 '빛' 은유에 관한 중요한 연구를 다음에서 찾아볼 수 있다. Gary A. Anderson, *Sin: A History* (New Haven: Yale University Press, 2009). 《죄의 역사》(비아토르)

12 종교의 기능은 "들어옴과 머묾을 어떻게 이해하는가"에 관한 것이라는 샌더스의 개념은 기독교의 구원론이 기독교의 기능 자체를 결정한다는 비판을 받았다. Sanders, *Paul and Palestinian Judaism*, 17을 보라(이텔릭체/밑줄은 샌더스의 것이다). 샌더스는 이 표현이 개인적 구원보다 더 넓은 구원의 의미를 전하는 자신의 방식이라는 것을 분명히 했다. Sanders, *Paul and Palestinian Judaism*, 54을 보라

요구를 암시한다. (5) 하나님은 순종에 보상하시고 범죄를 처벌하신다. (6) 율법은 속죄 수단을 제공하며, 속죄는 결국 (7) 언약 관계 유지 혹은 언약 관계 재수립이라는 결과로 이어진다. (8) 순종, 속죄, 그리고 하나님의 자비로 말미암아 언약 안에 남아 있게 된 모든 이는 장차 구원받을 그룹에 속해 있다. 첫 번째 요점과 마지막 요점에 관한 중요한 해석이 선택, 나아가 결국 구원은 인간이 이룩하는 일이라기보다 하나님의 자비로 말미암아 이루어진다고 여긴다는 것이다.[13]

신약학계에서, 대다수는 아니더라도 많은 학자들이 유대교를 이렇게 보게 되었다. 샌더스의 이러한 기본 스케치에 여러 뉘앙스가 부가되기는 했지만, 근본적으로 새 관점은 유대교가 언약적 율법주의라는 종교 패턴을 갖는다고 본다. N. T. 라이트와 제임스 던의 차이가 무엇이든 간에, 양쪽을 관통하는 공통점은 유대교를 유대교 그 자체로(Judaism as Judaism) 보려는 강력하고 새로운 관심이다.

---

13 Sanders, *Paul and Palestinian Judaism*, 422. 샌더스는 자신의 저서 *Judaism: Practice and Belief*에서 이 부분을 폭넓게 다룬다. 《바울과 팔레스타인 유대교》(박규태 역), 743쪽에서 재인용.

재구성

새 관점 학파는 전반적으로 이러한 반론과 새로운 이해에 동의한다. 새 관점의 의견이 일치하지 않는 부분은 새로운 이해를 기초로 하는 바울 신학의 재구성(reformulation)이다. 샌더스는 새 관점에 참여했는가, 아니면 새 관점을 준비했는가? 내가 알기로, 샌더스는 자신의 연구를 가리켜 '새 관점'이란 표현을 전혀 사용하지 않았다. 제임스 던뿐 아니라 N. T. 라이트마저도 바울에 관한 샌더스의 최근 저서[14]에서 거의 등장하지 않는다. 나는 샌더스를 '다리를 놓은 인물'로 보겠다.

던과 라이트는 새로운 유대교 이해를 토대로 바울 자신의 신학을 어떻게 재구성하는가? 이것이 내가 이 단락에서 보여 주려는 전부다. 상이한 이 두 목소리가 커지면서 새 관점을 만들어 냈다. 여기서 되풀이해야 할 게 있다. 새 관점의 가장 중요한 요소는 새 관점이 이전 목소리들에 반발하고, 유대교 자체를 유기적으로 이해하는 데 새롭게 관심을 갖는다는 것이다. 이럴 때에야 바울 신학을 재구성하기 시작할 수 있다. 문제는 이것이다. 바울 복음이 어떻게 언약적 율법주의와 연결되는가? 샌더스의 모든 연구에서 가장 의미심장한 몇 줄에 드는 것은 이것이다. "간단히 말해, **이것이 바울이 유대교에서 찾아낸 잘못이다. 즉 유대교는 기독교가 아니다.**"[15] 던은 이러한 샌더스의 주장에 내포된 의

---

14 E. P. Sanders, *Paul: The Apostle's Life, Letters, and Thought* (Minneapolis: Fortress, 2015).
15 Sanders, *Paul: The Apostle's Life*, 552 (강조는 샌더스의 것이다).

미를 알리는 일에서 큰 도약을 이루었다. (샌더스의 이 유명한 문장이 바울에 대한 묵시적 접근을 위한 자리도 만들었다는 데 주목해야 한다.)

제임스 던의 기여

제임스 던은 《바울신학》에서 고전적 바울 신학의 구원론과 관련한 다수의 중요한 문장들을 구원론 범주들에 넣어 로마서 전체의 틀 안에서 살펴 나간다. (1) 하나님과 인류. (2) 정죄 아래 있는 인류: 여기서 그는 아담, 죄, 죽음, 율법을 논한다. (3) 예수 그리스도의 복음: 복음, 사람 예수, 십자가에 못 박히신 그리스도, 부활하신 주, 선재(先在)하신 분, 그리스도께서 다시 오실 때까지. (4) 구원의 시작: 결정적 전환, 칭의, 참여, 성령의 선물, 세례. (5) 구원의 과정: 종말론적 긴장, 이스라엘. (6) 교회: 그리스도의 몸, 사역과 권위, 주의 만찬. (7) 신자들의 행위: 동기를 부여하는 원리들, 로마서 12-15장과 고린도전서 5-10장 해석.[16] 던은 초기 교회의 기원을 다룬 2권짜리 대작의 하권에서 바울 복음을 조금 수정된 범주들에 맞춰 다음과 같이 다룬다. 우상들에게서 살아계신 하나님께로 돌이킴, 십자가에 못 박히신 그리스도, 하나님이 예수를 죽은 자 가운데서 살리심, 주님이신 예수, 하나님의 아들이 하늘에서 다시 오시길 기다림, 예수 그리스도

---

16 Dunn, *Theology of Paul the Apostle*. 《바울신학》, 박문재 옮김 (CH 북스, 2019).

를 믿음, 성령을 받음, 주의 만찬, 그리스도인의 삶.[17] 이 범주들에는 '새로운' 것이 없다.

그러나 새 관점의 바울 신학 재구성에 던이 크게 기여한 점이 있다. 즉 그는 이제 "율법의 행위"란 샌더스 이전의 학계에서 의미하던 것을 의미하지 않는다고 주장했다.[18] "율법의 행위"는 하나님 앞에서 공로 쌓기, 곧 샌더스 이전의 학자들이 유대교 자체를 이해한 방식이 형성한 범주를 가리키지 않았다. 대신에, "율법의 행위"는 무엇보다도 율법이 요구하는 행위를 가리켰으며, 좀 더 구체적으로 갈라디아서와 로마서의 용례에서 안식일, 음식법, 할례처럼 경계를 만들어 내는 범주들을 가리켰다. 던이 다른 곳에서 말했듯이, 갈라디아서와 로마서 문맥에서 율법은 성취에 관한 것이 아니라 특권, 곧 유대인의 특권에 관한 것이다 (롬 2:12-29).[19] 의미는 분명했다. 즉 바울이 반대한 대상은 '유대주의자'가 아니라 유대교 개종권유자였다. 다시 말해, 바울이 반대한 대상은 그리스도를 믿는 이방인 회심자에게 (전체 율법의) 이러한 상징적 경계 표시들을 받아들이라고 요구하며, 따라서 이 방인에게 사실상 유대인이 되라고 요구하는 사람들이었다. 던은

---

17 James D. G. Dunn, *Beginning from Jerusalem*, Christianity in the Making 2 (Grand Rapids: Eerdmans, 2009), 572-587. 《초기 교회의 기원 하》, 문현인 옮김(새물결플러스, 2019).

18 던은 이 주제와 관련해 여러 편의 글을 내놓았다. 새 관점에 관한 그의 글을 모아 재출간한 *New Perspective on Paul*, 121-140, 213-226, 339-345, 381-394, 413-428을 보라. 《바울에 관한 새 관점》, 김선용 옮김(감은사, 2018). 그는 pp. 16-17에서 다섯 개의 핵심을 요약한다. 그는 또한 pp. 17-97에서 자신을 비판하는 자들에게 능숙하게, 평화적으로 답한다.

19 바클레이(Barclay)는 던이 유대교에서 은혜가 우선임(priority of grace)을 받아들이지만 바울의 유대인 대적들이 자신들의 인종적 특권(ethnic privilege)에 호소할 때 은혜의 부조화성 (incongruity of grace, 은혜의 비상응성)을 충분히 받아들이지 않는다는 것을 보여 준다. Barclay, *Paul and the Gift*, 164-165를 보라.

종교개혁의 칭의 이해에서 논란이 되는 부분을 자주 말하면서, 이것을 '민족주의적 의(nationalistic righteousness)'라고 부른다. 따라서 바울은 특히 교회를 분열시키는 사람들에게 맞서고 있다. 그들의 한쪽은 유대인을 지지하고 다른 쪽은 이방인을 지지한다. 여기서 새 관점을 위한, 교회의 하나됨과 모든 것을 아우름을 위한 로마서 설교가 시작된다.

따라서 새 관점의 바울 신학은 구원론—모두가 기소되며, 모두가 의롭다 하심을 얻어야 하고, 모두가 오직 믿음으로 의롭다 하심을 얻어야 한다—에 관한 것이다. 그러나 이 구원론은 특수한 위기에, 곧 이방인 신자들은 토라 전체를 받아들임으로써 '하나님을 경외하는 자'라는 신분을 넘어 '개종자' 신분으로 옮겨 가야 한다는 일부 유대인 신자들이 형성한 확신에 대처하기 위해 형성된 것이다. 보편적 기소가 이 위기에서 구체적 기소가 된다. 던은 이 위기는 구체적 상황에서 "율법의 행위"에 관한 것이라고 주장하며, 바로 이 주장이 전통주의자들의 시선을 사로잡았다. "율법의 행위"가 아우구스티누스 인간론의 구체적 이해에서 분리될 때, 루터파와 개혁파—그중 얼마는 새 관점을 노골적으로 비판했고, 또 때로는 오해했다—는 여기에 반대한다.[20]

---

20 D. A. Carson, Peter T. O'Brien, and Mark A. Seifrid, eds., *Justification and Variegated Judaism*, vol. 1, *The Complexities of Second Temple Judaism, and vol. 2, The Paradoxes of Paul* (Grand Rapids: Baker Academic, 2001, 2004).

N. T. 라이트의 기여

유대교를 보는 전통적 시각에 반발하면서 시작된 바울 신학의 재구성과 샌더스를 따르면서 등장한 새로운 유대교 연구 사이에는 일치된 의견이 없다. 이 점은 제임스 던이 제시하는 바울과 N. T. 라이트가 제시하는 바울을 비교해 보면 아주 잘 드러난다. 라이트의 저작에서 나타나는 몇 가지 핵심이 있다. 첫째, 라이트의 첫 블록버스터는 《신약성서와 하나님의 백성*The New Testament and the People of God*》(CH 북스)이었다. 이 책에서 라이트는 언약적 율법주의를 이야기의 토대로 삼고 자신이 세계관과 신학의 뚜렷한 차이를 특히 좋아한다는 것을 보여 준다. 라이트의 큰 기여는 구약성경과 유대교를 다시 살펴 내러티브로 재배치한 것이겠다.[21]

둘째, 라이트의 가장 이른 이 저작은 절대로 폐기되지 않았으며, 언약, 포로생활, 포로생활의 종결이라는 범주를 통해 형성된 내러티브의 뼈대였다.[22] 반론이 있기는 하지만, 라이트의 범주는 성경 자체의 기대와 유대인의 희망에 여전히 적용될 수 있

---

21 구약성경에서 시작해 유대교를 거쳐 예수님과 사도로 내려오는 직선적 독법과 이야기에 관한 오늘날의 논쟁, 다시 말해, 우리가 내러티브에서 시작해 앞으로 나아가느냐 아니면 예수님에서 시작해 뒤로 돌아가느냐는 논쟁은, 중요하지만, 이것이 늘 둘 다라는 사실을 기본적으로 놓친다. 너무 많은 새로움은 일종의 대체주의(supersessionism, 기독교가 유대교를 대체한다)의 형태가 되고 너무 적은 새로움은 일종의 다원주의(pluralism)가 된다. 라이트와 던은 두 비난을 다 피한다.

22 Wright, *New Testament and the People of God*, 299-301; N. T. Wright, *Jesus and the Victory of God*, Christian Origins and the Question of God 2 (Minneapolis: Fortress, 996), 《예수와 하나님의 승리》, 박문재 옮김(CH 북스, 2004); Wright, *Paul and the Faithfulness of God*, 《바울과 하나님의 신실하심 상, 하》, 박문재 옮김(CH 북스, 2015); James M. Scott, ed., *Exile: A Conversation with N. T. Wright* (Downers Grove, IL: IVP Academic, 2017).

고 이것들에 고유한 것이다. 그는 흔히 포로생활의 종결과 관련된 유대교 종말론이 고전적 기독교 종말론의 범주들을 훨씬 능가한다는 것을 강조한다. 새 관점에서, 그가 말하는 포로생활의 종결이란 주제는 바울 종말론의 새로움뿐 아니라 유대교와의 연속성을 강조한다.

셋째, 라이트에 따르면, 구약의 모든 중심 주제와 유대교의 중심 모티브들—언약, 율법, 성령, 이스라엘, 땅 같은—양쪽 다 바울에게서 재확인되고 다시 만들어진다. 따라서 그의 권위 있는 저서 《바울과 하나님의 신실하심 Paul and the Faithfulness of God》(CH 북스)의 주요 세 단락은 다음과 같다. (1) 그리스도 안에서 새롭게 계시된(freshly revealed) 한 분이신 이스라엘의 하나님, (2) 교회 안에서 새롭게 다시 만들어진(freshly reworked) 하나님의 백성, (3) 한 분이신 참 주님, 곧 왕이신 그리스도의 창조세계 아래 새 하늘과 새 땅에서 새롭게 그려진(freshly imagined) 세상을 위한 하나님의 미래. 언약적 율법주의를 위한 라이트의 내러티브 토대가 중요한 기여라면, 이러한 주제들에서 우리는 새 관점이 연속성과 새로움 양쪽 모두에 지속적으로 초점을 맞추는 것을 본다.

넷째, 2000년 무렵, 라이트의 바울 연구에서 더 큰 힘을 가진 주제가 등장했다. 제국 비판, 더 나은 표현으로는 반제국주의적 비판(anti-imperial criticism)이다.[23] 거의 20년 동안 라이트의 연

---

23 Wright, *Pauline Perspectives*, 특히. 169-190, 223-236, 237-254, 317-331, 439-451; Wright, *Paul and the Faithfulness of God*.

사도 바울을 해석하는 관점들

구에서 두드러졌던 이 주제가 변화를 겪었다. 적어도 나는 강조가 약해진 것을 느꼈으나, 그와 동시에, 이 주제가 이교도 신앙과 제국에 대한 유대교 자신의 비판에 더 새롭고 견고하게 닻을 내린 것을 감지했다.[24]

다섯째, 라이트가 바울 신학을 현실의 세상으로 착륙시키는 지점은 다름 아닌 이 설교자가 주창하는 주제인 화해이다. 라이트가 신자에게 제시하는 구속적, 교회적, 창조적 현실은 이것이다. 즉 하나님이 그리스도 안에서 만물과 화해하셨고, 신자는 그리스도 안에서 화해되었으며, 신자들은 서로 화해되었고, 그리스도인은 세상에서 화해의 대리자이며, 하나님 나라는 완전히 화해된 새로운 창조세계다.[25]

내가 보기에 새 관점은 바로 이 점에서 힘을 얻는다.

- 유대교의 특징이 언약적 율법주의라면,
- 기독교 신앙이 구약의 성취라면,
- 하나님이 그리스도 안에서 계시되었다면,
- 오직 믿음으로 의롭다 하심을 얻지만, 이방인도 믿음으로 여기에 포함된다면,
- 이스라엘이 확대되어 교회에서 이방인을 포함한다면,
- 예수님과 사도들이 종말론을 하나님 나라 신학으로 다시 만

---

24 Wright, *Paul and the Faithfulness of God*, 279-347, 1271-1319.
25 Wright, *Paul and the Faithfulness of God*, 1487-1516을 보라. 라이트는 약 30쪽을 할애해 이 부분을 내가 여기서 다룰 수 있는 것보다 훨씬 자세하게 다룬다.

들었다면,

- 그렇다면 '다시 만들어진 이스라엘로서의 교회 내 이방인'
은 '땅에서 일어나는 구속의 실재'로서 바울 신학을 뒷받침
한다.

따라서 교회는 세상에서 화해의 대리자요 장소가 된다. 그리고 이것은 로마서의 의미를, 특히 로마서 14-15장에 나오는 약한 자와 강한 자의 의미를 바울 신학의 정상에 올려놓는다.

여기서 나의 목적은 새 관점의 틀에서 로마서를 어떻게 설교할 것인지에 관해 한 사람의 제안을 스케치하는 것이다. 그러나 말해 두어야 할 게 하나 더 있다. 즉 던과 라이트는, 특히 초기에 샌더스가 제시한 언약적 율법주의의 결과로 바울 신학을 재구성할 때, 대담한 주장들을 했고 전통 신학을 강력하게 부정했는데, 이것은 이들의 논의에 도움이 되지 못했을 뿐더러 전통적 바울 해석자들을 친구로 만들지도 못했다. 시간이 흐르면서 이러한 날카로운 대다수 주장들의 모서리가 깎였고, 대부분의 경우에 온건한 주장들이 자리를 잡았다.

재구성(들) 이후의 로마서

이 시점에서 나는 던과 라이트가 로마서를 어떻게 읽는지 계속 기술할 수도 있다. 그러나 이렇게 하는 대신, 새 관점—나 자신

이 새 관점의 지지자라고 생각한다—이 로마서를 어떻게 이해하는지 좀 더 일반적 견지에서 스케치하겠다. 따라서 이 스케치에서 독자는 던과 라이트의 종합만큼이나 맥나이트의 종합을 듣게 될 것이다.[26]

로마서 12-16장: 다른 사람들, 사랑, 평화, 성령

첫째, 로마서 설교를 잘하려면 끝에서 시작해야 한다. 로마서의 맥락을 (적어도, 바울이 이 서신에서 분명하게 밝히는 로마서의 맥락을) 선명하게 파악하기 전에는 로마서 설교를 잘 시작할 수 없다. 물론, 이 서신은 1:1부터 시작해 앞으로 나아가지 16:27부터 거꾸로 진행되지는 않는다. 그러나 우리가 알아야 할 것은 12:1-16:27에서 끊임없이 분출되고 1:1-11:36에서 달아오르는, 로마에서 벌어지고 있는 구체적 상황들이다. 일단 마지막 몇 장의 이슈들이 친숙해지면, 앞 장들에서 이것들이 눈에 들어온다. 이 맥락의 기본 요소는 약한 자와 강한 자, 로마의 그리스도인과 국가의 관계, 예루살렘의 가난한 성도를 위한 연보, 바울의 스페인 선교, 그리스도인이 이러한 이슈들의 소용돌이 가운데서 더불어 살아가는 방법이다. 그리고 이 모두가 (로마에 있는) 대여섯 가정교회의 상황으로 보인다.[27]

---

26 다음을 보라. Dunn, *Romans;* Wright, "Letter to the Romans."

약한 자와 강한 자를 인종이나 종교를 기준으로 엄격히 구분하는 것은 잘못이겠다. 그렇더라도 약한 자는 유대인 신자이고 강한 자는 이방인 신자이다. 더 나아가, 강한 자와 약한 자를 사회적 지위와 깊이 관련된 범주로 생각할 만한 상당한 이유들이 있다. 즉 강한 자는 힘 있는 사람이며, 약한 자는 힘없는 사람이다.[28] 유대인 바울은 15:1에서 "강한 우리"라고 말하면서 자신을 강한 자로 분류한다.[29] 따라서 강한 자는 그저 암호가 아니라, 자신들에게 토라가 요구되지 않음을 알고 있는 대체로 이방인을 이르는 말이다. 이는 곧 약한 자는 이런저런 이유로 다양한 할라카 형식의 토라를 모두가 지켜야 한다고 생각하는 유대인 신자라는 뜻이다.[30] 바울은 강한 자에 대하여 강한 어조로 말한다. 즉 로마의 이방인 신자가 유대인 신자의 민감성과 감수성을 함부로 대하고 있다는 것이다. 이것은 갈라디아서에서 발견되는 시각들과는 정반대다. 갈라디아서에서는 어떤 사람들이 토라를 지키라며 이방인 신자를 압박했다. 바울의 압박이 특별히 강한 자에게 가해진다는 사실이 우리가 로마서를 읽는 데 중요해진다.

많은 사람이 지금껏 로마서 13:1-7을 보수적 방식으로 읽

---

27 첫째 요소에 관해서는 다음을 보라. Mark Reasoner, *The Strong and the Weak: Romans 14.1-15.13 in Context*, Society for New Testament Studies Monograph Series 103 (Cambridge: Cambridge University Press, 1999).

28 나는 강한 자와 약한 자 사이의 긴장이 로마서 전체를 관통한다고 믿는다. 이런 접근법에 관한 이전 학자들의 연구는 다음을 보라. P. S. Minear, *The Obedience of Faith: The Purposes of Paul in the Epistle to the Romans*, Studies in Biblical Theology 2.19 (London: SCM, 1971); A. J. M. Wedderburn, *The Reasons for Romans* (Minneapolis: Fortress, 1991).

29 성경은 개역개정 4판을 사용했다(저자는 NRSV를 사용했다).

30 어떤 학자들은 강한 자와 약한 자를 로마의 은어라고 생각한다. 그러나 동일한 용어가 고린도 전서 8-10장에서 다른 이슈들에 사용된다는 사실은 이것이 바울의 용어라는 것을 암시한다.

고, 권세(government)에 복종하라는 명령을 상황에 맞춰 다양하게 약화시켰다. 즉 어떤 사람들은 바울이 열성적 혁명가들을 억제하려 한다고 생각하고, 어떤 사람들은 바울이 유대인과 그리스도인을 대하는 로마의 방식에 짓눌린 사람들을 목회자로서 위로하고 있다고 생각하며, 또 어떤 사람들은 여기서 가중되는 세금 압박에 따른 소요를 본다. 이 모두가 권세가 지속될 '명분'을 준다는 것이다.[31] 어떤 사람들은 바울이 더없이 실용적이거나 선교적(missional)이라고 생각한다. 어떤 사람들은 권력에 대한 복종이 심각하게 약화되었다(13:1)는 암시를—특히 이 단락이 시작되는 12:21에서, 또는 12:9의 사랑이라는 주제나 12:19의 복수의 제어라는 주제에서—찾아낸다. 일치된 해석이 없다는 것이 아쉽지만, 로마의 그리스도인들이 제국의 힘을 우려했다고 생각하는 것은 적어도 타당하다. 이것은 오늘날 전 세계 그리스도인들이 갖는 우려이며, 따라서 로마서 설교를 잘하기 위한 우려다. 바울이 로마서 13:1-7에서 겨냥하는 청중은 열성과 유대교 전통을 토대로 납세 거부 유혹을 받는 약한 자라고 생각할 만한 상당한 이유들이 있다.

바울이 사역 내내 연보를 모았다고 보건, 아니면 두 차례(한 번은 초기에, 한 번은 나중에) 연보를 모았다고 보건, 바울은 선교하면서 자신의 이방인 교회들에게 예루살렘의 가난한 성도를 금전으로 후원하라고 요구한다. 성도를 위한 연보가 바울의 에게해 지

---

31 다음을 보라. Mark Reasoner, *Romans in Full Circle: A History of Interpretation* (Louisville: Westminster John Knox, 2005), 129-142.

역 선교의 중심에 자리한다(갈 2:10; 고전 16:1-4; 고후 8-9; 롬 15:16, 25-28, 30-32; 참조. 행 11:30; 12:25; 24:17).[32] 연보 문제는 로마서 15장에서 전례와 의식의 용어로 분명하게 제시된다. 바울이 이 문제를 제시하는 목적은 로마 그리스도인들에게 그들이 제국의 중심에 있지만 하나님 일의 중심은 여전히 예루살렘이라는 점을 강하게 일깨우기 위해서이다. 바울은 탈로마의 일환으로 스페인 선교를 계획하며(15:24)—이 주제는 로버트 쥬엣이 탁월하게 다룬다—이는 교회들이 국제적으로 연결된다는 사실도 부각시킨다.[33] 성령의 능력으로 유대인과 이방인이 그리스도를 믿는 새로운 한 가족이 된다.

바울은 강한 자가 문을 열고 약한 자를 (식탁에) 맞아들이며 이로써 형제자매로서 교제하는 지역 가정교회들을 생각하는 목회자이다.[34] 따라서 바울이 로마서 마지막 단락에서 그리스도인의 삶과 관련해 제시하는 주요 주제들은 다음과 같다.

- 개인의 변화를 통해 자신의 전인(全人)을 하나님께 제물로 드림(12:1-2).

---

32 다음을 보라. Stephan Joubert, *Paul as Benefactor: Reciprocity, Strategy and Theological Reflection in Paul's Collection*, WUNT 2.124 (Tübingen: Mohr Siebeck, 2000); Bruce W. Longenecker, *Remember the Poor: Paul, Poverty, and the Greco-Roman World* (Grand Rapids: Eerdmans, 2010); David J. Downs, *The Offering of the Gentiles: Paul's Collection for Jerusalem in Its Chronological, Cultural, and Cultic Contexts* (Grand Rapids: Eerdmans, 2016).

33 Robert Jewett, Romans: *A Commentary*, Hermeneia (Minneapolis: Fortress, 2006).

34 나는 가정교회들이 공동주택 성격이었다고 쥬엣(Jewett)만큼 확신하지 못하지만, 그렇더라도 그의 스케치는 설득력이 있다. Jewett, *Romans*, 952-953을 보라.

사도 바울을 해석하는 관점들

- 타인의 양심과 결정을 서로 존중하는 강력한 비전을 비롯해 숱한 방식으로 표현되는 사랑(12:9, 19; 13:8-9, 10; 14:15; 15:30; 16:5, 8-9, 12).
- 평화, 하나됨, 관용(12:16; 14:17, 19; 15:13, 33; 16:20).

이러한 덕목들은 단지 강한 자와 약한 자의 문제로 축소될 수 없지만 로마 상황에 맞춤한 것은 분명하다. 이 가운데 어느 하나도 성령을 통해 강한 자와 약한 자를 서로 형제자매로 변화시키며 그리스도 안에서 역사하는 하나님의 은혜와 분리되어 일어날 수 없다(12:11; 14:17; 15:13, 16, 19, 30).

로마서 9-11장:
하나님의 언약적 신실하심에 이방인도 포함된다

로마서를 설교하려면 바울 이야기도 알아야 한다. 다행히도 로마서 9-11장에 바울 이야기가 상당히 많이 나온다. 그런데 때로 이 세 장짜리 단락은 이 바울 서신에 덧붙여진 것으로 (잘못) 여겨진다. 그렇지 않다. 이 단락은 바울이 성경을 어떻게 읽었고, 로마제국을 어떻게 생각했으며, 이 이야기가 로마 가정교회들에서 일어나는 강한 자와 약한 자 사이의 분열과 어떻게 연결되는지 들려주기 때문이다.[35] 바울이 크게 우려하는 게 있음을 기억

---

35 Bruce W. Longenecker, ed., *Narrative Dynamics in Paul: A Critical Assessment* (Louisville: Westminster John Knox, 2002).

하자. 그것은 약한 자가 강한 자에게 받는 압박, 곧 자유롭고 지위가 높은 이방인 신자들이 자신들의 생각에 약해 보이는 사람들, 곧 이런저런 형태로 토라 준수에 줄곧 몰두하는 유대인 신자들을 경시한다—매우 로마적인 행동이다—는 것이다. 나는 로마서를 읽고 설교할 때 늘 이 장면을 머릿속에 그리려 최선을 다한다. 즉 강한 자가 약한 자를 압박하며, 바울은 약한 자를 형제자매로 대함으로써 약한 자와 평화롭게 지내고 약한 자를 사랑하라며 강한 자를 압박하고, 그러면서 서로의 결정을 존중하는 것이 중요함을 일깨우는 장면 말이다. 강한 자와 약한 자라는 이 주제는 로마서 전체를 관통하지만, 나는 이 장에서 이 주제의 몇몇 자취만 추적할 것이고 더 자세한 설명은 더 긴 논의를 위해 남겨 두겠다.

바울의 윤리를, 그 범위를 잠시 로마서 12-16장으로 좁힐 수 있다면, 떠받치는 내러티브가 있다. 바울이 대부분 자신을 모르는 가정교회들에게 자신의 복음을 설명할 때, 자신의 스페인 선교를 후원해 달라고 요청할 때, 목회자로서 약한 자를 형제자매로 대하라며 강한 자를 설득하고 기독교 윤리의 새로움을 이해하라며 약한 자를 설득할 때, 이 내러티브가 바울의 머릿속을 관통한다. 그렇지만 이 내러티브는 바울의 내러티브가 아니라 이스라엘의 이야기에서 나타나듯이 역사를 위한 하나님의 놀라운 움직임과 계획에 대한 바울의 인식이다. 현대 표준 인쇄본 성경들을 얼핏 보기만 해도(내 앞에는 NRSV와 그리스어 신약성경이 나란히 놓여 있다), 바울이 구약성경의 시구(詩句)를 인용하고 있음을 알

수 있다. (훈련 받은 독자라면 이 메아리들을 감지할 수 있어야 한다).[36]

리처드 헤이스는 로마서 9-11장에서 작동하는 바울의/이스라엘의 내러티브를 구성하는 다양한 요소들을 모아, 이사야 예언들의 상호 텍스트성에 초점을 맞추어 이러한 인용들과 메아리들이 어떻게 한데 엮여 바울의 이스라엘의 이야기 내러티브 망을 형성하는지 자세히 설명한다.[37] 그러나 이 요소들은 이스라엘의 언약적 선택(하나님이 언약을 통해 이스라엘을 택하심), 이스라엘이 세상에서 부름 받음, 토라를 언약 백성에게 생명의 길로 주심(언약적 율법주의), 이스라엘 역사의 부침, 그리고 바울에게 가장 결정적인—묵시적인!—것으로, 메시아께서 포로생활을 종결짓는 하나님의 구속 대리자로 오심 같은 기존 내러티브에서 비롯된다. 바울은 그리스도가 하나님의 메시아임을 알기에 이스라엘의 이야기를 그리스도를 향해 나아가며 그리스도로부터 시작되는 이야기로 다시 만든다. 그런데 이러한 토대가 문제를 일으킨다. 이스라엘은 믿지 않았으나 이방인은 믿었다는 것이다. 바울의 선교는 유대인보다 이방인에게서 더 성공적이지만, 바울은 하나님의 언약적 신실하심이 유대인의 거부 때문에 변하지는 않을 것임을 마음 깊은 곳에서 알고 있다. 이제 하나님의 백성이 이

---

36 Richard B. Hays, *The Faith of Jesus Christ: The Narrative Substructure of Galatians 3:1-4:11*, 2nd ed. (Grand Rapids: Eerdmans, 2002), 《예수 그리스도의 믿음》, 최현만 옮김(에클레시아북스, 2013); Hays, *Echoes of Scripture in the Letters of Paul* (New Haven: Yale University Press, 1993), 《바울서신에 나타난 구약의 반향》, 이영욱 옮김(여수룬, 2017); Hays, *The Conversion of the Imagination: Paul as Interpreter of Israel's Scripture* (Grand Rapids: Eerdmans, 2005), 《상상력의 전환》, 김태훈 옮김(QTM, 2020).

37 Hays, *Conversion of the Imagination*, 45-47.

방인까지 확대되었고 또 확대되고 있지만, 이스라엘은 여전히 하나님의 백성이다.

로마서를 설교할 때 반드시 염두에 두어야 하는 바울의 내러티브가 있다. 하나님은 언약에 신실하며, 구속은 전적으로 하나님의 행위이고, 하나님의 신실하심에 이방인도 포함된다는 것이다. 그래서 로마서 9:6에 "하나님의 말씀이 폐하여진 것 같지 않도다"라는 바울의 숙고가 나오고, 11:1에 "하나님이 자기 백성을 버리셨느냐. 그럴 수 없느니라"라는 바울의 자문자답이 나온다. 이것을 바울은 어떻게 아는가? 바울 자신의 이야기가 그에게 그렇게 말한다. "나도 이스라엘인이요 아브라함의 씨에서 난 자요 베냐민 지파라." 따라서 메시아를 유대인이 배척하고 이방인이 받아들였다고 해서, 이스라엘을 향한 하나님의 언약적 신실하심이 의문스러워지는 것은 아니다. 어쨌든, "그들은 이스라엘 사람이라. 그들에게는 양자됨과 영광과 언약들과 율법을 세우신 것과 예배와 약속들이 있고 조상들도 그들의 것이요 육신으로 하면 그리스도가 그들에게서 나셨으니 그는 만물 위에 계셔서 세세에 찬양을 받으실 하나님이시니라. 아멘"(9:4-5).

말할 것도 없이, 택하심 안에 택하심이 있다. 즉 약속의 자녀가 참 이스라엘이다(9:6-8). 하나님의 자비(긍휼)가 "약속의 계보에 속한 사람들"을, 다른 사람들의 완악함과 분노에 맞서는 사람들을 만들어 낸다(9:18). 그러나 문제를 하나님의 불가해하심으로 축소할 수는 없다. 이것은 동시에 믿음의 문제이기 때문이다(9:32). 그래서 갈라디아서 3:15-4:7에서처럼, 바울은 율법이 맞춤한 곳으로 들어간다. 로마서에서 율법은 그리스도 안에서 그 목적을 이루었다(10:4). 왜? 이스라엘이 가졌던 역할의 특권이 확대되어 모든 믿는 사람을 포함하게 되기 때문이다(10:4). 바울은 '행함'과 '믿음'을 마주 놓는다. 믿음이 행위를 포함하지 않는다고 생각하기 때문이 아니다. 행함은 율법이 만들어 내는 경계표지에 관한 것이고(약한 자의 특권), 믿음은 이방인을 포함하는 것에 관한 것이기 때문이다(10:5-21).

이 모든 것이 밀었다 당겼다 하며 바울을 곧장 신학으로, 다시 말해 불신앙에도 불구하고 이스라엘을 향하신 하나님의 언약적 신실하심으로 이끈다. 사실, [이스라엘의] 불신앙은 **이스라엘의 추수뿐 아니라**(11:12) 이방인의 신앙(11:11-12)으로도 이어진다(11:12). 갑작스럽게 이방인에게로 옮겨가는 데서 바울의 마음에 무엇이 가장 크게 자리 잡고 있는지 알 수 있다. 바로 강한 자와 약한 자이다. 사실 로마서 9:1-11:10은 약한 자에게 초점을 맞추고, 11:11-36은 강한 자에게 더 관심을 둔다. 따라서 이방인 신자들은 이스라엘의 불신앙을 되풀이해서는 안 된다. 되풀이한다면, 이들도 믿지 않는 이스라엘처럼 잘려 나갈 것이다(11:17-24). 어쨌든, 이스라엘은 "여러분[이방인 신자]을 지탱하는 뿌리"다(11:18, 개역개정은 "뿌리가 너를 보전하는 것이니라"). 바울에게 미스터리는 이스라엘이 그 불신앙을 통해 잠시 완악해졌다는 것이다. 그러나 바울의 소망은 "온 이스라엘이 구원을 받으리라"는 것이다(11:26). 이제 이 장들의 주제, 곧 하나님은 이스라엘과 맺은 언약에 신실하지만, 이 신실하심은 이스라엘과 이방인 양쪽 모두의 신실함과 조화를 이뤄야 한다는 주제로 돌아가 보자.

이것은 강한 자에게 특권이 있는 게 아니라는 뜻이다. 하나님이 이스라엘을 택하심에서, 강한 자는 이스라엘 개개인과 다를 게 없다. 이는 곧 강한 자도 신실해야 하며, 그러지 못하면 잘려 나갈 수 있다는 뜻이다. 로마서에서 두드러지는 것인데, 강한 자에게 신실함이란 약한 자를 품는다는 뜻이다. 따라서 로마서 9-11장은 친숙하고 편안한 해변, 곧 예정, 부르심, 거듭남을 비롯해 개개인에게 적용되는 구원 서정(ordo salutis)의 요소들을 이야기하고, 또 누가 안에 있고 누가 밖에 있는지 걱정하는 자리에서 떠나야 한다. 오히려 9-11장의 근본 주제들은 하나님의 신실하심, 곧 이스라엘이 메시아에게 반응하지 않고 이방인이 반응할 때 하나님이 이스라엘과 맺은 언약을 향한 하나님의 신실하심에 관한 것이다. 이 장들은―11:10까지 약한 자에게 초점을 맞추는 것으로 보인다―하나가 되라며 로마의 그리스도인들을 권면하려는 목회적 내러티브다. 이 장들을 설교하는 것은 근본적으로 하나님의 백성이 확대되어, 배제되었다고 보이는 사람들이 포함됨을 설교하는 것이라는 뜻이다. 내가 살고 있는 시카고랜드 상황에서 이것은 백인 중산층을 교외로 이주시키고 교외에 거주하는 부자들을 보호하며 도심의 빈민가를 관리하려고 조직적으로 획책된 인종차별과 인종 군집(ethnic silos)―끼리끼리 모이는 교회가 하나같이 흉내 내는 상황들―을 아주 날카롭게 비판하는 것이다. 로마서에서, 특히 9-11장에서, 특권은 냉정하게 판단 받는다. 즉 약한 자는 판단하는 자리에 있지 말아야 하고,

사도 바울을 해석하는 관점들

강한 자는 우월함을 주장해서는 안 된다. 모든 것이 하나님의 은혜이고 하나님의 자비이며, 이 은혜는 모두를 위한 것이다. 하나님의 은혜를 아는 사람은 서로 경쟁자가 아니라 형제자매다.

그러나 로마서 9-11장이 의미가 통하는 이유는 단 하나, 로마서 1:18-2:29의 (그리고 그 이후의) 고발과 로마서 1-8장의 더 넓은 주제들 때문이다. 그래서 많은 사람이 이제 로마서 9-11장이 로마서 1-8장에서 작동하는 문제를 해결한다고 본다.

마지막으로, 로마서 1-8장: 유대인과 이방인, 구속, 성령

이것이 내 주장이다. 즉 로마서 1-8장에서 작동하는 모든 복음과 구속의 신학 배후에 이러한 맥락(롬 12-16장)과 이러한 내러티브(롬 9-11장)가 자리한다. 복음의 주제가 되는 진술들이 상당 부분 1:1-6과 1:16-17에 나온다.

예수 그리스도의 종 바울은 사도로 부르심을 받아 하나님의 복음을 위하여 택정함을 입었으니 이 복음은 하나님이 선지자들을 통하여 그의 아들에 관하여 성경에 미리 약속하신 것이라. 그의 아들에 관하여 말하면 육신으로는 다윗의 혈통에서 나셨고 성결의 영으로는 죽은 자들 가운데서 부활하사 능력으로 하나님의 아들로 선포되셨으니 곧 우리 주 예수 그리스도시니라. 그로 말미암아 우리가 은혜와 사도의 직분을 받

아 그의 이름을 위하여 모든 이방인 중에서 믿어 순종하게 하
나니 너희도 그들 중에서 예수 그리스도의 것으로 부르심을
받은 자니라(롬 1:1-6).

내가 복음을 부끄러워하지 아니하노니 이 복음은 모든 믿는 자
에게 구원을 주시는 하나님의 능력이 됨이라. 먼저는 유대인에
게요 그리고 헬라인에게로다. 복음에는 하나님의 의가 나타나
서 믿음으로 믿음에 이르게 하나니 기록된 바 오직 의인은 믿
음으로 말미암아 살리라 함과 같으니라(롬 1:16-17).

강한 자와 약한 자가 이스라엘의 성경과 다윗의 후손에 초
점을 맞추어, 곧 "그의 이름을 위하여 모든 이방인 중에서"에서,
그리고 특별히 "먼저는 유대인에게요 그리고 헬라인에게"에서
이미 메아리친다. 다시 말해, 바울은 즉시 자신의 주장을 펼친다.
즉 강한 자라고 우월하지 않으며, 이스라엘은 이방인에 비해 언
약 때문에 우선권을 갖지만, 복음은 이방인 신자를 하나님의 동
일한 백성에, 유대인이나 이방인이나 차별이 없는 백성에 편입
시킨다는 것이다. 하나님의 백성에 포함된 사람은 믿음으로 말
미암아 하나님의 은혜로 포함된 것이다.
　　대다수 로마서 해석에 따르면, 바울은 개인 구원에 초점을
맞추기보다 이방인이 죄인이며 따라서 강한 자라도 다르지 않음
을 보여 주는 데 한결 더 초점을 맞춘다(1:18-32). 그러나 이것은
양자택일의 문제가 아니다. 즉 모두가 개인적 구속이 필요하며,

약한 자는 이러한 로마서 구절들에서 적잖은 기쁨을 발견할 것이다. 로마서 1:18-32을 2장과 바투 연결해 세밀하게 읽어 보면, 1:18-32이 수사학적 설정이라는 게 드러난다. 다시 말해, 이 단락은 이방인 우상숭배자들의 전형이며 솔로몬의 지혜서를 되울린다. 약한 자를 염두에 둔다. 이들은 로마 이교도들을 판단하며, 바울은 2장에서 반전을 꾀한다. 로마서 2장에서, 이 전형이 약한 자에게 적용된다. 약한 자는 하나님의 은혜를 최종적으로 요구할 권한이 없으며, 다른 사람들을 판단해서는 안 된다(2:1-3:8). 모든 사람이, 이방인과 유대인이, 강한 자와 약한 자가 완전히 실패한다(3:9-20). 그러나 그리스도께서 강한 자와 약한 자 양쪽 모두를 구속하신다. 곧 이들은 믿음으로 의롭다 하심을 얻는다.

로마서 3:21-26이 로마서의 절정이 될 만큼 많은 사람이 구원론적으로 로마서를 읽는다. 그러나 로마서 3장을 세밀하게 읽어 보면, 3:19-20의 진술이 3:21-26에 의해 '빛이 나며' 3:27-4:25에서 약한 자를 향한 바울의 고언(苦言)이 다시 시작됨을 알 수 있다. 바울은 약한 자가 제기하며 로마서 2장에서 시작해 4장 끝까지 계속되는 전형적 질문들에 계속 답한다. 때로 3:21-31에서 놓치는 게 있다. 바울은 이방인이 하나님의 백성에 편입됨을, 분명히 약한 자를 겨냥한 말로, 강조한다는 것이다(3:27-31). 바울이 하는 말은 개인 구원을 수반한다. 그러나 바울은 교회의 확대, 다시 말해, 유대인과 이방인이 그리스도의 십자가 죽음과 부활을 근거로 행위(약한 자와 강한 자를 분리하는 경계표지를 이루는 신실한 행위)가 아니라 오직 믿음으로 하나님의 가족에 포함된다는 데에도 초점을 맞춘다. 제임스 던이 오직 믿음으로 의롭다 하심을 얻는다는 것을 강조하지만 이방인이 하나님의 가족에 포함된다는 것에도 초점을 맞춘 것은 옳다. 칭의가 주제일 때, 바울이 이것을 강조한 게 분명하다.

바울은 약한 자와 강한 자를 우려하는데, 그 우려의 중심에 약한 자는 토라(할라카를 지키며 살기)를 원하는 반면에 강한 자는 토라를 전혀 원치 않는다는 사실이 자리한다. 바울이 (1) 율법의 행위와 (2) 믿음의 본보기 아브라함을 두고 펼치는 논증은 이론 적일 뿐 아니라(개인은 행위가 아니라 오직 믿음으로 의롭다 하심을 얻는다) 맥락상의 목적이 있다(칭의는 이방인을 하나님의 가족에 포함시킴과 관련이 있다). 다시 말해, "율법의 행위"는 인간론의 문제일 뿐 아니라 언약적 신실함과 경계표지이기도 하다. 바울은 아브라함이 행위가 아니라 믿음으로 의롭다 하심을 얻었다고 약한 자에게 말한 다(4:1-5:12; 로마서를 설교할 때, 더 단순한 갈라디아서 3:19-4:7을 늘 염두에 두고 되풀이해서 읽어야 한다).[38] 따라서 바울은 이방인 중에 아브라함의 "후손"들이 있음을 약한 자에게 상기시킨다(4:16). 과연 로마서 1-4장은 약한 자를 겨냥하고 로마서 5-8장은 강한 자를 겨냥하는지, 로마서 5-8장이 강한 자의 복음이자 강한 자를 위한 복음인지 궁금해야 한다.

로마서를 읽을 때, 12-16장의 문맥에서 시작하고 이러한 범주들을 토대로 나머지 부분을 읽으면 로마서 5-8장이 강한 자

---

38 다음의 훌륭한 글을 보라. "Paul and the Patriarch: The Role(s) of Abraham in Galatians and Romans," in Wright, *Pauline Perspectives*, 554-592.

사도 바울을 해석하는 관점들

와 약한 자 사이에 일어나는 분열의 해결책임을 알 수 있다. 즉 그 해결책은 토라 준수가 아니며 무분별한 자유도 아니고, 성령으로 사는 삶이다. 그러나 로마서 1-8장은 추상적 신학이고, 이것이 로마서 12-16장에서 적용되는 게 아니라 그 반대다. 즉 로마서 12-16장은 '삶의 신학(lived theology)'이고, 로마서 1-8장과 9-11장의 더 추상적인 신학이 이것을 떠받친다. 하나님의 백성은 성령으로 사는 법을 배울 때에야 변화되어 하나 될 수 있다.

이스라엘이 그리스도 안에서 변화되는 이러한 구속을 촉발하는 것은 하나님의 은혜로운 사랑이지만(5:8), 이것은 성령께서 일으키시는 일이기도 하다(5:5). 대다수 로마서 읽기에서 유대인과 이방인이라는 주제는 로마서 5:12-21에서 절정에 이른다. 여기서 바울은 아브라함을 거쳐 아담까지 거슬러 올라가며, 서구 신학 전통의 아주 많은 부분에서 기초가 된 유명한 신학 표현들을 만들어 낸다. 그가 제시하는 양극의 상반되는 것들이 여전히 설교되고 있지만, 이것들은 로마의 분열되어 있는 강한 자와 약한 자에게 매우 중요했다.

아담: 죄, 정죄, 죽음
그리스도: 순종, 칭의, 영생

따라서 로마서를 설교한다는 것은 듣는 각 사람에게 죄의 결과와 오직 그리스도 안에 있는 구속의 결과를 설교한다는 뜻이다. 아브라함 언약의 배후와 안에 바로 아담의 상태가 있다.[39]

이렇게 모두가 죄인이라는 데 초점을 맞추면—많은 사람들에게 이것은 1:18에서 시작하며 5:12-21에서 다시 힘 있게 등장한다—약한 자만큼이나 강한 자에게 초점을 맞추는 것으로 보이는 문제가 일어난다. 강한 자에게 초점을 맞추는 것은 해방이 은혜와 용서를 위한 기회이리라는 것을 이들이 감지하기 때문이다. 그리고 약한 자에게 초점을 맞추는 것은 이들이 의와 성결이 축소될까 두려워하기 때문이다. 바울은 6장에서 둘 다를, 한 손에 하나씩 다룬다. 즉 모든 믿는 자가, 약한 자와 강한 자가, 세례를 받아 그리스도의 죽음과 부활에 참여한다. 이들이 모두 죄에 대해 죽었고 이제 모두 의의 생명으로 일으킴을 받았다는 뜻이다. 우리는 여기서 교회에서 동시에 두 (또는 그 이상의!) 진영을 향해 일반적으로 필요한 목회 감수성을 본다. 바울은 강한 자에게 그들의 세례가 죄로부터 해방되어 의에 이름을 의미한다고 말하고, 약한 자에게 그들의 세례 또한 의에 이른다고 말한다. 그러나 한 번 더 비틀어 바울은 이것이 율법으로 성취되지는 않는다고 말한다(6:14).[40]

로마서 7장을 폭넓게 논하면 이 책에 실린 다양한 접근을 설명할 수 있겠지만, 이런 논의를 펴기에는 지면이 부족하다.[41]

---

39 오늘날 로마서 5:12-21을 설교하는 사람이라면 누구라도 역사적 아담의 문제나 진화론적 창조론과 믿음의 문제를 피할 수 없다. 다음을 보라. Dennis R. Venema and Scot McKnight, *Adam and the Genome: Reading Scripture after Genetic Science* (Grand Rapids: Brazos, 2017).

40 로마서를 읽는 사람들은 인칭 대명사에 주목해야 한다: 1인칭(나, 우리), 2인칭(너, 너희), 3인칭(그것, 그, 그녀, 그들). 이 문제를 여기서 다룰 수는 없다.

41 Reasoner, *Romans in Full Circle*, 67-84에서 시작하라.

여기서 우리에게 주어진 질문은 바울이 다음과 같이 말할 때 "나(Ego)는 누구인가?"이다.

> 그런즉 우리가 무슨 말을 하리요. 율법이 죄냐 그럴 수 없느니라. 율법으로 말미암지 않고는 내가 죄를 알지 못하였으니 곧 율법이 탐내지 말라 하지 아니하였더라면 내가 탐심을 알지 못하였으리라. 그러나 죄가 기회를 타서 계명으로 말미암아 내 속에서 온갖 탐심을 이루었나니 이는 율법이 없으면 죄가 죽은 것임이라. 전에 율법을 깨닫지 못했을 때에는 내가 살았더니 계명이 이르매 죄는 살아나고 나는 죽었도다. 생명에 이르게 할 그 계명이 내게 대하여 도리어 사망에 이르게 하는 것이 되었도다. 죄가 기회를 타서 계명으로 말미암아 나를 속이고 그것으로 나를 죽였는지라(롬 7:7-11).

아우구스티누스의 인간론 렌즈가 로마서 7장을 읽는 전통적 독법이라면—여기서 하나님의 은혜 안에 있는 사람은 그럼에도 불구하고 공로, 죄, 순종과 씨름한다—새 관점은 로마서 7장에서 율법과 성령으로 사는 삶과 은혜에 대한 변증에, 그리고 종말론적 시대가 아담에서 그리스도로 옮겨감에 초점을 맞춘다.[42] N. T. 라이트는 자신의 내러티브 접근법을 적용해 로마서 7장에 대한 해결책을 찾는다. 즉 여기서 나(Ego)는 이스라엘이며,

---

42 특히 Reasoner, *Romans in Full Circle*, 81을 보라.

구체적으로 말하면 율법 아래 있는 이스라엘의 이야기이고(따라서 우리는 다시 갈라디아서 3:19-4:7로 돌아와 있다), 이스라엘이 토라를 지키는 동시에 토라의 징벌 능력을 발견하라고 요구받은 것이다.[43] 이스라엘의 해결책은 로마서 8:3-4에 나오는데, 다음과 같다. 그리스도, 성령, 하나님의 율법을 행하도록 힘을 주심. 덧붙이자면, 약한 자가 토라에 순종하라고 독려 받지만, 이번에도 다르게 독려를 받는다. 즉 로마서 12-16장에서처럼, 타인을 생각하는 마음과 사랑과 평화를 낳는 성령을 통해 독려 받는다. 이와 동시에, 강한 자는 성령이 촉발하는 삶이 토라와 일치한다는 경고를 받는다. 따라서 로마서 7:5-6이 로마서 7장 설교하기에서 중심이 될 것이다. "우리가 육신에 있을 때에는 율법으로 말미암는 죄의 정욕이 우리 지체 중에 역사하여 우리로 사망을 위하여 열매를 맺게 하였더니 이제는 우리가 얽매였던 것에 대하여 죽었으므로 율법에서 벗어났으니 이러므로 우리가 영의 새로운 것으로 섬길 것이요 율법 조문의 묵은 것으로 아니할지니라."

축약된 표현을 원한다면, 이렇게 표현할 수 있겠다. 바울은 이스라엘 역사에 대한 전체적 해결책을 그리스도 중심의 성령론(Christocentric pneumatology) 또는 성령론적 그리스도론(pnumatic Christology)에서 찾는다. 다시 말해 로마서 8장을 설교할 때, 중심 본문은 3-4절이다. "율법이 육신으로 말미암아 연약하여 할 수 없는 그것을 하나님은 하시나니 곧 죄로 말미암아 자기 아들을

---

43 Wright, "Romans," 549-557.

사도 바울을 해석하는 관점들

죄 있는 육신의 모양으로 보내어 육신에 죄를 정하사 육신을 따르지 않고 그 영을 따라 행하는 우리에게 율법의 요구가 이루어지게 하려 하심이니라."

이제 원점으로 돌아왔다. 약한 자와 강한 자는 세례를 받으라고 요청받는데, 이것은 죄(우월의식과 판단하는 태도)에 대해 죽고 새 생명(타인을 생각하는 마음, 사랑, 평화)으로 다시 살아난다는 뜻이다. 이들은 물에 훨씬 깊이 들어가 하나님이 그리스도와 성령 안에서 세우신 새 창조에 이르라고 요청받는데, 성령으로 사는 삶은 로마의 교회들이 바로 지금 행동하는 방식과 다르다. 그러나 이들이 바울의 말을 끝까지 듣고 그리스도 안에서 성령을 통해 주어지는 하나님의 은혜의 복음을 받아들이면, 로마제국의 이데올로기를 넘어서는 "서로 다름이 함께하는 교제(fellowship of differents)"를[44] 만들어 낼 것이다. 이러한 교제 자체가 설교여야 하며, 그러지 않으면 그 어떤 설교도 먹히지 않는다.

---

44 내가 바울이 말하는 그리스도인의 삶에 관해 쓴 대중적인 책의 제목이다. Scot McKnight, *A Fellowship of Differents: Showing the World God's Design for Life Together* (Grand Rapids: Zondervan, 2015).

3

로마서와 묵시적 바울 읽기

더글라스 캠벨

Douglas A. Campbell

묵시적 바울 읽기(apocalyptic reading of Paul)의 선배들은 20세기 초에 신약성경을 연구했던 주요 독일 신학자들까지 거슬러 올라간다.[1] 그러나 비교적 최근까지, 바울에 관한 학문적 논의를 의미 있게 이어간 그룹이나 진영을, 특히 북미에서는 찾아볼 수 없다.[2] 하지만 이제는 할 수 있는데, 여기에는 중요한 이유가 있다. 바로 루이스 마틴(J. Louis Martyn, 1925-2015) 때문이다. 마틴은 특히 갈라디아서에 관한, 그러나 갈라디아서에만 국한되지 않는 꼼꼼한 연구를 통해, 그리고 친구들과 제자들로 구성된 네트워크를 통해, 옛 관점과 새 관점 양쪽 모두의 대표자들이 마땅히 위협을 받는 독법(讀法), 곧 바울 복음을 읽는 강력한 독법을 내놓았

---

1 특히, 빌리암 브레데(William Wrede, 1859-1906), 알베르트 슈바이처(Albert Schweitzer, 1875-1965), 에른스트 케제만(Ernst Käsemann, 1906-1998).

2 현대의 바울 해석자들 가운데 바울에 대한 마틴(Martyn)의 기본적 접근법을 지지하는 학자들의 그 어느 목록에든 마르티누스 드 부어(Martin de Boer, 네덜란드 신학자), 알렉산드라 브라운(Alexandra Brown), 찰스 쿠사(Charlie Cousar), 수잔 이스트먼(Susan Eastman), 비벌리 가벤타(Beverly Gaventa), 캐더린 그리브(Katherine Grieb), 더글라스 하링크(Douglas Harink), 린더 켁(Leander Keck) 그리고 내가 포함되어야 한다.

사도 바울을 해석하는 관점들

다. 마틴의 연구는 이제 묵시적 바울 해석으로 귀결된다.

계시 대 정초주의

마틴이 중요한 이유가 있다. 무엇보다도, 마틴은 바울의 복음 선포가 예수님을 중심에 둔 하나님의 계시에 기초하고 있다고 단언하기 때문이다. 마틴은 1967년에 출간된 초기 논문들 중 하나에서 이 주장을 하고, 1997년에 출간된 대작인 갈라디아서 주석에서 이 주장을 되풀이한다.[3] 그 결과로 등장한 바울 독법은 대개 '묵시적(apocalyptic)' 읽기로 알려져 있다. 이는 바울이 갈라디아서 1:12을 비롯해 여러 곳에서 사용하는 '계시'에 해당하는 그리스어 단어가 아포칼립시스(apokalypsis, 묵시)이기 때문이다.[4] 그가 1967년에 발표한 논문의 제목 "시대 전환기의 인식론 Epistemology at the Turn of the Ages"이 가리키듯이, '아포칼립시스'는 인식론 곧 진리 기준에 관한 주장임을 이해하는 게 매우 중요하다.

인식론은 중요한 이슈를 제기한다. 많은 사람이 성경을 설

---

3   J. Louis Martyn, *Galatians* (New York: Doubleday, 1997).《앵커바이블 갈라디아서》, 김병모 옮김(CLC, 2018). 그의 논문집도 보라. *Theological Issues in the Letters of Paul* (Edinburgh: T&T Clark, 1997). "Epistemology at the Turn of the Ages: 2 Corinthians 5.16"(초판 1967)을 *Theological Issues*, 89-110에서 가장 쉽게 찾아볼 수 있다.

4   예를 들면, Ernst Käsemann이 자신의 로마서 주석에서 로마서 1:17을 해석한 것을 보라. *Commentary on Romans*, 4th ed., trans. Geoffrey W. Bromiley (Grand Rapids: Eerdmans, 1980), 특히. 30.

명하고 자신의 신학을 전개하며 설교하고 가르치면서 하나님은 어떤 분이고 무엇을 하고 계시는지에 관해 다양한 주장을 빈번하게 펼친다. 그러나 우리가 하나님에 관해서 하는 말이 참인지 어떻게 아는가? 이 긴급한 질문은 우리의 진리 기준을 생각하게 하는데, 이것이 인식론의 관심사다. 우리의 진술이 참인지 거짓인지 판단할 때 우리는 무슨 기준을 사용하는가? 우리가 하는 하나님 이야기의 정확성을 우리는 어떻게 측정하는가? 분명히, 많은 것이 여기—우리가 하나님에 관해 진리를 말하고 있는지 아니면 우리 자신의 허상에 빠져 길을 잃었는지—에 달려 있다. 그리고 무엇이 달려 있는지 한층 더 분명히 하기 위해 지금 여기서 마틴에서 칼 바르트(Karl Barth, 1866-1968)까지 잠시 우회하는 게 도움이 될 것이다.

언제부턴가 바르트는 진리 기준에 다가가는 성경의 접근법을 신학적으로 회복하는 일에 착수했다. 그의 접근법은 현대의 (그 시대의) 대학이 진리에 이르려고 사용했던 세련되어 보이는 접근법에 맞서는 것이었다. 그는 당대의 그러한 접근법이 그를 가르쳤던 해박한 신학 교수들로 하여금 두 차례 세계대전이 일어났을 때 부역하게 하는 결과를 초래하는 것을 경험했다. 예언자적 눈으로 바르트는 현대성(modernity)이 하나님에 관한 진술이 참이냐 거짓이냐를 판별하는 기준이 궁극적으로 인간의 손, 곧 가장 기본적인 진리 기준을 스스로 만들어 내고 하나님에 관한 진술이 참이냐 거짓이냐를 스스로 판단하는 인간의 손에 달렸다고 확신하면서 길을 잃었다고 보았다. 의도는 좋았다(그리고 이것은 현대의 현상만은 아니었다).[5] 더욱이, 아주 신학적으로 보이기까지 했다. 자연을 하나님의 창조물로 숙고함으로써, 또는 인간의 의식 내부를 깊이 들여다보고 인간의 정신을 (그리고 다른 것들을) 설명함으로써, 진리 기준을 도출할 수 있을 것 같았다. 그러나 핵심 문제는 이러한 사전 기준들(prior criteria)이 예수님이 계시하신 하나님의 판단을 받는 게 아니라 오히려 하나님이 예수님 안에서 하신 행위를 판단한다는 것이었다. 신앙고백들이 늘 단언해 왔듯이, 예수님이 하나님의 계시라면, 그분이 우리의 핵심적 진리 기준이어야 하며, 다른 기준은 있을 수 없다. 다른 기준이 있다면, 우리는 그 주인(the Lord) 외에, 심지어 그분 위에 다른 주인들을(other lords) 인정하는 셈이다. 예수님의 진리는 다른 모든 진리들의 주인이요 판단자여야 한다. 결정적으로, 이것은 최우선적이고 주권적 진리이신 예수님에 관한 진리가 그 진리의 도래에 내재되어 있다는 것을 의미한다. 이 진리가 도래할 때, 우리는 이 진리가 스스로를 증명한다는 것을 안다. 좀 더 성경적 용어로 말하면, 이것이 아포칼립시스 곧 계시다. 하나님은 자신에 관한 진리를 계시하시는데, 예수님이 그 진리를 결정적으로 드러내실 때 그렇게 하신다.

바르트는 성경에서 이를 뒷받침하는 숱한 증거를 어렵지 않게 찾아냈다. 그리고 마틴 역시 범위를 좁혀 바울 서신에게 그렇게 했다. (성경이 이 진리를 증언한다는 사실에 주목하자. 성경이 이 진리

---

5   Michael J. Buckley, *At the Origins of Modern Atheism* (New Haven: Yale University Press, 1987)

를 세우는 게 아니다.) 누구든지 갈라디아서를 읽으면 눈치 챌 것이다. 다시 말해, 바울은 논증을 시작하면서 예수님에게서 나타난 하나님의 계시가 열정에 사로잡혀 잘못된 방향으로 향하던 자신의 삶을 어떻게 뚫고 들어와 방향을 돌려놓았는지 길게 말한다. 바울, 바르트, 마틴은 결과적으로 모두 이 부분에서 일치한다. 나도 마찬가지다. 우리가 하나님에 관해 아는 것은 결정적으로 예수님 때문이며, 우리가 예수님에 관해 아는 것은 하나님이 예수님을 우리에게 계시하셨기 때문이고(고전 2:1-10에서처럼), 그 순간 우리는 성령에 관해서도 말해야 한다. 비록 바울 같은 인간 대리자들도 참여해 누구든지 들으려는 자에게 이 계시를 중재하더라도, 삼위일체 하나님이 삼위일체 하나님을 계시하신다.[6]

그러나 이 통찰에는 불길한 이면이 있다. 바르트는 또한 사람들이 하나님에 대한 예수님의 계시가 참 진리인지 질문하고, 이 진리를 자신들이 만들어 진리이신 하나님 위에 올려놓은 기준들로 평가하길 고집할 때 무슨 일이 벌어지는지 아주 분명하게 보았다. 이러한 과정은 '신학적 정초주의(theological foundationalism)'라는 유용한 표현으로 알려져 있는데, 사람들이 이것으로 하나님과 하나님의 진리를 평가하기 위한 자신들만의 정초를 놓기[定礎] 때문이다(고전 3:10-15을 보라). 바르트는 이런 오만이 초래하는 해악을 1930년대 유럽에서 아주 분명하게 보았

---

6   내가 잠정적으로 *Pauline Dogmatics in Outline: From Revelation to Race*(Grand Rapid: Eerdmans, 근간)라고 제목을 정한 책의 3장 "A God of Love"을 보라. 이 장에서, 나는 로마서 1:1-6, 8-15, 15:15-21 같은 단락을 자세히 다루었다.

다. 다시 말해, 이 무렵, 독일 교회의 절대다수가, 곧 당시 세계에서 가장 수준 높은 기독교 국가가 국가사회주의 권력의 발흥에 열정적으로 협력했으며, 이로써 앞서 1차 세계대전 때 독일의 공격적 팽창 정책과 타협했던 일과 궤를 같이 했다.[7] 바르트는 자신의 통찰을 1934년 에밀 브루너(Emil Brunner, 1889-1966)와 벌인 유명한 논쟁에서 분명하게 제시했는데, 에밀 브루너는 그보다 앞서 하나님에 관한 지식을 한 민족의 역사와 문화의 정신에서, 예수 그리스도와의 직접적 관계없이 도출할 수 있다고 단언했다. 되돌아보면, 1930년대 유럽에서 이렇게 단언한다는 것은 그야말로 재앙이었다.[8] 브루너에 대한 바르트의 고발은 기독교 진리의 출발점 곧 예수 그리스도 안에 나타난 하나님의 계시를 포기할 때, 교회가 길을 잃는다는 것이었다. 교회는 하나님의 명령과 자신의 문화에서 비롯된 명령을 구분할 수 없게 되며, 악은 이러한 혼란을 이용하고, 그 결과로 억압과 폭력에 공모하게 된다. 성경은 이런 끔찍한 소용돌이를 "우상숭배"와 연결하고, 하나님을 형상화해서는 안 된다고 분명히 가르친다. 말하자면, 하나님이 어떤 모습인지는 하나님 소관이라는 것이다(출 20:2-6; 신 5:6-10).

　　이 모두를 볼 때, 마틴이 바울에게서 계시 인식을 지속적

7　다음을 보라. Eberhard Busch, *Karl Barth: His Life from Letters and Autobiographical Texts*, 2nd rev. ed., trans. J. Bowden (London: SCM, 1976), 216-253.

8　"No!," in *Natural Theology*, trans. Peter Fraenkel (Eugene, OR: Wipf & Stock, 2002), 67-128. 이것은 바르트가 쓴 바르멘 선언(Barmen Declaration)에서, 그리고 *Church Dogmatics*, 1권에서 되울렸다. *Church Dogmatics*, ed. T. F. Torrance and G. W. Bromiley, 4 vols. in 13 parts [Edinburgh: T&T Clark, 1956-1996 (1932-1967)].

으로 강조한 것은 더없이 중요하며, 이것이 묵시적 바울 해석의 첫째 열쇠여야 한다. 이것은 더 깊은 통찰의 필수 조건(*sine qua non*)이다. 이것이 없으면, 우리는 곧바로 길을 잃으며, 이와 더불어 다른 그리스도인들이 하나님에 관해, 그리고 우리를 향한 하나님의 요구들에 관해 서로 상충하는 주장들을 판단하게 될 가능성이 있다.[9]

묵시적 스토리텔링

이제 우리는 깨달았다. 예수님은 하나님이 계시하신 그대로의 하나님에 관한 결정적 진리다. 그러므로 이 계시의 내용을 세밀하게 살펴보아야 한다. 예수님이 무엇을 계시하시는가? 이야기를 하나 하지 않고는 한층 더 멀리 나가기 힘들 것이며, 이 이야기를 특정한 묵시적 방식으로 들려주는 게 중요하다.

　이야기는 우리가 사람들을 묘사하는 방식이다. 사람들이 시간이 흐르면서 어떻게 행동하는지, 무엇을 의도하는지, 어떻게 서로 연결되는지, 따라서 사람들이 사람으로서 무엇과 같은지 묘사하는 방식이다. 더욱이, 예수님이 계시하시듯이, 하나님은 인격적이다. 다시 말해, 하나님은 우리가 그분이 인격적이라

9　특히 다음을 보라. Alan J. Torrance, "*Auditus Fidei*: Where and How Does God Speak? Faith, Reason, and the Question of Criteria," in *Reason and the Reasons of Faith*, ed. Paul J. Griffiths and Reinhardt Hütter (New York: T&T Clark International, 2005), 27-52.

사도 바울을 해석하는 관점들

고 말하려고 사용하는 대다수 범주를 뛰어넘는 방식으로 인격적이다. 바울은 자신을 통해 회심한 사람들에게 아버지 하나님께, 그분의 아들 곧 우리 주님께, 예수님의 영이기도 하신 성령께 반응하라고 지속적으로 요구한다. 그러므로 우리는 이제 이야기를 들려주어야 한다.[10] 그러나 이야기를 하면서, 우리가 방금 상술했던 덫에 빠지지 말아야 한다.

이야기는 흔히 문제-해결의 구조로 구성되며, 따라서 정방향으로 전개된다. 이야기는 역경을 설정하고, 그런 후에 (늘 그렇지는 않더라도) 대개 이야기의 영웅 곧 주인공이 그 역경을 극복한다. (미국 대중이 그렇게도 사랑하는 모든 슈퍼히어로 이야기를 생각해 보자.)[11] 그런데 예수님은 우리의 결정적 진리이며, 따라서 그분이 해결책으로 오시기 전에 우리는 문제를 알 수 없다. 우리는 묵시적 이야기를 정방향으로 들려줄 수 없으며, 이렇게 하려 했다가는 묵시적 이야기에서 등을 돌리게 될 것이다.

문제를 자세히 안다면, 언제나 해결책을 이미 아는 것이다. 우리의 문제가 타이어가 펑크가 난 것이라고 하자. 이 경우에 우리는 해결책이 무엇인지 안다. 펑크 난 타이어를 응급 처리한 다음 정비소에 가져가 수리해 다시 장착하는 것이다. 문제를 아는 것은 곧 해결책을 아는 것이다. 해결책—수리된 타이어—이 나타날 때, 우리의 상황 인식에 추가되는 것은 전혀 없다. 우리가

10 다음을 보라. Stanley Hauerwas, *The Peaceable Kingdom: A Primer in Christian Ethics* (Notre Dame, IN: University of Notre Dame Press, 1983).《평화의 나라》, 홍종락 옮김(비아토르).

11 다음을 보라. Robert Jewett, *The Captain America Complex: The Dilemma of Zealous Nationalism* [Santa Fe: Bear & Company, 1984 (orig. 1973)].

이 이야기를 정방향으로 들려줄 때, 모든 핵심 정보는 문제와 함께 오며, 그 문제는 펑크가 난 타이어다.

그러나 예수님 이야기를 이런 방식으로, 우리의 문제에 조금 상세한 설명을 덧붙여 들려준다면, 우리는 그분이 오시기 전에 그분이 왜 오시는지 규정하고, 이로써 그분의 진리를 통제하게 된다. 우리가 그분이 오시기 전에 문제를 설명한다면, 그분이 누구인지와 그분이 하시는 일을 지시하게 된다. 따라서 우리의 문제 설명이 우리의 궁극적 진리가 되고, 예수님은 수리된 타이어처럼 오셔서 우리가 이미 스스로 해결한 문제에 맞춤하게 될 것이다. 이것이 비록 그 의도가 더없이 좋더라도, 신학적 정초주의의 한 예다. 오히려, 예수님이 결정적 진리라면, 왜 자신이 왔는지 그분이 들려주셔야 한다. 우리에게 문제가 있다면, 예수님이 오신 후에 우리의 문제가 무엇인지 그분이 우리에게 들려주셔야 한다. 그러므로 묵시적 이야기는 역방향으로 또는 후향적으로 전개되어야 한다. 예수님의 오심에 비춰볼 때, 우리는 우리의 상황이 어떠한지 알게 된다. 우리에게 문제가 있는 한, 그분의 결정적 해결책은 우리에게 우리의 문제가 무엇인지 들려줄 것이다. 그러므로 예수님을 통해 행동하시는 하나님의 이야기는 회고록처럼, 삶을 되돌아보고 그 의미를 반추해 볼 때에야 분명해지는 의미와 방향을 찾는 이야기로 전개되어야 한다.[12]

---

12 예를 들면, 다음을 보라. Stanley Hauerwas, *Hannah's Child: A Theologian's Memoir* (Grand Rapids:Eerdmans, 2012). 《한나의 아이》, 홍종락 옮김(IVP, 2017).

사도 바울을 해석하는 관점들

해방

예수님이 십자가와 부활에서 악과 벌이신 큰 싸움이라는 렌즈
를 통해 우리의 과거 상황을 되돌아보면, 우리에게 문제가 있다
는 게 보인다. 실제로, 우리는 인간이 처한 가련한 곤경을 본다(롬
7:24). 그러나 결정적으로, 마틴이 말했듯이, 이제 이것이 "3인"
드라마가 아니라 "4인" 드라마라는 게 드러난다.[13] 우리가 이것
을 아는 이유는 예수님이 우리를 무엇인가로부터 해방하시기 때
문이다. 예수님의 구원은 바울이 육신이라 부르는 감금 상태로
부터의 해방이다. 육신은 죄를 짓지만, 단순히 자신만의 의지로
죄를 짓지는 않는다. 육신은 바울이 로마서 5-7장에서 "죄"라고
극화(劇化)하지만 다른 곳에서 정욕들로 표현하는 그 무엇에 속
고(7:7-13), 이것의 종이 된다(7:14-25). 이러한 정욕들이 우리의 존
재 자체에 있기에(5:12), 우리는 지속적으로 죄를 짓는 경향이 있
으며, 그 결과를 피할 수 없다. 긴 타락을 거쳐 죽음에 이르게 되
는 것이다. 엎친 데 덮친 격으로, 사탄의 지휘를 받는 악한 세력
들이 밖에서 우리를 에워싼다(8:38-39). 그래서 육신의 상태는 참
으로 가련하다. 따라서 예수님이 우리를 육신에서 해방시켜 새
롭고 부활한 영적 상태에 올려놓으심에서, 바울이 아담을 들어
설명하는 우리의 문제 있는 현재 상태가 철저하게 드러난다. 육

---

13 인간이 직면한 문제는 그리스도와 아버지 하나님을 대적하는 악한 세력의 노예가 된 것을 포
함한다(=4인). 전통적 독법은 단순히 문제를 인간과 아버지 하나님 사이에 위치시키고 그리스도께
서 중재하시는 것으로 본다(=3인). Martyn, *Galatians*, 97-105(Comment #3), 272-73(#28), and
370-73(#39)를 보라.

신은 그냥 회복되거나 치유될 수 없다. 육신은 반드시 종결되고 재구성되어야 한다.

이러한 구원의 주요 특징들을 짚고 넘어가야 한다.

1. 바울에게 십자가와 부활 둘 다 구원하는 역할을 한다. 예수님은 십자가에서 우리의 타락한 상태를 종결하고, 부활을 통해 우리를 해방하시고 새 생명에 이르게 하신다(여기서도 하나님의 영이 일하신다: 8:1-14). 바울은 로마서 6장에서 세례라는 입회 의식을 우리가 예수님 안에서 죽고 장사되며 부활하는 것으로, 이를 통해 어떤 의미에서 우리가 부활하고 승귀하신 예수님의 현재 상태에 지금 들어가는 것으로 해석한다. 부활을 구원과 연결해 강조하는 것이 결과적으로 묵시적 바울 읽기의 특징인데, 이것이 바울의 특징이었기 때문일 것이다. "예수는 우리가 범죄한 것 때문에 내줌이 되고 또한 우리를 의롭다[디카이오시스] 하시기 위하여 살아나셨느니라"(4:25).[14]

2. 유대교 묵시들이 이제 적절한 방식으로 그림에 들어간다. 어떤 사람들의 주장과 달리, 우리는 바울의 생각을 알려고 할 때 역사적 배경 자료를 이 텍스트들(유대교 묵시들)로 제한할 필요는 없다. 그러나 유대교 묵시들이 부활과 우주적 변화를 우주의 문제들을 푸는 하나님의 해결책이라 말하는 점에서는, 이 묵시들은 "누구든지 그리스도 안에 있으면 새로운 피조물이라" 같은 바울의 진술들을 조명해 준다(고후 5:17). 말하자면, 기독교는 부

---

14 모든 번역은 달리 언급이 없으면 나 자신의 번역이다. 참조했다면, 사용된 번역은 NIV이다. 나의 박사과정 지도 교수인 Richard Longenecker가 NIV의 주요 번역자들 중 하나였기 때문이다.

사도 바울을 해석하는 관점들

활과 새 시대에 관한 유대교의 기본 이야기를 여러 부분에서 새롭게 비틀었다.[15] 그러나 유대교 묵시들은 우리가 구원을, 학자들이 말하듯이, 종말론적으로 생각하는 근본적인 유대교 방식을 이해하는 데 도움이 된다.[16]

3. 이제 왜 우리의 이야기를 예수님의 해결책에 비추어 역방향으로, 후향적으로 해야 하는지 그 어느 때보다 분명하다. 변화를 일으키는 그분의 일에서 떨어져 있으면, 우리 육신의 마음은 속고 부패한다. 악에게 뚫리고 만다(롬 3:10-18). 우리가 하나님에 관해 무엇을 말하더라도, 그것이 우리 자신의 위치에서 비롯되는 말은 근거 없을 뿐 아니라 이기적이며 사악하다. 바울이 그리스도인이 되기 전에 살았던 삶, 초기 교회를 공격했던 삶은 이러한 역학이 어떻게 작용하는지 보여 주는 탁월한 예다(갈 1:13). 정초주의는 단순히 무지한 게 아니다. 정초주의는 세력들의 장난감이며, 아주 적극적으로 속이고 조종한다.

4. 우리는 세례에서 일어난 사건들을 통해 완전히 변화되지는 않은 게 분명하다. 우리는 아직 완벽하지 않다. 육신은 우리가 죽을 때까지 집요하게 버티고, 일종의 더 극적인 완성이 여전히 우리 앞에 놓여 있다(롬 8:18-25). 그래서 대다수 학자들은 그리

---

15 (1) 이 부활이 예수님을 통해 일어난다. (2) 이 부활이, 적어도 어떤 의미에서, 지금 일어난다. (3) 이 부활이 경멸받는 이방인에게 열려 있다.

16 다음을 보라. Martinus C. de Boer, *The Defeat of Death: Apocalyptic Eschatology in 1 Corinthians 15 and Romans 5*, JSNTSup 22 (Sheffield: JSOT Press, 1988); "Paul and Jewish Apocalyptic Eschatology," in *Apocalyptic and the New Testament*, ed. Joel Marcus and Marion Soards, JSNTSup 24 (Sheffield: Sheffield Academic, 1989), 169-190.

▲

스도의 부활에서 우리의 변화가 시작되었다고 말한다.[17] 그러나 바울은 우리에게 적어도 새 마음이 있음을 분명하게 확신한다(롬 12:2; 고전 2:16). 우리의 "속사람"은 더 이상 악한 세력들의 조종을 받지 않는다(고후 4:16-18). 따라서 그리스도인들은 바로 지금, 바로 이곳에서 자유롭게, 윤리적으로 행동하도록 해방되었다. 우리는 육신의 모든 짐에서 벗어날 최종 해방을 기다리면서, 두 세계의 피조물로서 이중의 삶을 산다. 다시 말해, 우리는 육신의 마음으로 뒷걸음치라고 끊임없이 유혹받지만, 성령을 따라 살면서 이러한 유혹에 단호하게 맞선다(갈 5:16-18, 25). "우리가 믿음으로 [그리고 "소망으로"] 행하고 보는 것으로 행하지 아니함이로라"(고후 5:7; 롬 8:24-25도 보라).

이러한 더 깊은 묵시적 통찰들이 제자리를 잡았으니, 이제 중요한 연결을 할 수 있다.

참여

바울 분석을 위한 묵시적 출발점이 우리가 예수님의 죽음과 부활에 참여한다는 것을 드러냈다. 이 중요한 두 사건은 교제 (communion)을 위한 하나님의 웅대한 우주적 계획을 정상 궤

---

17 이것이 육신을 거슬러 제로섬 방식으로 작동한다고 이해해서는 안 된다. 여기서 음악을 비유로 들면 도움이 된다. 나의 책 *Pauline Dogmatics*, 7장과 8장을 보라. 그리고 다음을 보라. Jeremy Begbie, "Room of One's Own? Music, Space, and Freedom," in *Music, Modernity and God: Essays in Listening* (Oxford: Oxford University Press, 2013), 141-175.

도로 되돌리는 구원의 밑바탕이다(롬 8:28-29). 그러므로 학자들은 바울에게서 참여(participation)를 강조하면서 바울이 들려주는 더 긴 묵시 이야기의 중심에 자리한 일련의 핵심 사건을 기술한다. 이 두 학문적 프로그램(참여와 묵시)은 맞춤한 장갑을 낀 손처럼 서로 잘 맞는다. (그리고 참여하는 손은 묵시적 장갑 속에 그대로 있어야 한다).

참여를 연구하는 학자들은 묵시적 복음의 중심에 자리하며 변화를 일으키는 사건들을 우리가 더 깊이 이해하게 할 수 있다(마틴이 했던 연구의 빈틈이라 주장되는 것을 보충한다).[18] 앞서 말했듯이, 우리는 예수님의 죽음과 부활에 참여함으로써 변화되었고, 적어도 이제 하나님의 뜻을 알고 그 뜻에 기쁘게 순종하는 부활한 마음을 가졌다. 따라서 우리는 이제 새롭고 부활한 실체에 참여하며, 이 실체가 우리의 지속적 행동을 결정적으로 빚는다. 그렇다면 이것이 의미하는 바가 정확히 무엇인가? 동일한 질문을 조금 다른 각도에서 하자면, 우리는 이제 부활하고 참여하는 그리스도인의 윤리가 어떠한지 물어야 한다.

바울이 로마서 8:29에서 큰 통찰력으로 말하듯이, 우리는 이제 실제로 하나님의 장기 계획에 참여하기 시작하며, 이것은 부활하신 예수님의 형상을 가진 숱한 형제자매의 교제에서 우주가 완성되는 것이다. "하나님이 미리 아신 자들을 또한 그 아들

---

18 Michael J. Gorman의 연구는 참여적 관심사들(participatory concerns)과 친숙해지는 탁월한 출발점이다. 다음을 보라. Michael J. Gorman, *Inhabiting the Cruciform God: Kenosis, Justification, and Theosis in Paul's Narrative Soteriology* (Grand Rapids: Eerdmans, 2009), and Becoming the Gospel: Paul, Participation, and Mission (Grand Rapids: Eerdmans, 2015).

의 형상을 본받게 하기 위하여 미리 정하셨으니 이는 많은 형제 (siblings, 형제자매) 중에서 맏아들(firstborn, 맏이)이 되게 하려 하심이니라." 그러므로 우리는 하나님의 교제에 참여하고 있으며(놀랍지만 사실이다), 이것은 우리가 육신의 짐을 벗길 기다리면서 현재 위치한 곳에서 행동하는 방식에 엄청난 영향을 미친다.[19]

이 부활 상태는 본질적으로 **관계적** 실체다. 이것은 압도적으로 대인적이며, 삼위일체가 보여 주듯이, 인격체들의 핵심은 이들 사이의 관계다.[20] 더욱이, 이 관계들은 유형과 방향이 특별하다. 하나님의 관계들은 근본적으로 사랑으로, 그리고 사랑을 촉진하고 표현하는 모든 역학들—(핵심 역학들 중 몇몇만 언급하자면) 신실하고, 너그러우며, 용서하고, 소망하며, 신뢰하고, 진실하며, 불쌍히 여기고, 자비로우며, 온유하고, 친절하며, 절제하고, 기뻐하는 행동[21]—로 특징된다.

우리가 알기로, 하나님은 사랑으로 관계하시는데, 이는 우리가 예수님의 죽음과 부활에 참여하는 데서 비롯되는 계시 때문이다. 하나님은 "먼 나라에 가시고" 우리의 타락한 인성을 취

---

19 따라서 전문적으로 말하자면, 바울의 전체적인 이야기는 타락 후 선택설적(infralapsarian)이 아니라 타락 전 선택설적(supralapsarian)이다. 다음을 보라. Edwin Chr. van Driel, *Incarnation Anyway: Arguments for Supralapsarian Christology* (Oxford: Oxford University Press, 2008).

20 다음을 보라. John D. Zizioulas, *Being as Communion: Studies in Personhood and the Church* (Crestwood, NY: St. Vladimir's Seminary Press, 1985), 27–65 ("Personhood and Being"); Susan G. Eastman, *Paul and the Person: Reframing Paul's Anthropology* (Grand Rapids: Eerdmans, 2017).

21 고전 13장, 갈 5:6, 14, 22을 보라. 다음도 보라. Alan J. Torrance, "Is Love the Essence of God?," in Nothing Greater, *Nothing Better: Theological Essays on the Love of God*, ed. Kevin J. Vanhoozer (Grand Rapids: Eerdmans, 2001), 114–137; 내 책 *Pauline Dogmatics*, 4장과 11장.

하실 만큼 우리를 사랑하신다.[22] 성부 하나님은, 성령께서 하셨듯이, 사랑하는 자신의 아들을 우리를 위해 죽도록 내어 주셨고, 성자 하나님은 이 소명을 순종하며 받아들이고 십자가에서 우리를 위해 고난 받고 죽었으며 우리가 그분의 부활 생명에 참여할 수 있도록 이 공포를 넘어 일으킴을 받으셨다(빌 2:5-11). 더욱이, 더없이 값비싼 이러한 행위들이 우리가 여전히 죄악되고 적대적일 때 이뤄졌다(롬 5:5-6, 8, 10). 하나님은 이 연대 행위를 하셨고, 이 행위가 일어나는 동안 이것을 받아들이길 거부하는 타락한 인간을 위해 그 무서운 결과를 친히 겪으셨다. 하나님이 자신의 원수들을 위해 죽었다.

이것이 사랑이다. 더욱이 이 사랑은 언약적이다. 자신이 사랑하는 자들이 넘어졌다면 다시 불러 회복시키겠다는 결심이 불가역적이라는 의미에서 언약적이다. 이 사랑은 무조건적이다. 이 사랑은 절대로 변하거나 자신의 관계를 포기하지 않는다(롬 11:29). 이 사랑은 우리의 이해력을 훌쩍 뛰어넘는다. 그래서 바울은 우리가 이 사랑의 진정한 너비와 길이와 높이와 깊이를 깨닫도록 영적 조명을 위해 기도한다(엡 3:14-19).[23] 이것이 우리가 지금 거하며, 살아내도록 요구받는 실체다.

그러므로 참여와 묵시를 동일한 이야기 내에서 함께 단단

---

22 여기서 바르트의 유명하고 매우 감동적인 누가복음 15:11-32 해석이 암시된다. 바르트는 *Church Dogmatics* IV/2, §64, 20-154에서 이 단락을 이용해 예수님이 우리의 깨진 인성을 대신해 하신 일을 설명한다.《교회교의학 IV/2》, 최종호 옮김(대한기독교서회, 2012).
23 에베소 신자들의 진실함을 변호하는 것에 대해서는 나의 책 *Framing Paul: An Epistolary Biography* (Grand Rapids: Eerdmans, 2014), 309-338을 보라.

히 강조하는 게 중요하다. 묵시적 해석의 주창자들이 단언하듯이, 예수님 안에서 하나님을 알려면 계시에서 출발해야 하는데, 이것은 우리가 예수님의 죽음과 부활에 참여한다는 것을 보여 준다. 이러한 참여가 보여 주는 게 있다. 우리가 아직도 죄인이었을 때 하나님이 우리를 위해 취하신 너무도 값비싼 행위들에 우리가 참여할 때, 하나님이 우리를 무조건적으로, 제한 없이 사랑하신다는 것이다. 우리는 하나님이 "끝까지" 사랑이라는 것을 안다. 이제 우리는 이러한 통찰들을 우리가 하나님에 관해 말하는 모든 것의 중심에 두어야 한다. 이 진리들이 하나님과 인간과 우주에 관한 전체 이야기를 추동해야 한다. 다른 '진리들이' 이 통찰들을 막거나 이것들과 충돌하는 부분이 있다면, 설령 바울 자신이 다른 곳에 말한 것들을 포함할 때라도, 판단을 받고 수정되거나 거부되어야 한다.[24]

이러한 참여적 통찰들이 이제 이것들의 더 넓은 묵시적 이야기에 확고하게 자리를 잡았으므로, 우리는 흔히 묵시적 읽기를 겨냥하는 둘째 불평을 다룰 수 있다.[25]

---

24 조금 다르게 말하자면, 우리는 우리의 나머지 모든 질문과 도전을 이 기본 통찰들에 비추어 생각해야 하며, 이것은 자흐크리틱(Sachkritik, '감각적' 또는 '주관적 해석')의 가능성을 제기한다. 바울 자신이 말한 모든 것을 그 자신이 중심이라고 단언한 하나님에 대한 기독론적 설명의 심판대 앞에 소환해야 한다. 필요하다면, 우리는 바울 자료를 바울 복음에 비추어 수정해야 한다. 이렇게 되면, 종살이를 전제하고 결혼과 젠더에 대한 전통적 설명들을 전제하는 바울의 가르침들을 해석할 때 중요한 선택지들이 생긴다.

25 첫째 불평은 일차적으로 유대 묵시들이 이것을 지향해야 한다는 것이었다. 그러나 이 프로그램은 바울 신학에 대한 묵시적 독법의 올바른 출발점—즉, 계시—을 오해하고, 이 출발점을 뒤집어 일종의 역사화하는 정초주의(historicizing foundationalism)로 바꿔 버린다.

사도 바울을 해석하는 관점들

작인(作因)

방금 우리는 하나님이 끝까지 사랑이심을 가능한 가장 강력한 용어로 배웠다. 그리고 사랑은 무조건적이다. 사랑이 만들어 내는 관계들은 깨질 수 없다. 이 관계들은 합의나 계약의 형태로 조건을 충족하는 사랑의 수혜자들에게 달려 있지 않다. 나는 두 자녀, 한 아들과 한 딸의 아버지다. 아버지로서 이들에 대한 나의 관계는 무조건적이다. 이 관계는 절대로 바뀌지 않는다. 내 자녀들이 이 관계를 획득하거나 세우거나 무너뜨리기 위해 할 수 있는 것은 전혀 없다. 나는 언제나 이들의 아버지일 것이다. 하나님도 마찬가지다. 오히려 더 하실 뿐이다.[26]

하나님은 우리를 무조건적으로 사랑하시며, 따라서 우리와 궁극적으로 깨질 수 없는 언약 관계에 있다. 이는 축하해야 할 놀라운 일이다. 그러나 이 관계가 무조건적이라는 말은, 묵시적 독법을 비판하는 어떤 사람들의 염려와 달리, 우리 자신의 자유가 박탈되었다는 뜻이 아니다. 절대 이런 뜻이 아니다.

여기서 밑바닥에 깔린 문제는 무조건적이란 단어가 사용됨으로써 일어나는 불안으로 보이는데, 이 단어가 인과율(causality)에 대한 무조건적 설명이라는 망령을 불러내기 때문이다. 하나님이 우리와 어떤 관계에 있다면, 우리에게 영향을 미치고 계시

---

26 James B. Torrance가 "Covenant or Contract: A Study of the Theological Background of Worship in Seventeenth-Century Scotland," *Scottish Journal of Theology* 23 (1970): 51-76에 자세히 설명하는 견줄 수 없는 통찰들.

지 않겠는가? 하나님이 우리에게 영향을 미치며, 따라서 어떤 일들을 하게 하신다면, 이것은 이 만큼 나의 행위를 배제하지 않는가? 따라서 묵시적 해석자들의 주장처럼, 하나님이 우리를 무조건적으로 대하신다면, 나의 모든 행위가 배제된 것이 아닌가? 윤리적 용어로 말하면, 내가 바위 같은 생명 없는 대상으로 전락되지 않았는가?

분명히, 이런 주장은 터무니없을 것이다. 우리는 바울의 윤리적 자료를 어떻게 해야 할지 알지 못할 테고, 어떻게 행동해야 하는지조차 알지 못할 것이다. 그러나 이것은 괜한 걱정이다.

우리가 인과율을 고정되고 자동적이며 심지어 기계적 과정으로 생각한다면, 이 추론의 사슬은 참일 것이다. 기계적 (그리고 관련된 모든) 원인들은 그 행동의 대상들이 취하는 모든 자유로운 행동과의 제로섬 관계에 존재한다. 열을 가하면 진흙이 단단해진다. 진흙에는 작인(作因, agency)이 없다. 진흙이 자신에게 작용하는 열기에 협력하기로 선택하는 게 아니다. 그러나 하나님이 우리에게 미치는 인과적 영향을 이런 식으로 설명할 필요는 없다. 우리는 이 순간 우리 자신의 이미지들을 하나님에게 투영하고 있으며, 따라서 우상숭배적 정초주의(idolatrous foundationalism)에 빠진다. (우리는 인과율 개념들을 주변 영역들에서 도출하며, 대개 이러한 영역들을 통찰력이 깊지만 매우 제한된 아이작 뉴턴이나 그처럼 기계적으로 사고하는 자들의 주장에 맞춰 생각한다.) 이 질문에 접근하는 정확하고 묵시적인 방법이 있다. 하나님이 우리에게 행하시는 인과적 행위에 대한 우리의 이해를 하나님에 관한 결정적 진리, 곧 예수님으로 설명하는 것이다. 우리는 예수님에게서 배운다. 하나님이 사람들에게 미치는 영향은 그분이 절대로 관계를 철회하지 않으신다는 의미에서 무조건적이며, 분명히 매우 강력하기도 하다는 것이다. 그러나 이것이 자동적이거나 기계적이지는 않다. 예수님은 바위가 아니며, 우리의 주님으로서 우리를 바위처럼 대하지도 않으신다. 예수님이 제자들을 어떻게 대하셨는지 생각해 보라. 아버지와 성령과 아들 사이에서든, 아들에게서 가장 분명하게 보듯이 하나님에게서 우리에게로든 간에, 하나님의 영향력은 인격적이며 관계적이다. 그리고 관계들은 영향력이 있다. 이것들은 우리에게 영향을 미치며, 깊은 영향을 미치기 일쑤다. 내 삶에 미친 가장 중요한 인과적 영향은 의심할 여지없이 배우자와 나의 관계다. 이것은 나의 세계에서 그 무엇보다 내게 큰 영향을 미치고 나를 크게 바꿔 놓는다. 그러나 무수한 다른 사람들—나의 부모, 나의 스승들, 나의 친구들, 나의 제자들, 심지어 나의 원수들까지—도 내게 깊은 영향을 미쳤다. 인격적 관계는 깊은 영향을 미친다. 이것이 지금의 우리를 만들었다. 그러나 이것은 속박과는 정반대다. 관계는 우리를 자유하게 한다.

새로운 관계에서, 우리는 전에 할 수 없던 일들을 하는 법을 배운다. 역사상 가장 훌륭한 오페라 테너들 중 하나인 파바로티 같은 유능한 공연자들이 있다. 이들은 유능한 스승이 있었기에 자신이 하는 일을 할 수 있을 뿐이다. 이들의 스승은 오랜 시간 이들을 가르쳤고, 이들을 키웠으며, 간단히 말해, 이들을 신실하고 지혜롭게 대했다. 따라서 우리는 여기서 관계가 우리의 성장을 도우며, 전에 할 수 없었던 일들을 하도록 가르치고, 그 일들을 하도록 우리를 '자유하게' 한다는 것을 본다.

그러므로 하나님이 예수님 안에서 우리와 형성하시는 무조건적 관계가 우리를 자유하게 하고 우리에게 더 많은 자유의 가능성을 선물하며, 이런 일은 하나님이 오랜 시간에 걸쳐 우리를 대하고 우리를 가르치며 우리를 빚으실 때, 우리가 그분을 좇음으로써 의와 사랑에서 성장할 때 일어난다. 바울이 말했듯이 (그의 말을 조금 풀어 쓰자면), 하나님이 우리에게, 우리 안에, 바라건대 또한 우리를 통해 일하시기 때문에, 우리가 두렵고 떨림으로 우리의 구원을 이룰 수 있는 것일 뿐이다(빌 2:12-13, 살전 2:13을 보라). 따라서 역설적이게도, 묵시적 바울 읽기는 전혀 우리의 인간적 작인(human agency)을 설명하려 하지 않으며, 대신에 하나님과 우리의 무조건적 관계를 더없이 중요하게 단언함으로써 우리의 작인에 대해 유일하게 신학적으로 타당한 설명을 제시한다.[27]

이 부분이 명료해졌으니, 이제 묵시적 독법에 관한 셋째이자 마지막 비판으로 넘어갈 수 있다. 이번에도 비판은 무의식적으로 이 독법의 가장 큰 장점들 중 하나를 지적한다.

---

27 이번에도 Eastman의 *Paul and the Person*을 참고해야 한다. 그녀는 여기서 "the second personal"이란 용어를 사용해 상호작용을 자세히 설명한다. 핵심 통찰은 사람은 유아기 때의 관계들에 의해, 먼저는 자신의 주된 돌봄이를 통해 형성된다는 것이다. 관계가 사람들에게 작인(作因, agency)을 제공한다. 다음도 보라. Andrew Pinsent, "The Non-Aristotelian Virtue of Truth from the Second-Person Perspective," *European Journal for Philosophy of Religion* 5 (2013): 87-104; Eleanore Stump, "Omnipresence, Indwelling, and the Second-Personal," *European Journal for Philosophy of Religion* 5 (2013): 29-54.

사도 바울을 해석하는 관점들

하나님의 백성

마틴은 유명한 말을 남겼다. 구약 시대와 교회의 유대적 과거 (Jewish past)에서 예수님의 출현과 함께 시작된 새 시대로 가는 직행 열차는 없다.[28] 이렇게 말함으로써, 마틴은 바울 복음에 대한 묵시적 설명을 내가 이름붙인 '성민 신학(sacred nation theology)'으로부터 보호하려 하는데, 학자들은 이것을 구원사라는 항목 아래 논하려는 경향이 있다. 여기서 벌어지는 일을 파악하려면 알아야 할 게 있다. 이 글을 시작하면서 언급했으며 칼 바르트를 빚어낸 바로 그 사건들—1930년대 독일에서 국가사회주의가 권력을 잡고, 이 때문에 일어난 끔찍한 후유증—이 에른스트 케제만(1906-1998) 같은 묵시적 독법의 걸출한 선배들을 빚어냈다는 것이다. 국가사회주의자들은 선동적인 민족주의 내러티브를 사용했다. 이들은 독일 이야기를 했다. 독일은 신성한 아리안족의 수호자이며, 영토와 권력과 지위를 부여받았고, 이로써 인종 정화와 영토 확장이라는 섬뜩한 프로그램을 정당화했다. 이것은 성민 이스라엘이 영토와 권력과 지위를 획득하는 성경의 이야기와 매우 비슷했고, 부분적으로 이 이야기에 의존했다. 이 이야기가 1930년대 독일 국민에게 반향을 불러일으켰고, 오늘날도 여전히 사람들에게 반향을 불러일으킨다.[29] 2차 세계대전의

---

28 Martyn, *Theological Issues*, 224.
29 기본적으로 동일한 이야기가 1950년대 남아프리카공화국의 저 끔찍한 아파르트헤이트를 정당화했고, 1990년 이전에 유고슬라비아연방에 속했던 지역에서 세르비아인들이 자행한 인종 청소를 정당화했다.

참화를 겪는 후, 케제만과 마틴을 비롯한 학자들이 당연하게도 바울을 이용해 성민 내러티브의 정당화를 막으려 했으며, 오늘날에도 이러한 저항을 늦추지 않고 유지하는 것이 아주 중요한 게 분명하다.[30]

그러나 우리는 이러한 변호를 위해 구원사의 모든 이야기를 포기할 수는 없다. 예수님보다 앞선 성민에 관해 어떤 이야기를 반드시 해야 한다. 그러지 않으면, 하나님이 창조세계나 역사나 유대인에게 관여하지 않으셨다고 말할 위험—마르시온 이단—이 있다. 이러한 오류의 덜 극단적 형태를 들자면, 우리는 하나님을 멀리 계시고 관여하지 않는 분으로 만들어 버린다. 이것은 이신론(理神論, deism)의 한 형태이며, 그 배후에 늘 무신론이 숨어 있다. 또는 마니교 이원론의 한 형태에 빠질 위험이 있는데, 여기서는 악이 하나님이 창조하신 세계와 그분의 백성을 지배하고, 하나님은 인간 역사의 많은 부분에서 이 악에 맞서 싸울 만큼 강하지 못한 게 분명하다. 그러므로 우리는 이스라엘 이야기를 해야 하고, 뒤이어 유대인과 유대교 이야기를 해야 한다. 이것들이 예수님의 도래로 이어졌기 때문이다. 또한 궁극적으로 이 인간 역사에 선행하는 창조 이야기를 해야 한다. 그러나 우리는 어떤 희생을 치르더라도 반드시 거부해야 하는 성민 신학을 작동시키지 않으면서 이 이야기를 할 것인가?

---

30 케제만은 쿨만(Cullmann) 및 스텐달(Stendahl)과 날카로운 논쟁을 주고받았다. 다음을 보라. Ernst Käsemann, "Justification and Salvation History in the Epistle to the Romans," in *Perspectives on Paul*, trans. Margaret Kohl (London: SCM, 1971), 60-78.

묵시적 독법은 이 도전에 해답을 제시하기에 맞춤하다. (그리고 묵시적 독법만이 이 도전에 해답을 줄 수 있다!) 성민 신학은 신학적 정초주의의 특히 악한 형태일 뿐이다. 이것은 정방향으로 작동한다. 다시 말해, 이것의 이야기, 곧 억압받는 백성이 해방을 위해 싸우고, 뒤이어 나라를 위해 싸우는 이야기, 구약성경 읽기에서 도출된 이야기가 예수님의 오심에 선행하며, 이로써 그분의 오심을 통제하고, 따라서 그분은 이 프로그램에 맞춤하며 이 프로그램을 막는 대신 합법화한다. 우리가 구원사 이야기를 인간의 곤경 이야기를 했을 때와 같은 방식, 곧 역방향으로 한다면, 이 아젠다를 제거할 수 있다. (그리고 이 아젠다의 타고난 대체주의를 제거할 수 있다.) 우리는 그 유대인, 예수님에서 시작해 뒤를 보며, 유대인과 유대교의 선행 역사를 그분의 빛에서, 후향적으로 파악한다. (그리고 나중에, 창조된 범주들에도 똑같이 한다; 롬 9:4-5, 33, 10:4, 골 1:15-20을 보라). 이로써 예수님은 이스라엘과 유대인에 대한 우리의 이해를 제어하시며, 우리가 하나님 백성의 이야기를 그 절정의 순간에 비추어 읽을 때, 곧 예수님에 비추어 읽을 때, 이들에 관한 열성적이지만 화해시키고 평화로우며 은혜로운 설명을 제시하신다(엡 2:14-22).[31] 제대로 이해한다면, 이스라엘은 자신의 메시아를 통해 열방에 생명을 주고, 죽은 자 가운데서 다시 살아남을 가리키도록 부름을 받는다(롬 9:15; 갈 3:7-9). 예수님의 십자가와 부활의 프리즘을 통해 이스라엘을 볼 때—바울이 로마서

---

31 나는 이러한 역학들을 나의 책 *Quest for Paul's Gospel: A Suggested Strategy* (London: T&T Clark International, 2005), 132-145(7장)에서 간략하게 살펴보았다.

▲

(그리고 다른 서신들) 여러 지점에서 이렇게 하며, 훌륭한 묵시 해석자라면 누구라도 이렇게 해야 한다—성민 신학의 공포들이 제거된다.

이제 로마서를 더 자세히 얘기해야 할 때다.

로마서를 관통하는 묵시적 길

로마서를 묵시적으로 해석하면서도 이런저런 형태의 위험한 정초주의에 빠지지 않으려면, 로마서를 어떻게 설교해야 하는가?

나는 로마서를 교리적 순서나 신학적 순서를 따라 설교하는 것을 추천한다. 다시 말해, 로마서의 수사학적 순서를 따라 설교하는 게 아니라 예수님을 통해 계시된 하나님의 참 본성과 목적에서 시작하라는 것이다. 로마서는 조직신학 논문이 아니다. 로마서는 로마 그리스도인들이 곧 직면할 강력한 도전을 다루려고 쓴 목회 서신이다. 바울은 로마서에서 이 도전들을 조직신학자처럼 다루지 않으며, 첫 원리들을 먼저 논하지 않는다. 바울은 실제로 자신을 모르는 많은 그리스도인에게 편지를 쓰면서 이 도전들을 가장 설득력 있는 방식으로 다루었고, 그래서 그의 첫 원리들이 편지에서 나중에, 기초가 개인적 견지에서 적절히 준비된 후에 나타난다. 따라서 로마서를 신학적 견지에서 정확히 읽으려면, 실제 순서대로, 대안을 이루는 묵시적 길을 따르며 읽어야 한다.

로마서를 관통하는 묵시적 길은 여러 단계를 거친다. 간략히 말하면, 이 길은 5-8장에서 시작한다. 그런 후, 12-15장으로 건너뛰어 교회를 논한다. 유대교에 대한 바울의 설명으로 되돌아오며, 4장과 9-11장에서 바울은 아브라함을 비롯한 족장들을 크게 강조한다. 그런 후, 이 편지의 실제적 뼈대를 이루는 단락들(1:1-15; 15:14-16:27)에서 나타나는 이 편지를 쓰게 된 상황을 살피며, 이 정보를 이용해 마침내 묵시적 읽기에 큰 문제가 되는 단락, 곧 1-3장(구체적으로 1:18-3:20)을 다룬다. 이제 각 단계를 좀 더 자세히 들여다보아야 한다.

1단계: 로마서 5-8장 시작: 하나님의 사랑의 계시

뛰어난 스칸디나비아(노르웨이) 신학자 닐스 달(Nils Dahl)은 로마서 5:1-11이 8:14-39의 논증들을 내다본다고 했다.[32] 더욱이, 두 단락 모두 분명하게 하나님의 사랑, 곧 십자가에서 증명된 사랑을 말한다. 우리는 여기 땅에서든 우주적으로든 간에 그 어떤 미래도 두려워할 필요가 없다. 하나님이 우리 편이며, 무슨 일이 있어도 우리를 사랑하고 거두어들이길 그치지 않으시리라는 흔들릴 수 없는 진리 때문이다. 이 계시의 빛에서, 이 진리들이 로마서 앞부분, 특히 3:23-26에서 예견된 것을 볼 수 있는데, 3:23-26은 이 논쟁적 아젠다를 선언한다. 우리는 1:16-17

---

32 *Studies in Paul: Theology of the Early Christian Mission*(Minneapolis: Augsburg, 1977), 88-90(Appendix I: A Synopsis of Romans 5:1-11 and 8:1-39).

과 3:21-22이 전략적으로 말하는 계시를 어떻게 해야 할지도 안다.[33] 아버지 하나님이 아들의 값비싼 죽음을 통해 우리를 육신의 감옥에서 건져 내시는데, 우리가 부활하도록 그분의 아들이 십자가의 공포를 신실하게 견디셨다. 이것들은 하나님의 그리스도 중심적 계시에 관한 진술이며, 이 계시에서 하나님의 사랑이 중심이며 가장 중요하다.

2단계: 로마서 5-8장 계속: 그리스도 안에 있는 그리스도인의 삶

그 다음 질문은 우리가 그리스도인으로서 계속 살아가는 삶과 관련이 있다. 이 삶은 윤리적이지만, 그렇다고 꼭 토라의 지배를 받지는 않는다. 바울은 5:12-8:14에서 예수님이 어떻게 우리를 새롭고 부활한 실체로, 육신으로 살던 모든 삶, 권세들이 우리의 상태에 침입해 우리를 유혹하고 종으로 삼았던 삶, 곧 아담의 이야기와 상반된 실체로 바꾸셨는지 자세히 설명한다. 토라 같은 선한 것까지도 우리의 정욕에 의해 조종되고 권세들에 의해 선동될 수 있으며, 이것이 아담의 후손인 우리의 타락한 상태다. 그러나 주목하라. 이것은 하나님이 토라의 가르침을 새롭고 부활한 상황에 계속 적용하심을 배제하지 않는다. 그래서 바울은 여전히 유대 성경(구약)을 빈번하게 인용할 수 있다. 다시 말

---

33 나는 다음 책에서 특히 1:16-17과 3:21-26을 더 자세히 살펴보았다. *The Deliverance of God: An Apocalyptic Rereading of Justification in Paul* (Grand Rapids: Eerdmans, 2009).

사도 바울을 해석하는 관점들

해, 바울은 로마서에서 유대 성경을 50회 이상 인용한다. 그러나 이러한 인용은 성령의 지시에 따라 이뤄진 게 분명하다. 새롭고 부활한 마음, 성령께서 빚고 인도하시는 마음이 초월적이며 관계적인 세상에 산다. 따라서 토라 준수는 의무가 아니다. 그러나 사랑의 관계는 의무다. 이 진리들이 세례에서 시연된다. 그리스도인들은 이제 바르게 행동하고 두 세계에서 살 자유가 있다. 그러나 그리스도인들은 육신의 생각을 버리고 성령을 따라 살라는 요구를 받는다.

3단계: 로마서 12-15장으로 계속: (다양성을 가진) 교회

그 다음은 무엇인가? 로마서에서 들어가기 가장 좋은 부분은 새로운 공동체가 관계 중심으로 형성되어야 한다는 것을 좀 더 자세히 기술하는 12:1-15:13이다. 바울은 몸의 은유를 사용해 공동체의 본질을 기술한다. 공동체 지도자들은 성령으로부터 다양한 기술과 역할을 받으며, 특히 마음이 넓고 자비로우며 사려 깊은 관계를, 심지어 외부인들과 원수들과도 이런 관계를 갖도록 요구받는다. 공동체는 또한 덕과 기술을 적절히 겸비한 리더십을 강조한다. 더욱이, 공동체는 다양성이 있다. 사랑의 관계는, 유대인이든 아니든 간에, 서로 다른 삶의 형태에 깃들 수 있다(14장에서처럼). 어떤 사람들은 일곱째 날을 지키고 모세의 책에 나오는 음식 규정을 따르길 원한다. 어떤 사람들은 그러고 싶은 마음이 들지 않는다. 공동체 안에 둘 모두를 위한 자리가 있다.

이들이 어떻게 서로 연결되느냐가 이들이 무엇을 하느냐보다 중요하다.[34)]

4단계: 하나님의 백성, 유대인

바울은 회심한 이교도와 예수를 메시아로 믿는 유대인 (messianic Jews)이 한 몸을 이뤄 예배하는 공동체가 사실 하나님의 백성 유대인의 역사가 제대로 펼쳐진 것임을 보여 주어야 한다는 압박을 받는다(9:30-31). 그래서 바울은 두 단락에서 논증한다. 즉 우리는 그 유대인, 곧 예수님으로 계시된 하나님의 유리한 관점에서 유대인을 되돌아 볼 때, 이스라엘의 태동 때부터 이스라엘에 기록된 역사, 곧 부활에 관한 하나님의 말씀과 행위의 역사를 본다(4장; 9:6-29)는 것이다. 처음부터, 하나님은 자신의 백성을 낳으셨다. 불임이기에 생물학적으로 죽은 허리와 태에서 이삭이 태어나게 하셨듯이 말이다(4:17-22). 따라서 유대인은 철저히 하나님에게 생명을 받은 백성이며, 이것이 예수님의 부활에서 성취되었다.[35)] 더욱이, 히브리인이 바로(파라오)의 마음이 완악해진 데서 이득을 보았듯이, 출애굽 과정에서 이들에게 은혜가 넘쳤듯이, 바울 당시에 유대인의 마음이 완악했다면, 은혜가 다시 예상치 못한 방향으로, 이번에는 이교도 민족들에게로 넘치

---

34 공동체에 관한 훨씬 많은 정보를 나의 책 *Pauline Dogmatics*, 특히 2부, 9-16에서 찾아볼 수 있다.

35 나는 이 내러티브를 Paul: *An Apostle's Journey* (Grand Rapids: Eerdmans, 2018), 151-170 에서 좀 더 길게 설명했다.

고, 이들을 불러들일 수 있으며, 몇몇 성경 본문은 이 사건을 예언하기까지 한다. 여기서 하나님은 일관되게 행동하고 계신다 (9:14-26).

5단계: 종교와 비신자들

그러나 바울 당시 많은 유대인이 계속해서 예수님과 그분의 따름이들을 거부했기 때문에, 우리는 그 다음에 무엇이 이어지는지 물어야 한다. 바울은 인간의 저항과 하나님의 목적 사이에 펼쳐지는 시합을 묘사한다. 다른 모든 사람과 마찬가지로, 유대인도 예수님에게 반응하고, 그분이 누군지를, 다시 말해 그분이 주님이심을 인정하라고 요구받는다. 우리는 여기서 배운다. 곧 우리는 우리의 죄에 책임이 있으며, 설령 우리가 악한 세력들에게 어느 정도 조종을 받았더라도 마찬가지다(9:30-10:17). 그러나 바울은 확신한다. 곧 하나님은 자신의 백성을 되돌리실 것이며, 지금 다수가 자신에게 저항하더라도 그렇게 하실 것이다. 특히, 소수의 남은 자, 곧 믿는 유대인을 보존하심은 마침내 이들이 만발하리라는 것을 보여 준다. 궁극적으로 하나님은 자신이 이스라엘의 원 아버지들과 어머니들에게 하신 다짐과 약속을 절대로 저버리지 않으실 것이기 때문이다(9:27-29; 11장). 우리는 여기서 배운다. 곧 우리가 가장 이해하기 어려운 죄에 둘러싸여 있을 때라도, 유대인이 자신들의 하나님이 자신들의 구원자요 메시아로서 사람으로 자신들에게 오셨을 때 그분을 거부했던 것만큼

이해하기 어려울 때라도, 미래를 낙관할 이유가 얼마든지 있다. 인간의 어리석음과 하나님의 자비 사이에 펼쳐지는 시합에서, 우리의 작인(作因, agency)을 전혀 짓밟지 않은 채—설령 여기서 처럼, 우리의 작인이 비극적이게도 잘못된 방향을 향하더라도— 하나님이 이기실 것이다! 그분의 목적이 최고이며, 그분의 약속 은 불가역적이고, 그분의 힘은 궁극적으로 멈출 수 없다.

6단계: 바울은 왜 로마서를 썼는가?

이제 실제적인 시나리오를 세워볼 만하다. 바울이 로마서 를 쓴 이유를 두고 많은 논쟁이 벌어진다. 그렇더라도 로마서 가 유대인의 다양한 질문을 길게 다룬다는 것을 설명할 수 있는 이론은 하나뿐이다. 하나님이 이교도에게 가라고 세우신 사도 는 이 편지를 쓸 때, 일차적으로 이교도 청중에게 쓰고 있었다. 16:17-20이 직접 말하고, 1:15이 미묘하게 말하듯이, 거짓 선생 들이 로마를 향하고 있다. 우리는 방향이 잘못된 예수를 메시아 로 믿는 유대인을 이미 만났으며, 이들은 갈라디아서와 빌립보 서 3장에서 바울과 그의 복음을 공격한다. 논쟁이 전개되는 이 시점에서, 바울은 예루살렘 교회에 큰 금액의 연보를 전달하려 고 고린도에서 동쪽으로 이동 중이었을 것이다(15:23-33). 그는 서쪽으로 달리는 경주에서 경쟁자들에게 질 거라고 줄곧 예상한 다. 그래서 편지 한 통이 그를 대신해야 한다. 그 편지에서, 바울 은 자신의 복음을 단언하고, 그 복음을 대적들의 비난으로부터

사도 바울을 해석하는 관점들

지켜내야 하며, 이들의 복음을 저지해야 한다. 우리는 로마서에서 어느 논의가 어느 것인지 가려내야 한다.[36]

7단계: 거짓 선생들과 이들의 거짓 복음: 로마서 1-3장

로마서 1-3장을 일반적 방식으로 인간의 문제를 자명하게 드러내려는 것으로 읽으면, 처음부터 바울의 사고에 정초주의를 집어넣고, 우리가 지금껏 말한 모든 것을 허물게 된다. 그러면 브루너가 옳을 것이다! 바울은 적어도 로마서 1:19-20에서, 자연신학에 전념하게 된다. 더욱이 바울이 다른 모든 곳에서 말하는 것의 모든 것에 대해 바르트가 옳기 때문에, 우리는 사도 바울을 갈팡질팡하는 인물로 만들게 된다. 바울은 근본적으로 자기모순에 빠진다. (그는 또한 유대교를 아주 부당하게 설명한다.)[37] 따라서 우리는 이렇게 물어야 한다. 로마서 1-3장을 읽는 다른 방식, 곧 더 묵시적 방식이 있는가? 다시 말해, 로마서 1-3장을 우리가 이미 스케치했으며 로마서를 관통하는 묵시적 길이라는 더 넓은 맥락에서 읽는 방식이 있는가? 나는 이렇게 말하고 싶다. 결정적으로, 사실 바울은 1:18-3:20에서 자신의 복음을 세우는 게 아니라 대적들의 복음을 허물고 있으며, 고대인들에게는 잘 알려져 있

---

36 더 자세한 내용은 *Deliverance of God*, 469-518(13장)에 나온다. 나의 책 *Framing Paul*, 37-189 (2, 3장)도 보라.

37 이것은 샌더스(E. P. Sanders)의 우려였으며, 우리는 이제 이것을 새 관점이 제시하는 해결책보다 훨씬 만족스러운 방식으로 해결할 수 있다. E. P. Sanders, *Paul and Palestinian Judaism*(Philadelphia: Fortress, 1977)을 보라.《바울과 팔레스타인 유대교》, 박규태 옮김(알맹e, 2018).

었으나 현대 독자들에게 덜 친숙한 방식으로 그렇게 하고 있었다. 여기서 바울은 소크라테스적으로 논증한다.[38]

소크라테스적 공격은 한 입장이 어떻게 스스로 무너지는지 보여 주며, 따라서 특히 당혹스럽다.[39] 바울이 로마서를 시작하는 논의에서 자신의 대적들이 전하는 복음이 어떻게 무의미하고 스스로 무너지는지 보여 줄 수 있다면, 중요한 승리를 거둘 것이다. 이런 방식으로 읽으면, 로마서 전체가 바울 복음 전체에 대한 묵시적 독법으로서 부드럽게 연결된다.[40] 전체적인 결과는 분명한 목소리로 말하는 바울—신실하고 통찰력이 깊은, 예수 그리스도의 묵시의 사도—이다.

---

38 이것이 *Deliverance of God*의 논지로, Chris Tilling, ed., *Beyond Old and New Perspectives on Paul: Reflections on the Work of Douglas Campbell* (Eugene, OR: Cascade Books, 2014)에서 요약되고 논쟁되었으며, 나의 책 *Quest for Paul's Gospel*, 233-261(11장)에서도 다뤄졌다.

39 소크라테스적 공격은 키르케고르의 연구를 통해 기독교 전통에서 더없이 분명하게 입증되었듯이 묵시적 사고자들을 위한 올바른 변호 방식이기도 하다.

40 이 해석은 또한 13:1-7에서 바울의 대적들이 내는 거만한 목소리를 찾아내며, 액면 그대로 친로마적 읽기(pro-Rome reading)를, 본래의 읽기를 뒤집는 "아래로부터" 읽기(reading "from below")를 가능하게 한다. 다음을 보라. James C. Scott, *Domination and the Arts of Resistance: Hidden Transcripts* (New Haven: Yale University Press, 1990). 로마서 13장을 이런 방식으로 읽을 때, T. L. Carter, "The Irony of Romans 13," *Novum Testamentum* 46, no. 3 (2004): 209-228은 유용한 출발점이다.

사도 바울을 해석하는 관점들

4

로마서와 참여적 관점

마이클 고먼
Michael J. Gorman

로마서 설교는 지금도 유효한가? 아니면 현대의 관심사들과는 거의 무관한 화석일 뿐인가? 이 질문에 접근하는 한 방법은 로마서를 비롯한 바울 서신에 나오는 한 표현을 통하는 것이다.

가장 의미 깊은 바울의 문장들 중에, 짧지만 중요한 "그리스도 안에" 또는 "그리스도 예수 안에"라는 어구를 포함하는 것들이 있다.[1]

이와 같이 너희도 너희 자신을 죄에 대하여는 죽은 자요 그리스도 예수 안에서 하나님께 대하여는 살아 있는 자로 여길지어다(롬 6:11).

그러므로 이제 그리스도 예수 안에 있는 자에게는 결코 정죄함

---

1 때로 "주 안에" 또는 단순하게 "그 안에." 인용된 성경은 달리 언급이 없을 경우 개역개정 4판이다(저자는 NRSV를 사용했다). (나는 이따금 NRSV를 조금 수정했다. 이를 테면, "sin"과 "death"의 첫 글자를 대문자로 바꾸었다).

◆

이 없나니(롬 8:1).

그런즉 누구든지 그리스도 안에 있으면 새로운 피조물이라(고
후 5:17).

너희는 유대인이나 헬라인이나 종이나 자유인이나 남자나 여
자나 다 그리스도 예수 안에서 하나이니라(갈 3:28).

달리 무엇을 의미하든 간에, 이 표현은 기독교 신자들과 공
동체들이 그리스도의 인격적 임재와 능력 안에 있다고 말한다.
그리스도 안에 있다는 것은 십자가에 달려 죽었으나 부활하신
주님의 삶에 참여한다는 것이다.[2] 그리스도에 참여하는 이러한
삶은 친밀한 관계를 표현하는 또 다른 간결한 어구, "그와 함께
(with him)"로 표현된다.

주와 합하는 자는 한 영이니라(becomes one spirit with him, 그와

---

2 깊은 연구는 다음을 보라. Michael J. Thate, Kevin J. Vanhoozer, and Constantine R.
Campbell, "In Christ" in Paul: Explorations in Paul's Theology of Union and Participation
(Grand Rapids: Eerdmans, 2018; orig. Tübingen: Mohr Siebeck, 2014); Athanasios Despotis,
ed., Participation, Justification, and Conversion: Eastern Orthodox Interpretation of
Paul and the Debate between "Old and New Perspectives on Paul" (Tübingen: Mohr
Siebeck, 2017); Constantine R. Campbell, Paul and Union with Christ: An Exegetical and
Theological Study (Grand Rapids: Zondervan, 2012); Michael J. Gorman, Participating in
Christ: Explorations in Paul's Theology and Spirituality (Grand Rapids: Baker Academic,
2019). 목회적 의미에 대해서는 다음을 보라. J. Todd Billings, Union with Christ: Reframing
Theology and Ministry for the Church (Grand Rapids: Baker Academic, 2011).《그리스도와 연
합》, 김요한 옮김(CLC, 2014).

함께 한 영이 된다)(고전 6:17).

[하나님의] 자녀이면 또한 상속자 곧 하나님의 상속자요 그리스
도와 함께 한 상속자니 우리가 그와 함께 영광을 받기 위하여
고난도 함께(with him) 받아야 할 것이니라(롬 8:17).[3]

그리스도인의 존재를 묘사하는 기술(記述)로서, "그리스도
안에"라는 어구는 들어감(initiation), 곧 그리스도 밖에서 그리스
도 안으로 이동함을 상정한다. E. P. 샌더스는 이것을 "옮겨감"
의 언어("transfer" language)라 불렀다.[4] 이 옮겨감/들어감 자체는
참여를 통해 일어난다. 이것은 그리스도 밖에서 그리스도 안으
로 옮겨 가는 "그리스도와 함께"의 경험이다. 바울은 "그리스도
안에서" 의롭다 하심을 얻음을 논할 때(갈 2:17) 이렇게 단언한다.
"내가 율법으로 말미암아 율법에 대하여 죽었나니 이는 하나님
에 대하여 살려 함이라"(갈 2:19). 그리고 세례를 논하면서 바울은
수사학적으로 묻는다. "무릇 그리스도 예수와 합하여 세례를 받
은(have been baptized into Christ Jesus, 세례를 받아 그리스도 예수 안에 들
어간) 우리는 그의 죽으심과 합하여 세례를 받은(were baptized into
his death, 세례를 받아 그의 죽음에 들어간) 줄을 알지 못하느냐.…우리

---

3 그리스어에 "그리스도와 함께"를 표현하는 다양한 방식이 있다: 전치사, 접두사, 격 활용(case
usage). Campbell, *Paul and Union with Christ*를 보라.
4 E. P. Sanders, *Paul and Palestinian Judaism: A Comparison of Patterns of Religion*
(Philadelphia: Fortress, 1977), esp. 463-472. 《바울과 팔레스타인 유대교》, 박규태 옮김(알맹e,
2018).

가 알거니와 우리의 옛 사람이 예수와 함께 십자가에 못 박힌 것은…"(롬 6:3, 6).

이런 표현들—그리스도 안으로, 그리스도 안에, 그리스도와 함께—은 바울 신학의 근간을 표현하고, 모든 바울 해석자가 인지하는 영성을 표현한다. 그러나 나를 비롯해 어떤 사람들에게는 이런 어구들을 포함하는 본문이 바울의 삶과 사상의 중심에 자리하는 것으로 이해된다. 이 장에서 주창하는 '참여적 관점(participationist perspective)'은 종교개혁의 관점, 새 관점, 묵시적 관점과 어깨를 나란히 한다. 그러나 참여적 관점이 다른 관점들과 경쟁한다고 봐서는 안 되고 오히려 보완한다고 봐야 한다. 이 장에서는 때로 간과되거나 과소평가되는 바울의—구체적으로 로마서의—핵심적 측면들에 주목하겠다. 참여적 관점은 십자가에 못 박혀 죽고 부활하신 메시아에 참여하며 변화를 일으키는 참여(transformative participation)를 하나님—아버지와 아들과 성령—의 삶에 참여하고 변화를 일으키는 참여로 보며, 또한 바울 신학과 영성의 중심으로 본다.

참여적 관점의 역사

참여(participation)는 미끄러운 단어다. 나중에 일반적으로 바울과 관련해, 구체적으로는 로마서와 관련해 이 단어를 살펴보겠다. 그러나 먼저 주목해야 할 게 있다. 참여적 관점은 중요한 역사가

사도 바울을 해석하는 관점들

있다. 다시 말해, 현대는 물론이고 고대에도 이 관점을 주창한 주요 인물들이 있다.

많은 그리스도인들에게, 바울 신학, 특히 로마서의 바울 신학은 '이신칭의' 곧 '믿음으로 의롭다 하심을 얻음'으로 요약될 수 있다. 칭의를 법정 판결의 견지에서 보는 이러한 초점은 프로테스탄트 종교개혁기의 바울 읽기에서, 또는 적어도 16세기의 이러한 바울 읽기들의 몇몇 해석에서 비롯되었다. 그러나 변화를 일으키는 참여에 초점을 맞추는 해석은 이미 교회사 초기, 특히 동방에서 찾아볼 수 있다. 특히 영향력 있는 신학자 이레네우스(Irenaeus, 130년경-220년경)와 아타나시우스(Athanasius, 298년경-373년경)는 자신들의 시각을 부분적으로 바울 위에 세우면서 구원을 이렇게 이해했다. 즉 우리가 그분이 되도록 그분이(하나님 또는 그리스도께서) 우리가 되셨다.[5] 서방의 아우구스티누스(Augustine, 354-430)까지도 비슷한 시각을 견지했다.[6]

기독교 전통에서 이러한 구원 이해는 흔히 '신화(神化)' 또는 '데오시스(theosis)'라 불린다. '하나님처럼 되기'라는 뜻이다. [이것은 그리스도화(Christification) 또는 크리스토시스(Christosis)로도 불린다.][7] 데오시스나 크리스토시스의 기본 개념은 이것 즉 성육신과 성령의 일을 통해, 우리는 그리스도처럼 되며, 이것은 그리스

---

5 예를 들면, 다음을 보라. Irenaeus, *Against Heresies* 5, Preface 1; Athanasius, *Incarnation of the Word*, 54.

6 다음을 보라. David Vincent Meconi, *The One Christ: St. Augustine's Theology of Deification* (Washington, DC: Catholic University of America Press, 2013).

7 다음을 보라. Ben C. Blackwell, *Christosis: Engaging Paul's Soteriology with His Patristic Interpreters* (Grand Rapids: Eerdmans, 2016).

◆

도가 하나님의 형상이기 때문에 우리가 하나님처럼 된다는 뜻이다. 바꾸어 말하면, 우리는 하나님의 삶에 참여함으로써 하나님처럼 된다. 어떤 사람들은 데오시스나 심지어 크리스토시스라는 용어에 반대하고 단순히 '그리스도와의 연합'을 선호하지만, 구원 이해는 비슷하다. 즉 참여는 변화로, 윤리적 변화와 종말론적 변화 둘 다로 이어진다.

많은 프로테스탄트 종교개혁자가 실제로 구원과 바울에 대한 이러한 해석에 호의적이었다. 종교개혁이 참여와 변화를 강조했다는 사실이 다양한 이유에서 간과되기 일쑤였다. 그러나 최근에 장 칼뱅과 마르틴 루터 같은 신학자들과 관련해 참여(그리스도와의 연합과 변화)에 대한 이해가 크게 되살아났다.[8] 이들 종교개혁자들은 그리스도에 참여함으로써 그분을 닮아 가는 변화를 결코 이신칭의에 대한 부정으로 보지 않았다. 사실 칼뱅과 루터 둘 다 칭의가 그리스도와의 연합에 달렸다고 이해했다는 설득력 있는 주장이 제기되어 왔다.

20세기 초, 선교사요 의사이자 성경학자인 알베르트 슈바이처(1875-1965)가 유명한 주장을 했다. "그러므로 [바울, 특히 로마서에서] 이신칭의 교리는 중심 분화구―그리스도 안에 있음을 통한 신비한 구속 교리―안에 형성된 보조 분화구이다."[9] 반세기 후, E. P. 샌더스는 다음과 같이 비슷한 주장을 함으로써 바울 연

---

8 예를 들면, 다음을 보라. Stephen J. Chester, *Reading Paul with the Reformers: Reconciling Old and New Perspectives* (Grand Rapids: Eerdmans, 2017).

9 Albert Schweitzer, *The Mysticism of Paul the Apostle, trans.* W. Montgomery [Baltimore: Johns Hopkins University Press, 1998 (orig. 1930)], 225.

구에 혁신을 일으켰다. "바울의 주된 관심사는 [믿음으로 의롭다 하심을 얻음의] 법률적 범주들이 아니다. 바울 신학이 진짜 물고 늘어지는 것은 참여 범주들이기 때문이다."[10] 뒤에 보겠지만, 이처럼 참여를 적절히 강조하는 것이 참여를 칭의에서 분리하고(슈바이처처럼) 그럼으로써 칭의를 구석으로 밀어내는 방법이 되어서는 안 된다. 샌더스까지도 둘이 연결된다고 보았다.[11] 그러나 참여를 강조한다면, 그 결과는 참여와 변화를 포함하도록 칭의를 새롭게 이해하는 것이어야 한다.[12]

샌더스는 참여가 무엇을 수반하는지 세세하게 제시하지는 않았다. 나중에 리처드 헤이스(Richard Hays)는 주요 요소 넷―한 가족에 속함, 그리스도와의 정치적 또는 군사적 연대(롬 6장에서처럼. 바울은 여기서 "의의 무기"를 말한다), 에클레시아("교회")에 참여함, 그리스도 이야기 안에서 살아감("내러티브 참여")―을 제시했다.[13] 다른 곳에서 나는 바울의 참여 이해가 갖는 여러 특징을 추가로 제시했는데, 참여는 목적지에 이르는 여정에서 처음부터 신자들의 표식이다.[14]

---

10 Sanders, *Paul and Palestinian Judaism*, 502. 그는 이것을 "참여 종말론(participationist eschatology)"이라 부른다(549).

11 예를 들면, Sanders, *Paul and Palestinian Judaism*, 440.

12 아래와 나의 책 *Inhabiting the Cruciform God: Kenosis, Justification, and Theosis in Paul's Narrative Soteriology* (Grand Rapids: Eerdmans, 2009), 특히. 40-104를 보라.

13 "What Is 'Real Participation in Christ'? A Dialogue with E. P. Sanders on Pauline Soteriology," in *Redefining First-Century Jewish and Christian Identities: Essays in Honor of Ed Parish Sanders*, ed. Fabian E. Udoh et al. (Notre Dame, IN: University of Notre Dame Press, 2008), 336-351.

14 나의 책 *Becoming the Gospel: Paul, Participation, and Mission* (Grand Rapids: Eerdmans, 2015), 34에서 가져왔다.《삶으로 담아내는 복음》, 홍승민 옮김(새물결플러스, 2019).

- 이신칭의와 세례를 받아 그리스도 안으로 들어감(그리스도의 몸에 통합됨). 이 둘은 그리스도 안에 그리고 다른 사람들과 함께 사는 삶에 들어가는 참여 사건이다.
- 그리스도인의 실존. 이것은 그리스도와 나누는 친밀한 배타적 교제이며, 이 교제에서 신자들은 그리스도/성령 안에 살며 그리스도/성령께서 신자들 안에 그리고 신자들 가운데 거하신다("상호 내주").
- 그리스도의 형상으로 변화되는 지속적 과정으로서의 그리스도 안에 있음. 이것은 그리스도를 옷 입는다는 은유에서 생생하게 표현된다.
- 그리스도의 십자가에 지속적으로 참여하기. 이것은 자신을 내어줌과 희생적 사랑과 고난을 의미하는데, 이것들은 그리스도 이야기의 충실한 체현이다("십자가 닮기").[15]
- 그리스도 안에서 수혜자이자 동역자로서 하나님의 선교에 참여하기: 하나님의 의(또는 공의)가 되고 자신을 하나님께 드려 세상에서 하나님의 일을 함으로써 새 창조에 참여하는 백성 되기.

우리는 이것들 하나하나가 로마서 자체에서 나타나는 것을 볼 것이다.[16]

바울은 참여 개념을, 구체적으로 그리스도/성령과 신자들

---

15 나의 책, *Cruciformity: Paul's Narrative Spirituality of the Cross* (Grand Rapids: Eerdmans, 2001). 《삶으로 담아내는 십자가》, 박규태 옮김(새물결플러스, 2010).

의 상호 내주 개념을 어디서 얻었는가? 어떤 학자들은 스토아 철학자들을 말하는데, 스토아 철학자들은 영원한 신적 이성(divine Reason), 곧 로고스의 불꽃이 모든 사람 속에 거하며 이들로 신적 이성 자체에 부합하게 살 수 있게 한다고 믿었다. 바울과 스토아 철학자들 사이에 몇몇 유사점이 있다. 그렇더라도 더 생산적인 연구 라인은 우리를 이스라엘 예언자들에게로 이끈다.

에스겔, 이사야, 요엘 모두 하나님이 당신의 백성에게 성령을 부어 주시는 이미지를 사용했다.[17] 에스겔은 성령을 하나님의 백성 속에 주셔서 이들을 새 생명으로 부활시키시리라고 약속하기까지 했다(겔 36:26-27; 37:1-14). 부어 주심이라는 '액체' 은유와 내면화(internalization) 약속은 참여의 강력한 이미지다. 이 이미지는 세례 요한과 예수님, (바울을 비롯한) 초기 그리스도인들이 채용했으며, 채움과 잠김(세례), 마심의 '액체' 이미지로 보완되었다. 성령의 액체성을 표현하는 이러한 이미지들은 신자들이 변화를 일으키는 성령의 활동에 완전히 흡수됨을 극적으로 묘사한다. 이런 다양한 보완적 은유들의 결과는 성령에 완전히 참여한다는 이해이며, 이 성령은 우리가 호흡하는 공기처럼 신자들의 안팎에 거하신다.

이런 언어가 성령뿐 아니라 그리스도 자신과도 아주 유력

---

16 현대의 다른 바울 학자들도—프로테스탄트, 성공회, 로마가톨릭, 동방정교회—바울에게서 참여가 중심이라는 점을 강조한다. (샌더스와 헤이스 외에) 제임스 던을 비롯해 더글라스 캠벨(Douglas Campbell)과 수잔 이스트먼(Susan Eastman)(묵시적 관점), 벤 블랙웰(Ben Blackwell), 아다나시오스 데스포티스(Athanasios Despotis), 모나 후커(Morna Hooker), 앤디 존슨(Andy Johnson), 토마스 스테그먼(Thomas Stegman), 우도 슈넬(Udo Schnelle)(참여적 관점).
17 사 32:15; 겔 36; 39:29; 욜 2:28.

하게 연결된다. 왜냐하면 초기 그리스도인들은 성령께서 예수님의 지상 사역에서 일하고 계셨고 예수님이 부활 후에 세상에 계속 임재하시는 방편이라고 이해했기 때문이다. 따라서 바울은 우리가 "한 성령으로 세례를 받아 한 몸" 곧 그리스도의 몸이 되었다고 말할 수 있다(고전 12:13; 참조 롬 6:3, 갈 3:27). 성령과 친밀하게 ('액체로') 연결된다는 것은 메시아와 친밀하게 연결된다는 것이다. 성령은 하나님(아버지)의 영이자 그리스도(아들)의 영이기 때문이다(갈 4:6; 롬 8장). 더욱이, 유대인과 초기 그리스도인은 메시아가 하나님의 의를 체현한다고 이해했기 때문에, 메시아 "안에" 있는 자들도 그렇게 한다는 게 자연스런 함의일 것이다. 이 의(義)가 십자가 닮기라는 것은 부분적으로 예수님이 자신의 죽음을 제자들이 참여할 세례로 해석하신 데서 비롯되었을 것이다(막 10:38-39).

로마서와 참여: 시작

바울의 로마서는 편지다. 이것이 분명한 사실이라면, 이 사실은 여전히 강조되어야 한다. 로마서는 지금껏 기록된 가장 영향력이 큰 기독교 편지가 거의 틀림없다. 그렇더라도 로마서는 실제 문제들을 마주한 실제 사람들에게 쓴 실제 편지다. 로마서는 일차적으로 칭의나 그리스도에 참여함이나 다른 어떤 신학 주제를 체계적으로 다루는 글이 아니다. 그럼에도 불구하고, 로마서는

사도 바울을 해석하는 관점들

체계성을 갖고 있는데, 바울은 로마에 가 본 적도 없고 수신자들 가운데 많은 사람을 알지 못한 상태에서 이 편지를 썼기 때문이다. 따라서 바울은 자신의 복음을 상세하게 설명하며, 그러므로 이 목회 서신은 풍성한 신학 문헌이기도 하다.

바울이 로마서에서 다루는 실제적 문제의 핵심은 이것이다. "십자가에 달려 죽은 후에 부활하신 메시아의 복음을 믿고 세례를 받아 그분 안에 들어간(baptized into him) 이방인과 유대인으로 구성되어 다양성을 지닌 공동체가 된다는 게 무슨 뜻인가?" 너무도 단순한 이 질문은 복잡한 대답을 요구하며, 우리는 참여 모티프에 초점을 맞춰 로마서를 한 단락씩 살펴보겠다.

로마서 1-4장: 그리스도에 참여함

서문과 주제: 1:1-17

학자들은 로마서의 '논제'가 1:1-5에 나오는지, 아니면 1:16-17에 나오는지를 두고 논쟁을 벌인다. 사실, 둘 다 바울 복음을 요약하며, 따라서 그의 주된 주장이다. 1:1-5의 강조점은 예수님의 충성과 부활에 맞춰지며, 이것은 이른바 "믿음의 순종"(개역개정은 5절에서 "믿어 순종하게")이란 반응을 요구한다(16:26도 보라).[18] 그런가 하면, 1:16-17의 초점은 하나님의 구원 능력

---

18 로마서 1:5과 16:26은 이 편지의 두 문학적 북엔드를 이룬다.

(이것은 인간을 죄와 죽음에서 건져 낸다), 또는 "믿음을 위한 믿음을 통해"(through faith for faith, 개역개정은 "믿음으로 믿음에") 표현되는 하나님의 의(회복시키는 공의)에 맞춰진다(1:17).

1:15과 1:17 둘 모두에서, 믿음이 이 편지의 주요 관심사임을 알 수 있다. 두 구절 모두 의미 있는 학문적 논의를 불러일으켰다. 1:5의 "믿음의 순종"(개역개정은 "믿어 순종하게")은 '믿음에서 비롯된 순종', '신실한 순종', 아니면 다른 무엇을 의미하는가? 1:17은 처음부터 끝까지 인간의 믿음을 통해 하나님의 의를 받아들임을 가리키는가? 아니면, 우리의 믿음(신실함)을 끌어내기 위해 하나님의 의가 그리스도의 믿음(즉, 죽기까지 변치 않은 그분의 신실하심)을 통해 계시되었다는 의미일 수 있는가?

1:17이 우리의 반응 곧 신실함을 낳는 그리스도의 신실한 죽음을 가리킨다는 주장을 임시로 받아들인다면, 1:5의 두 핵심 단어 '순종'과 '믿음'이 그리스도의 죽음에 대한 바울의 해석을 되울린다고 주장할 수 있을 것이다. 이 죽음은 아담의 (그리고 우리의) 불순종과 대조되는 그리스도의 순종 행위였고(5:12-21), 이스라엘의 (그리고 우리의) 불신실함과 대조되는 그분의 신실한 행위였다.[19] 바꾸어 말하면, 바울은 은혜가 가능케 한 자신의 선교를 독자들에게서 비슷한 순종/신실함을 불러일으키려고 그리스도의 순종/신실하심을 선포하는 것으로 본다.[20] 이 믿음을 "믿음의

---

19 뒤에서 로마서 3:22, 26에 나오는 "그리스도의 신실하심"을 논할 것이다. 이스라엘의 불신실함과 하나님의 신실하심은 로마서 9-11장에서 자세히 다뤄진다.
20 6:15-20, 10:16, 15:18도 보라.

사도 바울을 해석하는 관점들

충성(believing allegiance)"이라고까지 부를 수 있겠다.[21] 로마서 전체를 살펴보면 알 수 있듯이, 이것은 행위 의(works righteousness)도 아니고 단순히 모방(imitation, 본받음)도 아니다. 왜냐하면 이것은 오직 그리스도 안에서, 예수님의 부활에서 나타나며 성결의 영(Spirit of holiness)께서 일하심을 통해 일어날 수 있기 때문이다 (1:4). 다시 말해, 바울의 선교는 성령께서 가능하게 하시는 참여 곧 십자가에 달려 죽은 후에 부활하신 메시아 예수의 신실한 순종에, 따라서 하나님의 의에 열방이 참여하게 하는 것이다.

로마서 1:18-3:20: 참여의 필요성

로마서 1:18-3:20은 인간을 통렬하게 고발한다. 여기에는 이방인과 유대인 양쪽 모두 포함된다. 이 단락은 인간의 상태를 우리 스스로 초래했으나 우리 스스로 벗어날 수 없는 상태로 묘사한다. 우리는 하나님을 하나님으로 높이지 못했고, 하나님을 잘못 대했기에 이웃을 잘못 대하게 되었듯이, 그 결과는 온갖 우상숭배와 부도덕이었다. 인간은 언약적으로 역기능을 하게 되었으며, 하나님을 사랑하거나 이웃을 하나님이 뜻하신 대로 사랑하려 하지도 않고 사랑할 수도 없게 되었다.

1:18-3:20의 신학적, 수사학적 절정은 3:9-18이다.

유대인이나 헬라인이나 다 죄 아래에 있다고 우리가 이미 선언

---

21 예를 들면, 다음을 보라. Matthew W. Bates, *Salvation by Allegiance Alone: Rethinking Faith, Works, and the Gospel of Jesus the King* (Grand Rapids: Baker Academic, 2017).

◆

하였느니라. 기록된 바

의인은 없나니 하나도 없으며…

하나님을 찾는 자도 없고…

선을 행하는 자는 없나니 하나도 없도다.…

평강의 길을 알지 못하였고

그들의 눈앞에 하나님을 두려워함이 없느니라(롬 3:9-18).

인간은 단지 회개와 용서가 필요한 죄인이 아니다. 머리끝부터 발끝까지 덮은 우리의 죄는(3:13-18) 더 근본적 문제의 증상이다. 우리는 죄(Sin)의 노예이며, 바울은 죄를 여기서처럼 억압하는 외부의 힘으로 표현할 뿐 아니라 로마서 7장에서처럼 통제하는 내부의 힘으로도 표현한다. "만일 내가 원하지 아니하는 그것을 하면 이를 행하는 자는 내가 아니요 내 속에 거하는 죄니라"(7:20). 우리는 죄(Sin)의 힘에 억눌리며, 우리가 죄 안에 거하고 죄가 우리 안에 거한다(상호 내주). 하나님을 영화롭게 하지 못하는 자들은 하나님의 영광—이스라엘이 공유했고 이로써 열방이 누릴 수 있는 거룩한 하나님의 광휘—을 잃었으며(3:23), 다른 존재에게서 침입을 당했다.

따라서 인간적으로 말하면 '탈출구가 없는' 상태이며, 거룩이 아니라 죄와 죄들(Sin and sins)의 상태이고 생명이 아니라 죽음(Death)의 상태다. 하나님의 급습, 해방의 자애로운 침입만이 이 상태를 해결할 수 있다. 이런 평가에서, 참여적 관점은 묵시적 관점에 동의한다. 그러나 우리는 이러한 하나님의 침입이 인간의 상태뿐 아니라 특히 각 인간의 마음에도 일어나야 함을 강조해야 한다. 죄가 외적으로 강력할 뿐 아니라 우리 안에 거한다는 이중의 현실이 새로운 이중의 현실, 곧 하나님/그리스도의 영이 외적으로 강력할 뿐 아니라 우리 안에 거하신다는 현실로 대체되어야 한다. 바울은 이것을 이미 로마서 2:28에서 하나님이 신명기 30:6에서 약속하신 마음의 할례를 모두가 받아야 한다고 하면서 암시한다.

이 약속은 이제 예언된 새 언약의 약속들로 가득하다. 하나님이 자신의 법을 자신의 백성 속에 두시고, 이들의 마음에 기록하실 것이다(렘 31:33). 하나님이 자신의 영을 이들 속에 두시고, 이들의 굳은 마음을 부드러운 마음으로 대체하며, 이들로 자신의 율례를 따를 수 있게 하실 것이다(겔 36:26-27).[22] 이러한 예언 본문들은 언약의 역기능이 철저한 형태의 참여로만 극복될 수 있음을 분명히 한다. 하나님이 자신의 영으로, 사람들의 마음에 자신을 선물로 주신다. 즉 하나님의 충만한 임재가 우리로 언약에 신실할 수 있게 한다. 앞으로 보게 되듯이, 바울은 이것이 정확히 하나님이 하신 일이라고 말한다. 즉 하나님은 사랑으로 자신의 아들을 우리에게 주어 신실하고 사랑이 넘치는 죽음으로 언약을 체현하게 하신 후, 사랑으로 자신의 영을 우리 마음에 부어 언약이 우리 안에서 체현되게 하셨다(롬 5:5; 8:3-4).

---

22 신 10:16, 렘 4:4, 9:23-26도 보라.

로마서 3:21-4:25: 참여의 실재

칭의가 바울 복음과 로마서의 '심장'이든 아니든 간에, 이 것이 바울에게, 특히 갈라디아서와 로마서와 고린도전후서에서 중요한 게 분명하다. 그러나 바울에게 칭의가 실제로 무슨 뜻이 었는지는 논쟁거리다. 칭의는 일차적으로 하나님의 선언, 개개 인 신자들에 대한 무죄 판결이나 용서인가? 아니면 할례를 요구 하지 않고 하나님의 백성으로 받아들여진다는 선언이기도 한가? 심지어 일차적으로 그런 선언인가? 또는 하나님이 행하시는 구 원의 묵시적 행위인가?

칭의에 대한 참여적 접근은 바울이 칭의를, 부분적으로, 이 모든 방식으로 이해한다는 것을 부정하지 않는다. 그러나 참여 적 접근은 이 가운데 어느 하나도 칭의를 온전히 기술한다고 보 지 않는다. 우리의 기여는 바울이 말하는 칭의의 참여적이고 변 화를 일으키는 특징을 강조하는 것이다. 우리는 칭의의 이러한 측면을 3:21-4:25에서 크게 두 방식으로 본다.

첫째, 바울은 3:21-26에서 인간이 처한 곤경에 대한 하나 님의 해결책을 조밀하게 설명하는데, 여기에 참여가 포함된다. 예수님의 신실하심과 우리가 그 신실하심에 참여함이 각각 칭의 의 수단(means)과 형태(mode)다. 이러한 주장은 '그리스도를 믿 는 믿음' 또는 '그리스도의 믿음'['신실하심'이란 의미]으로 번역될 수 있는 '피스티스 크리스투' 같은 바울 어구에 관한 치열한 논 쟁으로 우리를 끌어들인다. 리처드 헤이스와 N. T. 라이트, 그리 고 나를 비롯해 무수한 해석자들이 '그리스도의 믿음'이 더 나은 번역이라고 주장했다. 이런 어구가 이 단락에서 두 차례 나타난다. 3:22에서, 하나님의 의(또는 공의)가 "예수 그리스도의 믿음을 통해"(through the faith of Jesus Christ, 개역개정은 "예수 그리스도를 믿음으로 말미암아")(수단) "모든 믿는 자에게" 미친다(형태).[23] 인간의 믿음이 그리스도의 믿음에 보이는 이러한 반응은 지적 동의 그 이상이지만 본질상 참여적이라는 것이 둘째 어구에서 분명해진다. 즉 3:26에서 바울은 하나님이 단지 "예수님을 믿는(has faith in Jesus)"것이 아니라 "예수님의 신실하심에 참여하는 자(the one who shares in the faithfulness of Jesus)"를 의롭다 하신다고 단언한다. 그리스어 어구는 4:16에서 의롭다 하심을 얻는 자들에 대한 기술(記述)과 평행을 이룬다. 즉 이들은 "아브라함의 믿음을 공유한다"(share the faith of Abraham, 개역개정은 "아브라함의 믿음에 속한"). 따라서 믿음은 예수님의 죽음과 완전히 일치한다. 사실, 이것은 예수님과 함께 십자가에 못 박힘으로서의 세례로 표현되는 죽음의 경험이다(롬 6:3-11).

이 두 "그리스도의 믿음"이란 어구는 칭의 자체가 하나님의 무죄 선언 그 이상이라는 것을 함께 시사한다. 참여는 변화를 포함하기 때문이다. 바울이 들려주는 아브라함과 세례 이야기에서 이것이 분명해지는데, 거기서 죽음이 생명으로 이어진다. 그러나 여기 3:21-26에서도 그리스도의 신실하심에서 드러난 하나님의 의는 분명히 변화를 일으킨다. 1:18-3:20에서 보았듯이,

---

23 이곳과 아래 3:26은 나의 번역이다.

하나님이 인간의 상태를 고치려면 죄들(sins, 범법들)과 죄(Sin, 힘)를 반드시 해결하셔야 한다. 인간은 용서와 해방이 필요하며, 예수님의 죽음은 이 두 가지를 모두 제공한다. 그분의 죽음은 "대속제물"(sacrifice of atonement, 개역개정은 "화목제물")이자(3:25)[24] "구속"(救贖, redemption, 개역개정은 "속량") 곧 노예생활로부터의 해방이기 때문이다(3:24). 바울은 이 해방의 의미를 6장에서 더 자세히 설명할 테지만, 여기서도 보듯이 칭의가 '법적 간주(legal fiction)'나 심지어 단순한 신분 변화가 아닌 게 분명하다. 칭의는 새로운 실재에, 곧 새 창조에 참여하기 시작하는 것이다(고후 5:17; 갈 6:15).

둘째, 아브라함이 믿음으로 의롭다 하심을 얻은 것은 전적으로 참여 사건이었다. 즉 죽음과 부활의 경험, 곧 그리스도의 죽음과 부활에 참여함으로써 얻는 의롭다 하심의 원형이었다(4:25, 6:1-11을 보라). 많은 사람이 바울이 4장에서 아브라함의 믿음을 설명한 것을 칭의의 핵심 측면들을 강조한 것으로 이해했다. 즉 칭의는 인간의 행위나 율법이나 환경이 아니라 하나님의 은혜로 받으며, 믿음(신뢰를 의미한다)으로 받고, '전가된' 의를 갖는 것으로 구성되며, 그 결과는 죄 용서다.

이 모두는 (적어도 부분적으로) 참이다. 그러나 이것들은 문자 그대로 충분히 나아가지 못한다. 아브라함과 칭의에 대한 이러한 해석은 로마서 4장 전반부에, 특히 '계산'의 언어에서 발견되

---

24 NRSV, NIV도 이렇게 옮겼다. "expiation"(속죄)도 가능하다(RSV, NAB)

는 회계의 은유에 지나치게 초점을 맞춘다. 확신컨대, 이것은 창세기 15장과 시편 32편에서 가져온 성경의 언어다. 이것은 믿음의 필요성과 기능을 말하고, 이와 더불어 믿음의 결과인 용서를 말한다. 그러나 바울이 들려주는 아브라함 이야기는 4장 후반부에도 계속되며, 여기서 우리는 믿음의 성격과 내용, 그리고 믿음이 결과인 변화에 관해 더 많이 배운다. 아브라함의 믿음은 완전히 자신이 포함되었다. 실제로, 이것은 죽음과 부활의 경험이었다. 그 자신의 몸이 "죽은 것 같고" 사라의 태가 닫혔다. 죽은 것이나 마찬가지였다(4:19). 그러나 하나님은 자신의 약속을 이행하셨고, 사라는 이삭을 낳았다. 바울 당시 유대인에게, 가문을 잇는다는 것은 다름 아닌 부활과 영생을 의미했다. 아브라함이 "많은 민족의 조상"이 된 것은 "죽은 자를 살리시며 없는 것을 있는 것으로 부르시는" 하나님의 일이다(4:17). "아브라함의 믿음을 공유한다"(share the faith of Abraham, 개역개정은 "아브라함의 믿음에 속한"다)는 것은(4:16) 예수님의 죽음과 부활에서 하나님의 은혜로운 행위와 하나됨으로써 비슷한 죽음과 부활을 경험한다는 것이다(4:23-26). 칭의는 예수님의 죽음뿐 아니라 그분의 부활을 필요로 한다. 칭의는 두 사건 모두에 참여하는—세례를 받아 들어가는—것이기 때문이다(6장). 다시 말해, 칭의는 아브라함의 경우처럼, 죽음에서 살아나는 부활 사건이다.

로마서 5-8장: 그리스도에 참여함

로마서 5:1-11: 하나님과 인간의 참여

로마서 5:1-11은 1-4장과 5-8장의 나머지 부분을 잇는 중요한 다리다. 바울은 하나님이 엇나간 인간을 은혜와 사랑으로 대하심으로써 가능해진 의와 화해의 새로운 삶이 갖는 과거와 현재와 미래의 측면들을 요약한다. 우리는 이 사랑을 신자들의 마음에 부어졌으며(5:5) 선지자들의 약속을 성취하시는(5:5) 성령을 통해 경험으로 안다. 성령의 선물(성령이라는 선물)은 칭의와 분리되지 않고 칭의에 필수다. 동일한 하나님의 사랑이 그리스도의 십자가 죽음—원수들을 위한 죽음—에서 공개적으로 드러났다(5:6-10: 참조 8:39). 바꾸어 말하면, 우리가 아버지와 아들과 성령의 생명에 참여함은 오로지 하나님 자신이 우리의 삶에 참여하심으로써 가능하다. 주도권이 하나님에게 있다.

바울은 이러한 하나님의 원수 사랑을 '칭의'와 '화해' 둘 모두의 견지에서 기술한다. 칭의와 화해는 뚜렷이 다른 두 행위가 아니라 하나의 실체다. 앞서 보았듯이, 칭의는 법정 판결 그 이상이다. 칭의는 궁극적으로 관계적 실체이며, 원수됨의 종결과 하나님과 함께하는 새로운 삶의 시작이기 때문이다. 하나님이 성령을 우리 마음—우리 인성의 중심과 우리 의지의 자리—에 '부어 주신다'는 이미지가 관계적이며 변화를 일으키는 이러한 실체를 강화한다.

이 새로운 삶의 목적, 곧 미래의 차원도 두 용어—"영광"(의 소망)과 "구원"—로 표현된다. 인간이 잃어버린 영광이(3:23) 완전히 회복될 테지만(5:2), 여기서 거기로 가는 과정에 고난이 따를 것이다. 십자가에 못 박히신 그리스도 안에 거하고 그분의 영이 그 안에 거하는 자들에게, 다른 길은 있을 수 없다(8:3-5; 참조 8:17-39). 그러나 지금 모든 것이 암울한 것은 아니다. 고난 중에도 기쁨이 있기 때문이다(5:3; 14:17). 실제로, 완전한 영광과 구원은 미래의 실체지만, 바울은 나중에 "우리가 소망으로 구원을 얻었고"(8:24) 의롭다 하신 사람들을 "영화롭게 하셨느니라"라고 선언한다(8:30). 다시 말해, "그[하나님의 형상이신 그리스도]와 같은 형상으로 변화하여" 영광에서 영광에 이르는 (평탄치 않지만) 솔기 없는 과정이 있다(고후 3:18).

　'다리' 곧 로마서 5:1-11은 우리를 연속된 세 단락으로 이끌며, 이 세 단락은 그리스도 밖의 삶과 그리스도 안의 삶을 대비시킨다. 5:12-21에서 이 대비는 '아담' 대 '그리스도'라는 견지에서 묘사된다. 6:1-7:6에서 이 대비는 '죄(Sin)의 종' 대 '하나님/의의 종'이라는 견지에서 그려진다. 7:7-8:39에서 이 대비는 '죄와 육신 안에 사는 삶'과 '그리스도와 영 안에 사는 삶'이라는 견지에서 기술된다.

로마서 5:12-21: 그리스도 안에서 일어나는 변화

　아담 대 그리스도 이야기(5:12-21)는 극명한 대조를 이루는 이야기다. 한편으로, 아담이 보인 죄와 불순종의 행위는 정죄와 죽음으로 이어진다. 다른 한편으로, 그리스도께서 보이신 의와 순종의 행위(그분의 죽음)는 하나님의 은혜를 특징지으며, 의와 생명으로 이어진다. 이 단락은 때로 어쨌든 칭의는 무죄 선고일 뿐이라는 증거로 여겨진다. 이런 언어가 있는 것은 분명하며, 3:21-26에서 보듯이, 무죄 선고(또는 용서)는 그리스도의 죽음이 낳은 결과 중 하나다. 그러나 이 본문은 무엇보다 변화에 관한 것이다. 다시 말해, 죽음이 아니라 생명에 관한 것이며, 죄가 아니라 의에 관한 것이다. 이 본문은 승리에 관한 것이다. 다시 말해, 죄와 죽음(Sin and Death)의 묵시적 권세에 패배하는 삶에 관한 것이 아니라 "생명 안에서 왕노릇"하고(5:17) 그리스도를 통해, 그리스도 안에서 해방된 삶에 관한 것이다. 바울에 따르면(이곳 6장과 로마서 전체에서), 이것이 복음의 능력이다.

로마서 6장: 복음 내러티브에 참여함

로마서 6장(또는 6:1-7:6)은 이따금 일차적으로 세례에 관한 설명으로 여겨진다. 이러한 해석은 부분적으로 옳다. 그렇더라도 6장이 바울이 칭의의 의미를 죽음과 부활의 견지에서, 곧 육체가 잠기는 세례로 적절히 표현되는 실체의 견지에서 설명한다고(4장부터) 보는 게 더 낫다. 한 사람에게 물에 잠김보다 참여적인 것은 없다. 따라서 세례는 그리스도에 최대한 충만하게 잠김, 그리스도 및 그분의 이야기와 완전히 하나됨이기도 하다. 더 정확히 말하면, 세례에서 그리스도와 함께 죽고 함께 살아남의 언어는 바울이 중요한 둘을 말하는 방식이다. 첫째, 그리스도 안으로 들어감은 한 존재 방식에 대한 '죽음'이며 새로운 삶의 방식에 대

사도 바울을 해석하는 관점들

한 '부활'이다. 둘째, 이 들어감은 그리스도의 이야기에 참여함이다.

바울은 고린도 신자들에게 상기시켰다. 자신이 받아 선포하는 복음이 극적인 구원 내러티브의 주요 네 행위로 구성되는 일종의 미니 신앙고백으로 요약된다는 것이다. 그 넷은 그리스도의 죽음, 장사, 부활, 부활 후 나타나심이다(고전 15:3-9). 이 드라마는 로마서 6장에서 참여 모드로 다시 나타난다. 신자들은 내러티브에 들어가며, 각 행위에 참여한다.[25]

바꾸어 말하면, 복음을 믿는다(또는 신앙고백을 한다)는 것은 단순히 복음의 진리에 동의한다는 뜻이 아니라 복음의 이야기에 참여하거나, 더 정확히 말하면, 복음의 이야기가 서술하는 실체에 참여한다는 뜻이다. 따라서 '믿는다(believing)'는 것은 실제로 '되어 간다(becoming)'는 뜻이다. 다시 말해, 믿고 세례를 받는다는 것은, 죽음과 부활을 통해, 전혀 새로운 존재로 변화된다는 뜻이다. 이렇게 되어 갈 때, 신자들(세례 받은 사람들)은 이야기의 '살아 있는 해석'으로서 이야기를, 세례에서 시작해 온 삶에서 계속해서, 상연한다.

죽음과 부활 외에 로마서 6장에 나오는 중요한 이미지는 종살이(노예살이) 이미지다. 바울은 인간이 (죽음으로 이어지는) 죄(Sin)의 종이지만 그리스도 안에서 하나님의 은혜로 죄에서 해방된다는 3장의 주장을 자세히 설명한다(6:6-7, 11, 17-18). 7절의 동

---

25 나의 책 *Apostle of the Crucified Lord: A Theological Introduction to Paul and His Letters*, 2nd ed. (Grand Rapids: Eerdmans, 2017), 433에서 가져왔다.

◆

극적인 행위	그리스도의 이야기(고전 15장)	신자들의 이야기(롬 6장)
죽음	그리스도께서 성경대로 우리 죄를 위하여 죽었다(15:3).	• 우리는 죄(Sin)에 대하여 죽었고…그리스도의 죽으심과 합하여 세례를 받았다(6:2-3). • 우리는 그리스도의 죽으심과 같은 모양으로 연합한 자가 되었다(6:5). • 우리의 옛 사람이 예수와 함께 십자가에 못 박혔다(6:6). • 우리는 그리스도와 함께 죽었다(6:8). • 우리는 죄에 대하여 죽었다(6:11).
장사	그리스도께서 장사지낸 바 되셨다(15:4a).	• 우리는 그리스도의 죽으심과 합하여 세례를 받음으로 그분과 함께 장사되었다(6:4).
부활	그리스도께서 성경대로 사흘 만에 다시 살아나셨다(15:4b).	**현재(새 생명으로 부활)** • 그리스도를 죽은 자 가운데서 살리심과 같이 우리로 또한 생명 가운데 행하게 하려 하신다(6:4). • 우리는 그리스도 예수 안에서 하나님께 대하여 살아 있는 자다(6:11; 참조 6:13). **미래(몸의 부활)** • 우리는 그리스도의 부활과 같은 모양으로 연합한 자가 될 것이다(6:5). • 우리는 그리스도와 함께 살 것이다(6:8).
나타나심	그리스도께서 게바에게, 열둘에게, 그리고 다른 사람들에게 나타나셨다(15:5-9).	너희 자신을 죽은 자 가운데서 다시 살아난 자 같이 하나님께 드리라(6:13).[26]

사(그리스어 데디카이오타이)는 사실 칭의가 세례와 밀접하게 연결되며, 죄로부터의 해방이 칭의/세례의 본질적인 부분임을 시사한다. 역설적으로, 이 해방은 새로운 형태의 종살이지만, 죄의 종살이가 아니라 하나님/의의 종살이다(6:13-22). 그리스도 안에 있다는 것, 세례를 받아 우리를 위해 종이 되신 주님 안으로 들어간다는 것은(빌 2:6-11), 지속적으로 자신과 자신의 지체들을 드려 하나님을, 해방자이자 새로운 주님을 섬긴다는 뜻이다(6:13, 16, 19).

---

26 행 1:3을 보라. 거기서도 예수님의 부활에 관한 비슷한 언어가 나오며, '나타나다(present)'로 번역된 동일한 그리스어 동사를 사용한다.

그리스도 안에서 이렇게 거룩하게 사는 길의 목적, 또는 최종 목적지는 그분 안에서 누리는 영생이다(6:22-23). 바꾸어 말하면, 로마서 6장은 그리스도 안에서 죄와 죽음이 의와 생명으로 대체되었다고 말한다. 그리스도에 참여한다는 것은 하나님의 영광이 회복됨을 의미한다. 다시 말해, 거룩(새 생명)과 불멸(영생)을 의미한다.

로마서 7-8장: 아버지와 아들과 성령의 삶에 참여함

앞서 말했듯이, 바울은 인간의 곤경을 묘사하면서 인간이 외부와 내부의 묵시적 죄의 권세 때문에 언약적 역기능을 한다고 했다. 그리스도의 죽음은 속죄(expiation, 용서)와 해방의 행위이며, 따라서 하나님과의 올바른 언약 관계로 회복된 사람은, 역설적으로, 그리스도와 함께 십자가에 못 박힘으로써 부활 같은 오는 삶을 경험할 것이다. 로마서 7, 8장에서(또는 더 정확하게는 7:7-8:39에서), 바울은 내주하는 죄의 권세 아래 육신 안에 사는 삶과 내주하시는 영의 권세 아래 그리스도 안에 사는 삶의 실제적 차이들을 제시한다.[27] 로마서 6장에서처럼, 바울은 종살이와 해방의 언어뿐 아니라 친밀한 참여의 언어도 다시 사용한다.

바울이 묘사하는 그리스도에 참여하는 삶은 중요한 세 면을 갖는다. 첫째, 신자들과 그리스도/성령이 상호 내주한다. 둘

---

27 여기서 "육신(flesh)"은 몸을 가리키는 게 아니라, 하나님의 영과 인간의 삶을 향한 하나님의 목적을 거스르는 영적 실체를 가리킨다.

째, 신자들이 하나님의 자녀로 입양된다. 셋째, 그리스도처럼 고난을 받을 때, 아버지와 아들과 성령과 함께하는 삶의 중심인 영화가 따른다.

우리가 그리스도/성령 안에, 그리스도/성령께서 우리 안에

바울은 로마서 7장에서 절망을 말한 후에 8장에서 갑자기 생명과 소망을 말한다. 바울은 8장을 시작하면서 "정죄함이 없나니"라고 선포한다. 이것은 하나님의 법정 판결을 알리는 게 아니다. 이것은 "그리스도 안에" 있음이라는 실재와 강하게 연결되며(8:1), 그리스도 안에서 "생명의 성령의 법이 죄와 사망의 법에서 너를 해방하였음이라"(8:2). 인간은 죄[Sin, 안팎의 권세(7:13-24)]와 그 결과인 죽음의 종이며, 둘 다 현재이고 영원하다. 그런데 이런 상태가 아버지께서 아들과 성령을 보내심으로써 역전되었다(8:3-4; 참조. 갈 4:4-6). 하나님이 우리가 할 수 없는 일을 성취하셨다. 하나님의 아들이 신실하게 순종해 죽음으로써 죄의 지배를 종식시키셨으며(3:21-26, 5:12-21도 보라), 성령의 선물이 죄의 권세를 몰아내고 이제 우리의 신실한 순종을 가능하게 하며(1:5; 16:26), "육신을 따르지 않고 그 영을 따라 행하는 우리에게 율법의 요구가 이루어진다"(8:4).

놀랍지 않게도, 바울은 그리스도 안에서 얻는 이러한 새 생명을, 현재와 미래 모두에서 갖는 부활 경험으로, 6장에서처럼 그려낸다(8:10-11). 이것은 에스겔 36-37장을 비롯해 성경의 여러 본문이 보여 주듯, 성령은 하나님의 생명의 호흡이기 때문이다. 동일한 영이, 하나님이 약속하셨듯이(겔 36:27), 순종도 가능하게 한다. 참 생명의 근거는 언약적 신실함이기 때문이다(예를 들면, 신 30장).

성령은 하나님(아버지)의 영이자 아들의 영이다(8:9). 그 결과는 그리스도와 성령 둘 다 포함하는 상호 내주의 심오한 영성이다. 신자들은 그리스도 안에 있고, 그리스도는 신자들 안에 계신다. 신자들이 성령 안에 있고 성령께서 신자들 안에 계신다(8:1-2, 9-10). 이러한 상호 내주의 이중적 의미가 낳는 실제적 결과는 이것 곧 "성령을 따라[그리스어 카타]" 산다는 것은(8:4-5, 12-13) "그리스도 예수를 본받아[그리스어 카타]" 산다는 뜻이다(15:5; 아래에서 좀더 자세히 설명하겠다).

하나님 자녀로 '입양'

그리스도/성령 안에 있음이 로마서 8장에서 강조된 참여의 한 측면이라면, 또 다른 측면은 입양이다. 로마서 문맥에서 입양이란 입양된 자녀가 자신을 입양한 가정에, 현재의 혜택(친밀한 관계)과 미래의 혜택(유산) 둘 모두 포함해, 완전히 포함된다는 뜻이었다. 둘 다 이 단락에 있다. 하나는 성령께서 가능하게 하시며 예수님의 언어로 하는 "아빠 아버지"라는 친밀한 외침이며, 다른 하나는 미래의 영광에서 그리스도와 "함께 한 상속자"가 되리라는 약속이다.

서구 독자들은 이 본문들을 읽으면서 이것들을 매우 개인적인 방식으로 받아들이고 싶은 유혹을 받을는지 모른다. 그러나 바울은 한 가족에 참여함(들어감)을 말하고 있기에, 단수형이 아니라 복수형 대명사들과 동사들을 사용한다. 그리스도 안에 있다는 것은 함께 형제자매가 되고 공동체를 이루며 그리스도의 한 몸으로서 성령의 교제에 참여한다는 것이기 때문이다(고전 12장; 빌 2:1-4). 많은 교부(敎父)가 입양된 하나님 자녀라는 바울의 개념을 신화(神化) 또는 데오시스의 약속과 연결했다. 우리 시대의 언어로 표현하면, 성령께서 가족이 맏형(맏이)이신 그리스도를, 그러므로 궁극적으로 아버지 하나님을 닮을 수 있게 하신다고 할 수 있겠다. 그러나 이러한 가족의 닮음이 무엇을 수반하는가?

그리스도와 성령과 아버지와 함께

로마서 8장에서 바울의 참여 신학과 영성을 나타내는 가장 놀라운 표현은 이 장에 나오는 "함께"[그리스어 순(syn) 및 이와 관련된 형태들] 단어군일 것이다. 바울은 신자들이 그리스도 및 성령과 친밀하게 하나됨을 다음과 같은 단어들로 표현한다.

- 숨마르투레이[8:16, (성령이) "더불어…증언하시나니"]
- 순클레로노모이(8:17, "함께 한 상속자")
- 숨파스코멘(8:17, "고난을 함께 받아야")
- 순독사스도멘(8:17, "함께 영광을 받기 위하여")
- 수스테나제이와 순오디네이[8:22, (피조물이) "함께 탄식하며", "함께 고통을 겪고"]
- 순안티람바네타이[8:26, (성령도) "(함께) 도우시나니"]

- 순에르게이[8:28, (하나님이) "합력하여"]
- 숨모르포우스[8:29, "형상을 본받게"(co-formed. 함께 빚어가다); 참조. 빌 3:10, 21]

이러한 "함께" 어휘들은 그리스도 안에 있음이 아버지와 아들과 성령의 삶에 친밀하게 참여함을 수반한다는 것을 보여 준다. 물론, 이 참여를 시작하고 복 주시는 분은 하나님이다. 성령께서 우리의 영과 더불어 증언하시고, 기도 중에 우리를 도우신다. 아버지께서 모든 것이 합력하여 선을 이루게, 구체적으로 우리가 자신의 아들의 형상을 본받는 선을 이루게 하신다.

이미 살펴보았듯이, 바울에게 그리스도 안에 산다는 것은 그리스도를 따라 산다는 뜻이다. 구체적으로, 이것은 성령께서 가능하게 하시는 하나됨 곧 예수님의 이야기와 친밀하게 하나됨을 의미하는데, 이러한 하나됨은 그리스도의 "형상을 본받는다"(co-formed 또는 conformed)는 말로, 특히 현재에 그분의 고난과 죽음에 참여하고 미래에 그분의 부활의 영광에 참여한다는 말로 요약할 수 있다(8:29-30). 다시 말해, 로마서 6장에서처럼, 신자들은 그리스도 이야기를 체현함으로써 그리스도에 참여한다. 바울 영성의 본질은 영화(glorification)로 이어지는 십자가를 닮는 삶—고난을 받기까지 자신을 내어 주는 사랑의 삶—이다. 이것은 높아짐으로 이어지는 낮아짐을 말하는 성경 내러티브의 패턴이며(예를 들면, 사 52:13-53:12), 예수님에게서 강력하게, 결정적으로 체현된다(빌 2:6-11).

◆

로마서 8장에 관한 마지막 두 핵심은 이것이다. 첫째, 고난받고 신음하는 교회의 삶은 성령과 함께만이 아니라 모든 피조물과 함께 참여함이다. 둘째, 로마서 5장에서처럼, 이러한 현재의 고통스러운 존재는 궁극적으로 희망적이다. 그리스도에게서 나타난 하나님의 사랑이 해방과 구속과 영화를 화해한 인간뿐 아니라(8:31-39) 모든 피조물에게 보장하기 때문이다(8:21).

로마서 9-11장: 그리스도에 참여함

로마서 9-11장에서, 바울은 동족 유대인 중에 복음을 믿는 사람이 극소수라는 고통스러운 현실을 다룬다. 이것은 하나님이 신실하지 않다는 뜻인가? 바울은 "물론 아니다!"라고 답하고, 30개가 넘는 성경 본문을 활용해 자신의 핵심을 증명하며, 마침내 "온 이스라엘이 구원을 받으리라"—하지만 이 어구는 많은 논쟁을 불러일으켰다—고 주장한다(11:26). 바울은 하나님의 자비가 참으로 신비롭지만 찬양하기에 합당하다고 말한다(11:25-36).

참여 언어 자체는 9-11장에서 두드러지지 않는다. 그러나 한 어구와 한 핵심 이미지가 주목할 만하다. 첫째, 바울은 이스라엘의 불신앙에 대한 깊은 괴로움을 표현할 때 "그리스도 안에서 참말을 하고" 있다고 주장함으로써 논의를 시작한다(9:1). 바울이 자신과 자신이 하는 모든 일을 아주 자연스럽게 "그리스도 안에서" 생각한다는 것은 의미가 있다. 이것은 우리가 "그리스도인"

이라 부르는 사람, "입으로 예수를 주로 시인하며 또 하나님께서 그를 죽은 자 가운데서 살리신 것을 네 마음에 믿는"(10:9) 모든 사람에 관한 바울의 근본적 이해다.[28]

둘째, 11장의 유명한 이미지, 곧 하나님의 백성을 가리키는 감람나무 이미지는 그리스도 안에—유대 메시아 안에—있음은 집단적 실재이자 역사적 실재임을 상기시킨다. 잘린 사람(믿지 않는 유대인)이든 시대를 초월해 하나님의 백성에 접붙여진 사람(믿는 이방인과 유대인)이든 간에, 개개인은 가지와 같다(11:11-24). '접붙여짐'의 이미지는 참여를, 좁고 사적인 의미에서가 아니라 이스라엘 이야기에 뿌리를 둔 하나님의 위대한 세계 선교의 한 부분이라는 의미에서, 뜻하는 게 분명하다.

로마서 12-16장: "그리스도 안에" 있는 공동체에 참여함

대다수 해석자들은 로마서 12:1에서 신학에서 실천으로 옮겨 가는 큰 전환이 일어난다고 본다. 그러나 바울은 이 둘이 분리될 수 없다고 보는 게 분명하다. 12-15장은 "그리스도 안에" 있는 공동체, 곧 이방인과 유대인, 남자와 여자, 종과 자유인으로 구성되며(갈 3:28) "그리스도 안에서 한 몸"인 공동체에게(12:4-5; 참조. 고전 12장) 적합한 삶을 폭넓게 기술한다. 14장이 분명히 하

---

28 15:17, 16:3, 7, 9-10도 보라.

듯이, 로마 교회, 또는 오히려 로마의 다양한 "가정교회들"은 하나님이 주신 일치(unity)를 다양성을 인정하는 실재 세계에서만 표현할 수 있다. 그러나 이러한 '일치 속의 다양성(diversity-in-unity)'은 그리스도 안에 있는 교회가/교회들이 그리스도를 따라 사는 데 필수다(15:5).

이 기본 메시지는 12:1-2에 이미 나와 있다. "그러므로 형제들아 내가 하나님의 모든 자비하심으로 너희를 권하노니 너희 몸을 하나님이 기뻐하시는 거룩한 산 제물[단수]로 드리라 이는 너희가 드릴 영적 예배니라. 너희는 이 세대를 본받지 말고 오직 마음을 새롭게 함으로 변화를 받아 하나님의 선하시고 기뻐하시고 온전하신 뜻이 무엇인지 분별하도록 하라." "드리라"로 번역된 그리스어 동사는 이미 6:13-19에서 다섯 차례 그것도 모두 복수형으로 사용되었다. 연결이 중요하다. 앞으로 나올 장들은 개인이, 특히 공동체가 자신을 하나님께 드리는 삶을 구체화할 텐데, 이것은 세례를 받아 그리스도 안에 들어간 사람이 체현하도록 요구받는 삶이다. 이것이 이들의 "산 제물"이다. 다시 말해, 이들의 몸들이, 곧 하나님을 예배하는 장소가 그리스도의 한 몸을 형성할 뿐 아니라 성령의 전을(롬 8장; 고전 3:16; 6:19), 땅에서 하나님의 영광이 거하는 장소를 형성한다.

그러나 이처럼 성령께서 내주하시는 다문화 예배 공동체는 구체적으로 어떤 모습인가? 근본적으로, 이런 공동체는 그리스도를 닮았으며, 구체적으로 십자가를 닮았다. 왜냐하면 각 개인과 교회가 전체로서 그리스도와 함께 십자가에 못 박혔고 그분과 함께 성령 안에서 새 생명으로, 8장에서 보았듯이, 십자가와 부활의 패턴으로 특징되는 생명으로 다시 살아났기 때문이다. 이것은 후한 사랑과 기대에 찬 소망을 낳는 신실하게 순종하는 공동체일 것이다. 이런 공동체는 약자에게 우선권을 부여하고, 음식을 비롯해 궁극적으로 중요하지 않은 문제들에서 문화적 차이를 받아들일 것이다(14:1-15:13). 왜? "하나님의 나라는 먹는 것과 마시는 것이 아니요 오직 성령 안에 있는 의와 평강과 희락"이기 때문이다(14:17).

공동체가 이렇게 그리스도에 참여함을 생생하게 표현하는 이미지가 있다. 그리스도를 '옷 입는다'는 이미지다. "오직 주 예수 그리스도로 옷 입고 정욕을 위하여 육신의 일을 도모하지 말라"(13:14). 7-8장에서, 성령과 육신이 대비되었을 때와 비슷하게, 이 대비로 그리스도 안에 있음이 그리스도를 닮은 태도와 행동을 취함을 의미한다는 게 분명해진다(참조. 빌 2:5). 옷을 입듯이, 그리스도를 입는다는 이미지는 그분의 몸인 우리가 그분의 형상으로 변화되어 갈 때 그리스도와 신자들이 분리될 수 없음을 시사한다(고후 3:18은 롬 12:2에서처럼 변화를 나타내는 동일한 수동형 동사를 사용한다). 13:12의 "빛의 갑옷"을 입는다는 비슷한 표현은 그리스도 안에 사는 삶이 일종의 영적, 참으로 묵시적 전쟁이라는 것을 상기시킨다. 원수가 개인과 공동체를 무너뜨리려 하기에 이 원수를 대적해야 하지만, 무력이 아니라(12:14-21을 보라) 그리스도를 닮은 행위로 대적해야 한다.

마지막으로, 그리스도에 참여함의 선교적 성격이 있다. 로마서 15장과 16장에서 바울은 자신을 비롯한 사람들을 가리켜 그리스도 안에 있으며 "하나님의 일"을 하는 사람들이라고 말한다(15:17). 그러나 바울이 교회의 선교 행위를 자신과 동료들에게로 한정한다고 생각하는 것은 잘못이겠다. 오히려 그리스도 안에 있는 공동체는 태생적으로 본래 선교적이며, 사람들을 하나님과 화해시키고 서로 화해시키는 하나님의 선교에 참여한다. 이것은 단순하지만 의미심장한 방식들로 표현된다. "그러므로 그리스도께서 우리를 받아 하나님께 영광을 돌리심과 같이 너희도 서로 받으라"는(15:7) 그리스도를 닮은 환대(hospitality, 손대접)를 실천하라는 뜻이며, "아무에게도 악을 악으로 갚지 말고 모든 사람 앞에서 선한 일을 도모하라.…모든 사람과 더불어 화목하라"는 (12:17-18) 하나님을 닮은 원수 사랑(5:6-11 보라)을 세상에서 실천하라는 뜻이다.

결론과 고찰

로마서는 다양한 관점에서 읽어도 유익한 놀라운 목회 서신이자 신학 문헌이다. 그러나 강단의 목회자와 회중석의 성도에게, 참여를 강조하는 것은 이 서신을 신학적 · 영적으로 건강하게 읽는 데 절대적으로 중요하다. 그 중요한 이유 둘을 제시하겠다.

첫째, 최근에 수잔 이스트먼이 바울이 말하는 인간의 의미를 다룬 매우 통찰력 깊은 저서(현대 과학 및 심리학과의 대화 형식으로

사도 바울을 해석하는 관점들

쓴 책)에서 입증했듯이, 참여, 본받음, 관계성이 인간의 인간됨을
이루는 핵심이다.[29] 바울이 참여를 강조한 사실을 인정하고 활
용함은 가장 깊은 영혼의 갈망과 일치한다. 다시 말해, 이것은 우
리 자신을 초월하며 우리를 하나님과 하나 되게 하고 서로 하나
되게 하는 무엇에 참여하려는 열망과 일치한다. 물론, 바울은 이
'무엇'을 특히 예수님의 죽음과 부활에서 밝히 드러난 삼위일체
하나님의 생명이라고 부른다.

둘째, 많은 사람이 로마서를 미흡한 방식으로 읽는 법을 배
웠다. 어떤 사람들에게 로마서는 문맥과 동떨어진 '로마서의 길'
곧 일련의 구절이 담긴 편지로, (이른바) 복음의 주요 교의들을 제
시하며, 따라서 (개인) 구원에, 일반적으로 죽음 이후의 영생을 의
미하는 구원에 이르는 길을 제시한다. 또 어떤 사람들에게 로마
서는 개인의 칭의뿐 아니라 성화의 안내자이지만, 이것도 대개
개인주의적으로 (잘못) 이해된다. 로마서를 이해하는 더 새로운
접근들이 이러한 부류의 오독들을 바로잡는 데 도움이 될 수 있
으며, 참여적 관점은 뚜렷한 수정을 제시한다.

이 장은 로마서가 변화를 일으키는 참여, 아버지와 아들과
성령의 삶에 참여함에 관한 것임을 강조한다. 바울은 로마서 전
체에서 이것을 다양한 방식으로 분명하게 말한다. 변화로서의
칭의, 그리스도와 함께 죽고 다시 살아남, 신자들과 그리스도/성
령의 상호 내주, 믿음의 순종, 개인과 공동체가 자신과 몸을 하나

---

29 Susan Grove Eastman, *Paul and the Person: Reframing Paul's Anthropology* (Grand
Rapids: Eerdmans, 2017).

◆

님께 드림, 이방인과 유대인이 하나님 나라의 샬롬과 기쁨에 참여함, 신자들도 창조세계의 아픔과 구원을 바라는 창조세계의 소망에 참여함이 그것이다. 이 모두가 함께 온전히 살아 있는 인간을 구성하며, (이레네우스가 말했듯이) 이것이 하나님의 영광이다. 그리스도화는 인간화이다(Christification is humanization).

현대 기독교 공동체들에게 변화를 일으키는 참여란 절대로 칭의를 성화로부터 분리해서는 안 된다는 뜻이다. 하나님이 인간을 구원하시는 목적은 신실한 순종이 특징인 백성을 일으키는 것이기 때문이다. 더 나아가, 우리는 그리스도 안에서 사는 삶은 개인적이자 공동체적 실재—다양성 속에 일치가 있으며 더 넓은 창조세계의 고통에 공감하는 공동체—라는 진리를 반드시 기억해야 한다. (그리고 실천해야 한다.) 더욱이, 이 삶은 그리스도인 개개인과 공동체들로 그리스도를, 특히 십자가를 닮게 하시는 성령을 통한 그리스도의 내주하심이 없으면 제대로 살아낼 수 없다. 그리스도에 대해, 그리스도 안에 살아 있는 교회는 로마서와 복음의 살아 있는 해석이 되며, 믿지 않는 세상을 향해 놀라운 증인이 된다.

이것이 설교다.

로마서 설교

종교개혁의 관점

5

교회 신학으로서의 로마서:
다인종적 선교적 교회 세우기

마이클 버드
Michael F. Bird

바울의 로마서는 신약성경에서 가장 이해하기 어렵고, 따라서 가장 많은 논쟁을 불러일으키는 책입니다. 로마서를 읽는 것은 즐겁지만, 로마서를 가르치고 설교하는 것은 힘든 일입니다. 거의 모든 단락마다 논란의 동굴이 있습니다. 그렇지만 또한 신학적 보석도 있어 용감하게 깊이 파고들어 가는 이들은 그 보석을 찾아냅니다. 로마서에는 우리가 암송하는 유명하고 사랑받는 구절이 많습니다. 이를 테면 이런 구절이 있습니다. "우리가 아직 죄인 되었을 때에 그리스도께서 우리를 위하여 죽으심으로 하나님께서 우리에 대한 자기의 사랑을 확증하셨느니라"(5:8). "그러므로 형제들아 내가 하나님의 모든 자비하심으로 너희를 권하노니 너희 몸을 하나님이 기뻐하시는 거룩한 산 제물로 드리라. 이는 너희가 드릴 영적 예배니라"(12:1).[1] 로마서 공부는 벅차지만 보상이 따릅니다.

---

1   사용된 성경은 달리 언급이 없는 경우 개역개정 4판이다(저자는 NRSV를 사용했다).

로마서는 무엇에 관한 것입니까?

그러면 로마서는 실제로 무엇에 관한 것일까요? 이 서신 배후에는 어떤 큰 개념이 있을까요? 우리가 로마서에서 도출해야 할 핵심은 무엇일까요?

　　복음주의 진영들의 공통된 시각은 로마서가 구원에 이르는 길, 죄인들이 하나님의 사랑과 자비를 발견하는 길에 관해 이야기한다는 것입니다. 로마서 대부분이 이것을 다루기에 여러분은 로마서에서 여러 구절을 뽑아 어떻게 구원받는가에 관한 작고 멋진 길을 낼 수 있습니다. 구원에 이르는 로마서의 길은 대체로 다음과 같습니다.

1. 모든 사람이 죄를 범했기에 하나님의 영광에 이르지 못합니다(3:23).
2. 죄에 대한 벌은 영원한 죽음입니다(6:23).
3. 하나님의 값없는 선물은 예수님을 통해 주시는 영생입니다(6:23).
4. 입술로 예수 그리스도를 주님으로 고백함으로써 구원을 받습니다(10:9).
5. 믿음으로 의롭다 하심을 얻은 사람은 하나님과 평화를 누립니다(5:1).

　　저는 이 시각에 부분적으로 공감합니다. 어쨌든, 바울은 이 서신에서 복음에 관해, 하나님에 관해, 대속에 관해, 믿음에 관해, 구원과 영생에 관해 많은 것을 말합니다. 그러나 합성의 오류(fallacy of composition, 개별적으로 옳은 것이 전체적으로는 틀리는 현상)는 부분에서 옳은 것이 전체에서도 실제로 옳다는 시각을 경계하라고 말합니다. 그렇습니다. 로마서의 부분들은 우리에게 어떻게 구원을 얻는지 말하지만, 그렇다고 이것이 로마서 전체의 핵심이라는 뜻은 아닙니다. 기독교 블로거이자 학자인 앤드류 페리먼은 '구원에 이르는 로마서의 길'에 없는 것들을 지적합니다. 그는 이렇게 말합니다. "먼저, 이것을 길이라 부르기 어렵다. 누군가 바울의 논증에서 포석(鋪石)을 예닐곱 개 들어내 한 줄로 세웠다. 그러나 이것은 길이 아니다. 길의 일부도 아니다."[2]

여러분에게 이렇게 말하고 싶습니다. 로마서는 다른 목적과 다른 적용을 가지며, 이것은 인위적으로 구성된 신청교도적이고(neo-Puritan) 초개인주의적인(hyper-individualist) 구원 설명을 넘어서며, 제가 생각하기에 훨씬 심오합니다. 감히 말씀드리건대, 로마서는 실제로 메시아적 선교 공동체(messianic missional community) 세우기에 관한 것입니다. 이 공동체는 구성원들 간의 고통스러운 차이와 다양성에도 불구하고 서로 받아들이며 하나 됨에 함께 헌신합니다. 바울의 로마서는 실제로 선교 편지입니다. 이 서신은 로마 교회들(로마 교회는 여러 가정교회들로 구성되었다)의 유대인과 이방인에게 복음으로 하나 되고, 믿음으로 서로 받

---

2 Andrew Perriman, "What's Wrong with the 'Romans Road' to Salvation?," May 25, 2012, http://www.postost.net/2012/05/what-s-wrong-romans-road-salvation.

아들이며, 사도들이 예수님을 땅끝까지 전파하는 일을 함께 후원하라고 호소합니다.

먼저는 유대인에게, 그리고 헬라인에게

하나됨(unity, 일치)이라는 주제가, 구체적으로 말하면, 그리스도 안에서 서로 맞물리는 유대인과 이방인의 운명이 로마서 전체에서 거듭 나타납니다. 바울은 복음이 "먼저는 유대인…그리고 (also) 헬라인"을 위한 것이라고 말합니다. 그의 말은 복음이 유대인 대신 헬라인을 위한 것이라는 뜻이 아닙니다(1:16). 로마서 1:18-3:20 뒤에 자리한 전체적인 전제는 유대인과 이방인 양쪽 모두 자신들의 범법 때문에 하나님 앞에서 정죄를 받은 처지라는 것입니다. 유대인과 이방인 양쪽 모두 죄를 범했기에 둘 사이에 아무런 "차별이 없습니다"(3:22-23). 반대로, 하나님이 그리스도 안에서 구원하시는 행위에도 "유대인이나 헬라인이나 차별이 없습니다." "마음으로 믿어 의에 이르고 입으로 시인하여 구원에 이르고" "한 분이신 주께서 모든 사람의 주가 되사 그를 부르는 모든 사람에게 부요하시기" 때문입니다(10:10, 12). 하나님은 유대인과 이방인 양쪽 모두의 하나님이며, "할례자도 믿음으로 말미암아 또한 무할례자도 믿음으로 말미암아 의롭다 하실" 것입니다(3:30). 바울은 아브라함이, 유대인이든 이방인이든 간에, 모든 신자의 조상이라고 말하면서 그 이유를 제시합니다. 하나님의 목적은 이것입니다. 아브라함이 "무할례자로서 믿는 모든 자의 조상이 되어 그들도 의로 여기심을 얻게 하려 하심이라. 또한 할례자의 조상이 되었나니 곧 할례 받을 자에게뿐 아니라 우리 조상 아브라함이 무할례 시에 가졌던 믿음의 자취를 따르는 자들에게도 그러하니라"(4:11-12).

힘주어 말하건대, 이것은 추상적 개념의 하나됨이 아닙니다. 이것은 로마 빈민가 공동주택 지구에 자리한 가정교회들에서 힘겹게 살아가는 사람들의 하나됨입니다. 그곳은 질병과 궁핍과 죽음이 불과 몇 시간 거리에 도사린 곳이었습니다. 이것은 그리스도인, 곧 유대인 그리스도인과 이방인 그리스도인이 똑같이 자신들의 메시아 신앙 때문에 로마 회당들로부터 증오에 찬 대우를 받는 곳에서 이뤄지는 하나됨입니다. 이것은 유대인 기독교 지도자들이 주후 49년에 로마에서 추방되어 54년에 돌아온 상황에서 이뤄지는 하나됨입니다. 이러한 추방과 귀환은 그 사이에 로마 교회들의 사회적 역학에 영향을 미쳤을 게 틀림없습니다(행 18:1-2을 보라). 이것은 이방인 그리스도인이 로마 엘리트들의 반유대 정서, 곧 유대인은 독특하고 다르며 단절되고 더 넓은 사회로부터 스스로를 분리한다며 경멸하는 정서를 받아들이고 모방하기 쉬운 환경에서 이뤄지는 하나됨입니다. 이것은 과연 토라 규정들이 여전히 모든 신자에게 의무인지를 두고 논쟁과 불일치가 있는 상황에서 이뤄지는 하나됨입니다. 이것은 로마 교회들이 인종에 따라, 또는 토라 준수를 두고 일어나는 분쟁에 따라 분열될 수도 있는 상황에서 이뤄지는 하나됨입니다.

이런 까닭에, 로마서의 클라이맥스, 바울이 주는 권면의 절정은 로마서 15:7-9입니다. "그러므로 그리스도께서 우리를 받아 하나님께 영광을 돌리심과 같이 너희도 서로 받으라. 내가 말하노니 그리스도께서 하나님의 진실하심을 위하여 할례의 추종자(a servant of the circumcised, 할례를 받은 사람의 종)가 되셨으니 이는 조상들에게 주신 약속들을 견고하게 하시고 이방인들도 긍휼하심으로 말미암아 하나님께 영광을 돌리게 하려 하심이라." 여기서 바울의 핵심은 메시아께서 유대인을 섬기러, 하나님이 이스라엘과 족장들에게 하신 약속들을 성취해 아브라함이 믿음으로 하나된 다인종 가정을 갖게 하러 오셨다는 것입니다. 그 결과, 이방인이 실제로 구원받고, 하나님의 긍휼하심 때문에 그분께 영광을 돌리며, 믿어 순종할(obedience of faith, 롬 1:5, 16:26), 따라서 메시아께서 유대인과 이방인을 아브라함 가정에 반겨 맞아들이고, 이들을 택하심을 따라 되는 하나님의 뜻(God's electing purposes, 롬 9:11)으로 인도해 들이며, 이들을 자신의 몸, 곧 교회를 이루는 지체가 되게 하셨다면, 이들은 서로 반겨 맞아들여야 마땅합니다.

오늘 이러한 교회는 어떤 모습입니까?

오늘 이러한 교회는 어떤 모습입니까? 도심에 있건 시골 마을에 있건, 작은 교회에 시리아와 수단에서 그리스도인 난민이 몰려들었다고 상상해 보십시오. 이들이 이 교회에, 여러분의 교회에 자신들의 낯선 언어를, 자신들이 최근에 했던 경험의 트라우마를, 예배에 관한 낯선 생각들을, 이상한 관습들을, 교회에 미국 국기를 내거는 것 같은 것들에 대한 개인적 불평을, 또는 목사는 가운을 입어야 한다는 주장을 가지고 들어왔다고 상상해 보십시오. 여러분은 이들을 분리하겠습니까? 정상적이고 훌륭한 모든 미국인이 함께 드리는 예배가 끝난 후, 이들이 자기네끼리만 교회에서 예배하게 하겠습니까? 설상가상으로, 점점 더 많은 난민이 몰려와 교인이 되더니 시나브로 이 시리아 사람들과 수단 사람들이 다수가 된다면, 어떻게 되겠습니까? 이들이 교회 이름을 제일침례교회에서 성 요한네스 크리소스토무스 교회로 바꾸려 할 때, 여러분은 한 표씩만 행사할 수 있습니다.

로마서는 이에 관한 것입니다. 바로 이런 상황에서, 여러분은 어떻게 "화평의 일과 서로 덕을 세우는 일을 힘쓸"지 궁리해야 하고(14:19), 어떻게 "각 사람이 이웃을 기쁘게 하되 선을 이루고 덕을 세우도록 할지" 분별해야 하며(15:2), 무엇보다도 어떻게 "그리스도 예수를 본받아 서로 뜻이 같게 하여⋯한마음과 한 입으로 하나님 곧 우리 주 예수 그리스도의 아버지께 영광을 돌릴"지 생각해야 합니다(15:5-6).

로마서에서, 바울의 비전은 우리의 교회들이 피부색을 따라 나뉘고 인종이나 계층을 따라 게토가 되도록 내버려 두는 것이 아니라 예수 그리스도의 주되심이 인종적 다양성과 신학적 차이 가운데서 하나됨으로 표현되어 모든 사람이 하나님의 긍휼

하심 때문에 그분께 영광을 돌리는 것입니다. 로마의 교회들에 보내는 바울의 이 서신은 우리에게 구원에 관해 많은 것을 말하지만, 무엇보다도 구원받은 사람들이, 유대인과 이방인이, 미국인과 아랍인이, 아프리카 사람들과 라틴 사람들이 예수 그리스도께 더 가까이 끌리면서 어떻게 서로에게 더 가까이 끌리느냐에 관한 것입니다.

6

하나님은 경건하지 않은 사람을 의롭다 하십니다: 로마서 4:1-8

토마스 슈라이너

Thomas R. Schreiner

위대한 침례교 설교자 찰스 스펄전(Charles Spurgeon, 1834-1892)은 이런 이야기를 들려줍니다. 어느 화가가 헙수룩하고 꾀죄죄한 길거리 청소부를 그리고 싶었습니다. 그런데 모델로 선택된 길거리 청소부는 말쑥하게 단장을 하고 나타났습니다. 자신이 지저분하게 입은 모습으로 그려지길 원치 않았기 때문입니다. 화가는 그를 돌려보냈습니다. 길거리 청소부를 있는 그대로 그리고 싶었기 때문입니다. 스펄전은 우리 가운데 많은 사람이 복음과 관련해 이 길거리 청소부와 같다고 지적합니다. 우리는 자신이 먼저 말쑥하게 차려입고서 하나님께 나오면 하나님께 받아들여질 수 있으리라 생각합니다. 우리는 자신의 모습 그대로 하나님께 나오면 구원을 받지 못하리라 생각합니다. 그러나 하나님은 우리를 초대하시면서 그저 있는 그대로 나오라고, 우리의 더러움을 인정하라고, 우리를 깨끗이 씻어 달라고 주님께 요청하라고 하십니다. 하나님은 경건하지 않은 사람을 의롭다 하시기 때문입니다. 하나님은 악한 사람들을 의롭다 하시기 때문입니다.

하나님은 깨끗하지 않은 사람을 의롭다 하시기 때문입니다. 이것이 오늘 본문, 제가 성경에서 좋아하는 구절의 주제입니다. 읽어 봅시다.

그런즉 육신으로 우리 조상인 아브라함이 무엇을 얻었다 하리요. 만일 아브라함이 행위로써 의롭다 하심을 받았으면 자랑할 것이 있으려니와 하나님 앞에서는 없느니라. 성경이 무엇을 말하느냐. 아브라함이 하나님을 믿으매 그것이 그에게 의로 여겨진 바 되었느니라. 일하는 자에게는 그 삯이 은혜로 여겨지지 아니하고 보수로 여겨지거니와 일을 아니할지라도 경건하지 아니한 자를 의롭다 하시는 이를 믿는 자에게는 그의 믿음을 의로 여기시나니 일한 것이 없이 하나님께 의로 여기심을 받는 사람의 복에 대하여 다윗이 말한 바 불법이 사함을 받고 죄가 가리어짐을 받는 사람들은 복이 있고 주께서 그 죄를 인정하지 아니하실 사람은 복이 있도다 함과 같으니라(롬 4:1-8).[1]

믿음으로 의롭다 하심을 얻음

바울은 로마서 3장에서 우리는 율법의 행위가 아니라 믿음으로 의롭다 하심을 얻었으며, 이는 우리를 구원하신 예수님의 죽음

---

1 사용된 성경은 달리 언급이 없는 경우 개역개정 4판이다(저자는 ESV를 사용했다).

을 우리가 믿으면, 하나님께서 재판장으로서 그분이 보시기에 우리가 의롭다고, 그분 앞에서 유죄가 아니라고 선언하신다는 뜻이라고 논증합니다. 이제 바울은 4장에서 아주 중요한 질문을 던집니다. 아브라함이 믿음으로 의롭다 하심을 얻었습니까? 어쨌든, 아브라함은 유대인의 조상이었습니다. 바울의 유대인 대적들은 아브라함을 내세워 행위로 의롭다 하심을 얻는다는 주장을 변호했을 게 거의 틀림없습니다. 사실, 신약성경이 완결된 후 기록된 유대 문헌들에 아브라함이 숱하게 등장합니다. 이 문헌들은 아브라함의 순종을 강조합니다. 어느 유대인 저자는 아브라함이 율법을 완벽하게 지켰다고 말합니다(희년서 23:10). 거듭거듭, 이러한 유대인 저자들은 아브라함이 이삭을 제물로 바치려 했던 사건이 그의 행위가 얼마나 놀라웠는지 보여 준다고 지적하며, 따라서 많은 유대인이 아브라함이 행위로 의롭다 하심을 얻었고 그가 한 행위를 토대로 하나님 앞에서 의로웠다고 믿는 것으로 보입니다. 그래서 바울은 아브라함의 경우를 살펴보자고 말합니다. 유대인의 조상 아브라함이 어떠했는지 봅시다.

2절입니다. "만일 아브라함이 행위로써 의롭다 하심을 받았으면 자랑할 것이 있으려니와…"

이것은 분명한 사실이지 않습니까? 아브라함이 하나님이 요구하시는 선한 행위들을 했다면, 하나님 앞에서 자신의 행위로 의롭다 하심을 얻었을 것입니다. 그러면 아브라함은 자신의 선한 행위가 자신을 구원했다고 자랑할 수 있었을 것입니다. 4절에서, 바울은 자신이 2절에서 무슨 말을 하고 있는지 우리가 이해할 수 있도록 예를 하나 듭니다. "일하는 자에게는 그 삯이 은혜(gift)로 여겨지지 아니하고 보수로 여겨지거니와." 바울은 고용된 사람의 상황을 고려하는 것으로 일상생활의 사례를 듭니다. 그리고 바울이 여기서 하는 말은 상식이나 일상생활과 맞춤합니다. 여러분이 누군가를 위해 일하고 그 사람이 여러분에게 급여를 지불한다면, 여러분의 급여는 은혜(gift)가 아니라 의무입니다. 여러분의 고용주는 여러분에게 그 돈을 빚진 것입니다. 여러분이 그를 위해 일했기 때문입니다.

사실, 고용주가 여러분에게 급여를 지불하지 않으면 고소를 당할 수도 있습니다. 적어도 여러분은 급여를 지불하지 않는 그에게 화를 낼 것입니다. 여러분은 자신이 한 일에 대해 보상을 받을 자격이 있기 때문입니다. 여러분은 고용주에게 자신을 고용해 줘서 고맙다고 말할는지 모르지만, 당연히 자신이 임금을 받을 자격이 있다고 생각합니다. 어쨌든, 여러분은 그것을 위해 일했으니까요.

저는 중학생 때부터 대학을 졸업할 때까지 11년간 여름마다 매주 40-60시간 일했습니다. 정말 열심히 일했고, 대학을 마칠 수 있을 만큼 돈을 벌었습니다. 그런데 무슨 일이 있었는지 아십니까? 제 급여에 대해 그 누구에게도 감사하지 않았습니다. 늘 제가 받을 자격이 있다고 생각했습니다. 이것이 바울이 여기서 말하는 것입니다. 아브라함이 자신의 행위로 구원을 받았다면, 자신이 한 행위를 자랑할 수 있었을 것입니다.

아브라함과 행위

그런데 바로 뒤에 가장 놀라운 소식이 등장합니다. 바울은 아브라함이 행위로 의롭다 하심을 얻지 않았다고 아주 분명하게 밝힙니다. 2절을 다시 읽어 봅시다. "만일 아브라함이 행위로써 의롭다 하심을 받았으면 자랑할 것이 있으려니와 하나님 앞에서는 없느니라." 바울이 이 구절 끝에서 하는 말에 주목하십시오. 아브라함은 하나님 앞에서 자랑할 수 없었습니다. 이제 핵심 질문이 있습니다. 왜 아브라함은 하나님 앞에서 자랑할 수 없었습니까?

답은 간단하고 분명합니다. 아브라함이 하나님 앞에서 자랑할 수 없었던 것은 요구되는 선한 행위를 하지 못했기 때문입니다. 아브라함은 하나님의 뜻을 행하지 못한 죄인이었습니다. 하나님은 자신에게 완벽하게 순종하는 사람만 의롭다 하시지만, 아브라함은 하나님이 요구하는 것을 행하지 못했습니다(갈 3:10). 우리 모두 하나님께 완벽하게 순종하지 못합니다. 그런데 이것이 구원의 기준입니다. 아브라함은 아내 사라에 관해 두 번이나 거짓말을 해서 모욕적인 상황에 처하게 했을 뿐 아니라 여종 하갈을 통해 아들을 얻는 잘못도 범했습니다.

3절은 어떻게 아브라함이 하나님 앞에서 의롭게 되었는지 설명합니다. "성경이 무엇을 말하느냐. 아브라함이 하나님을 믿으매 그것이 그에게 의로 여겨진 바 되었느니라." 바울은 창세기 15:6을 인용합니다. 우리는 이 구절의 문맥을 살펴볼 필요가 있습니다. 창세기 12장에서 하나님은 아브라함에게 땅과 후손과 복을 약속하셨습니다. 그러나 창세기 15장에 이르러서도 아브라함은 여전히 자녀가 없습니다. 하나님의 약속이 실현되지 않고 있었기 때문에, 아브라함은 낙담합니다. 아브라함은 하나님에게 이렇게 말합니다. "당신의 약속은 저의 종 엘리에셀이 제 상속자가 되는 게 아닌가 싶습니다." 하나님은 이렇게 대답하십니다. "아니다. 내 약속은 그게 아니다. 네 자신의 아들이 네 상속자가 될 것이다." 분명히, 맑고 아름다운 밤이었습니다. 하나님은 아브라함에게 이렇게 말씀하셨습니다. "나가서 하늘을 보며 별을 세어보아라." 분명히, 별이 너무 많아 셀 수가 없었습니다. 하나님이 아브라함에게 다시 말씀하셨습니다. "네 후손도 셀 수 없이 많아질 것이다." 아브라함은 이 약속을 받을 때 늙은이였고, 그래서 이렇게 말할 수도 있었습니다. "뭐라고요? 그건 불가능합니다. 저는 자녀가 하나도 없습니다. 그런데 어떻게 제 후손이 별처럼 셀 수 없이 많아질 수 있겠습니까?" 그러나 아브라함이 이렇게 말하는 대신에, 그의 마음에 기적이 일어났습니다. 아브라함은 하나님이 하신 말씀을 믿었습니다.

주목하십시오. 믿음은 그저 무엇인가를 믿는 게 아닙니다. 믿음은 하나님이 그분의 말씀, 곧 성경에서 계시하신 것을 신뢰합니다. 누군가 여러분에게 자신은 절대로 아프지 않을 거라 믿는다고 말할는지 모릅니다. 그러나 이것은 성경적 믿음이 아닙니다. 하나님은 절대로 이렇게 약속하지 않으시기 때문입니다. 믿음은 언제나 하나님의 약속과 연결됩니다.

여러분이 무슨 일을 겪든 붙잡아야 할 하나님의 약속이 있습니다. 성경을 읽을 때, 하나님의 약속들을 찾아 이것들을 믿도록 믿음을 달라고 기도하십시오. 가장 큰 약속들 중 하나는 하나님이 모든 상황에서 우리와 함께하고 우리에게 힘을 주시리라는 것입니다. 지금까지 살펴본 말씀의 핵심이 무엇입니까? 아브라함이 하나님 앞에서 의롭다 하심을 얻은 것은 그의 행위 때문이 아니라 그의 믿음 때문이었다는 것입니다. 하나님이 의로 여기신 것은 아브라함의 믿음이었습니다.

5절에서 바울은 자신의 말이 무슨 뜻인지 설명합니다. 이 것은 정말이지 성경에서 가장 놀라운 구절들 중 하나입니다. 비신자들에게 얘기할 때 "성경이 무엇이라 말하는지 아세요?"라고 묻고, 이 구절을 인용할 수도 있을 것입니다. 이 구절이 얼마나 충격적이고 직관을 거스르는지 생각해 보십시오. "일을 아니할지라도 경건하지 아니한 자를 의롭다 하시는 이를 믿는 자에게는 그의 믿음을 의로 여기시나니." 이 구절에 따르면, 누가 의롭다고 여겨집니까? 일을 하지 않는 사람입니다! 경건하지 못한 사람들입니다!

하나님 앞에 의로운 보통 사람에게 물어보면, 열심히 일하며 순종하는 사람이라고 답할 것입니다. 그러나 바울은 하나님 앞에서 의로운 사람은 일을 하지 않는 사람이라고 말합니다. 자신의 선한 행위로 하나님을 감동시키려 하지 않는 사람입니다. 하나님 앞에서 의로운 사람은 일하는 사람이 아니라 믿는 사람, 신뢰하는 사람입니다. 이들은 무엇을 신뢰합니까? 하나님이 예수 그리스도께서 십자가에서 하신 일을 통해 경건하지 않은 사람을 의롭다 하신다는 것을 신뢰합니다.

　바울이 여기서 무엇을 하고 있는지 아십니까? 바울은 아브라함을 경건하지 않은 자로 분류하고 있습니다.

　여호수아 24:2에 아브라함 이야기가 나옵니다. "옛적에 너희의 조상들 곧 아브라함의 아버지, 나홀의 아버지 데라가 강 저쪽에 거주하여 다른 신들을 섬겼으나." 구원받기 전, 아브라함은 우상숭배자였습니다. 아브라함은 하나님에게 상을 받은 선한 사람이 아니었습니다. 최근에 마이크 맥킨리(Mike McKinley) 목사님의 블로그에서 글을 하나 읽었습니다. 우리의 자기 의를 비신자들에게 미묘하게 전하는 것을 경고하는 내용이었습니다. 우리는 우리가 그리스도에 의해 구원받은 죄인이라는 것을 비신자들에게 알려 주고 싶어 합니다. 우리는 비신자들에게 우리가 따르는 규칙들을 전하고 싶어 하지 않습니다. 이를 테면, 우리는 텔레비전을 보지 않는다거나 공립학교에 가지 않는다거나 특정한 종류의 음악을 듣지 않는다거나 하는, 우리가 따르는 그런 규칙들 말입니다. 우리가 이런 것들을 따르기로 결정한 데는 괜찮은 이유들이 있을 것입니다. 그러나 이것들은 복음의 중심이 아니며, 우리가 세상에 전하는 메시지가 되어서도 안 됩니다. 예수님은 의인을 부르러 오신 것이 아니라 죄인을 불러 회개시키러 오셨습니다. 복음은 우리가 하나님의 은혜로 설 수 있도록 우리의 교만을 꺾습니다.

다윗과 용서

동일한 진리를 다윗의 삶에서도 볼 수 있습니다. 다윗도 경건하지 않은 사람으로 분류됩니다. "일한 것이 없이 하나님께 의로 여기심을 받는 사람의 복에 대하여 다윗이 말한 바 불법이 사함을 받고 죄가 가리어짐을 받는 사람들은 복이 있고 주께서 그 죄를 인정하지 아니하실 사람은 복이 있도다 함과 같으니라"(롬 4:6-8). 바울은 여기서 시편 32편을 인용합니다.

이 시편에서 다윗은 자신의 죄를 고백하는데, 특히 밧세바와 간음하고 우리아를 죽인 죄를 생각하는 게 분명합니다. 바울이 행위와 무관하게 의롭다 여김을 받는 복과 기쁨을 언급하면서, 어떻게 질문을 시작하는지에 주목하십시오.

다윗은 죄 용서에 초점을 맞춥니다. 우리의 불법(unlawful deeds, 범법 행위)이 용서받고, 따라서 더 이상 우리에게 맞서지 않는다는 것은 큰 기쁨이요 복입니다. 우리의 죄가 가리어졌습니다. 동에서 서가 먼 것 같이 우리의 죄가 우리에게서 멀리 제거되었습니다. 하나님이 더 이상 우리의 죄를 들어 우리에게 맞서지 않으십니다. 친구들과 원수들이 우리의 죄를, 우리를 용서했다고 말한 뒤에도 기억하고 다시 끄집어내 우리에게 맞설는지 모릅니다. 이런 일은 부부 사이에서도 일어날 수 있습니다. 그렇지 않습니까? 우리는 누군가를 용서한다고 말할 수 있습니다. 그런데 그 사람에게 화가 날 때, 우리가 용서했다고 말한 그 사람의 죄를 다시 끄집어냅니다. 그러나 하나님은 그러지 않으십니다. 미가서

7:9이 말하듯이, 하나님은 우리의 죄를 깊은 바다에 던지셨고, 더이상 기억하지 않으십니다. 우리는 자유롭습니다. 저는 코리 텐붐(Corrie Ten Boom, 1892-1983)이 이 구절에 관해 한 말을 좋아합니다. 하나님은 우리의 죄를 깊은 바다에 던지고 "낚시 금지!"라는 표지판을 세우셨습니다.

심판 날에 하나님은 우리에게 "너희의 죄가 무엇이냐?"라고 묻지 않으실 것입니다. 하나님은 이렇게 말씀하실 것입니다. "너희는 내 사랑하는 아들과 딸이다. 너희 주인의 즐거움에 참여하여라."

여러분은 지고 다니지 말아야 할 죄책을 지고 다니지 않습니까? 여러분의 죄책은 하나님의 아들 예수님에게 지워졌습니다. 여러분은 그 죄책으로부터 자유롭습니다. 이것은 매우 가난하게 자라는 것과 같습니다. 여러분은 자신이 얼마나 가난한지 귀가 따갑도록 듣습니다. 그래서 부자에게 열등감을 느낍니다. 여러분은 자신이 사는 집과 자신이 입는 옷과 자신이 타는 자동차가 영 마음에 안 듭니다. 그런데 여러분이 유산을 받게 되었습니다. 느닷없이 부자가 되었고, 그 부는 여러분에게 주어진 것입니다. 여러분이 노력해서 유산을 획득한 게 아닙니다. 여러분은 가난하게 태어났고 본래 가난했기 때문에, 자신이 부자라는 것을 잊기 쉽습니다. 죄인인 우리도 이와 같습니다. 우리는 본래 하나님 앞에서 가난하지만, 이제 우리 죄를 용서받았기 때문에 부자입니다. 이 부가 그리스도 안에서 우리의 것임을 잊기 쉽습니다. 우리가 이제 그분 앞에서 부자인데도 계속 가난하다고 생각

종교개혁의 관점

하기 쉽습니다. 우리는 그리스도를 통해 하나님의 사랑스런 자녀가 되었습니다.

믿음과 의

이제 본문과 관련하여 마지막 질문을 드리겠습니다. 바울은 믿음이 의로 여겨졌다고 하는데, 이게 무슨 뜻입니까?

바울의 말은 믿음이 우리의 의라는 뜻입니까? 믿음이 우리를 의롭게 하는 하나의 행위와 같습니까? 믿음 자체가 우리를 구원합니까? 이 모든 질문의 답은 '아니요'입니다.

믿음은 그 자체로 우리를 구원하지 못합니다. 로마서 3:21-26이 분명히 하듯이, 믿음이 우리를 구원하는 이유는 우리를 우리의 의이신 그리스도와 하나 되게 하기 때문입니다. 우리의 의는 그리스도와 하나됨에서 오며, 그래서 그리스도의 의가 우리에게 전가됩니다.

우리는 죄를 용서받을 뿐 아니라 우리를 대신한 그리스도의 완전한 순종—그분의 의로운 삶—도 받습니다. 믿음이 우리를 구원하는 이유는 우리를 그리스도와 연결하기 때문입니다. 믿음은 우리가 의롭다 하심을 얻는 근거가 아니라 도구 곧 수단입니다. 믿음은 전기 제품에 딸린 코드와 같습니다. 램프를 예로 들어 봅시다. 전력은 코드가 아니라 전기에서 옵니다. 코드를 콘센트에 꽂으면 전기와 연결되고, 전기가 코드를 타고 흐릅니다.

그 누구도 전력이 코드에서 나온다고 말하지 않을 것입니다. 전력이 코드를 통해 흐릅니다. 코드는 전기가 흐르는 도구입니다. 믿음은 전기와 연결된 코드와 같습니다. 믿음은 그리스도의 의가 우리에게 주어지는 도구입니다. 에베소서 2:8이 가르치듯이, 믿음도 우리에게 주어지는 것입니다. 믿음 자체가 하나님의 선물입니다.

그러므로 우리는 아무것도 자랑할 수 없습니다. 구원을 얻기 위해, 우리는 그리스도의 의를 전적으로 의지합니다. 우리는 벌거벗었으나, 옷을 얻기 위해 그분께 나왔습니다. 우리는 가난하지만, 부를 얻기 위해 그분께 나왔습니다. 우리는 비참하지만, 기쁨을 얻기 위해 그분께 나왔습니다. 우리는 경건하지 못하지만, 그리스도 안에서 의롭습니다. 주님을 찬양합시다!

7

믿음으로 의롭다 하심을 얻음으로써
일어나는 변화의 실제: 롬 5:1-5

칼 트루먼
Carl R. Trueman

교리가 어떤 변화를 일으킬까요? 숱한 그리스도인이 씨름하는 질문입니다. 까칠한 동료를 대하거나 우리 아이들의 나쁜 행동에 대처할 때, 언제 교리를 들이대야 할까요? 더 나아가, 내가 삶에서 가장 근본적이고 가장 캄캄한 현실을 마주할 때, 언젠가는 내게 닥칠 피할 수 없는 고난과 죽음을 마주할 때, 이 모든 기독교의 가르침은 내게 무슨 도움이 될까요?

이것은 분명히 그리스도인이 아닌 사람들도 피해갈 수 없는 문제입니다. 우리는, 죽음이 시야에서 얼쩡거리지 못하게 하려고 애쓰거나 영화나 텔레비전 쇼에서 죽음을 만화 같은 볼거리로 바꾸어 버려 죽음을 진지하게 대하지 못하게 하는 세상에 살고 있습니다. 그렇지만 고난과 죽음이 모두에게 닥친다는 것을 다들 마음 깊은 곳에서 압니다. 머잖아 삶의 궁극적 질문이 우리에게 대답을 요구할 것입니다.

바로 여기서 이신칭의 교리가 그리스도인의 일상생활과 오랜 희망에 절대적으로 중요합니다. 로마서의 이 단락(5:1-5)이 이를 분명히 밝힙니다. 이 교리는 추상적 개념이나 '법적 간주 (법적 허구)'가 아닙니다. 이 교리는 우리의 가장 깊은 내면을 다룹니다.

이 다섯 절에서 바울은 세 가지 핵심을 피력합니다. 첫째, 그리스도를 믿음으로 은혜로 의롭다 하심을 얻은 것이 우리 삶의 기초이다. 둘째, 그 결과는 현재의 평화와 미래의 소망이다. 셋째, 이 사실은 현재의 삶에서 날아드는 돌멩이와 화살에 대한 우리의 이해 방식과 대응 방식을 완전히 바꿔 놓으며, 우리의 고난이 우리에게 유익하게 바뀔 것이라는 목적을 부여한다.

기초: 그리스도 안에서 의롭다 하심을 얻었다

바울은 아브라함과 그가 족장으로서 받은 약속을 논했습니다. 그런데 초점을 여기서 옮겨, 방금 로마서 4:23-25에서 우리의 구원을 동일한 믿음의 원리에 연결합니다. 이제 바울은 이 모든 것의 결과를 제시합니다. 그리스도의 완전한 의를 입었기에, 신자는 직접 구원에 이르게 되었습니다. 주목하십시오. 동사가 과거형입니다. 이미 이루어졌습니다. 이미 성취되었습니다. 믿음으로, 이제 이것이 우리에게 적용됩니다. 이것은 희망사항이나 종교적 열망이 아닙니다. 우리가 노력해서 이루어야 하는 게 아닙니다. 단번에 영원히(once for all) 이루어진 것입니다. 우리는 이제 그리스도 안에서 의롭다 하심을 얻은 존재입니다. 절대로 더 의로워질 수 없습니다. 골로새서 2:11-14에서, 바울은 극적인 언어를 사용하여 이미 그리스도 안에서 무엇이 성취되었고 우리가 어떻게, 깊고 참된 의미로, 이미 그리스도 안에서 살아났는지 말합니다. 여기서도 마찬가지입니다. 그리스도께서 우리를 대신해 구원을 성취하셨고, 우리는 이제 그분이 우리를 대신해 이루신 강력하고 은혜로운 일의 수혜자입니다. 이것은 사실입니다.

이것 때문에 달라져야 하지 않겠습니까? 죄수가, 사면되었다는 말을 들으면, 달라져야 하지 않겠습니까? 암환자가, 완치되었다는 진단을 받으면, 달라져야 하지 않겠습니까? 파산자가, 모든 빚을 누군가 대신 청산했다는 확인을 받으면, 달라져야 하지 않겠습니까? 물론입니다. 달라져야 합니다. 그렇다면, 그리스도 안에서 용서받았다는 좋은 소식은 우리에게 얼마나 더 큰 영향을 미쳐야 하겠습니까? 해방이 성취되었고, 완전히 성취되었다는 말은 이 소식을 들을 수 있는 이에게는 더없이 자유하게 하는 소식입니다. 바울은 여기서 구원받는 방법을 기술하는 게 아닙니다. 하나님이 그리스도 안에서 하신 행위가 실재이며 최종적이라고 그는 말합니다.

결과: 평화와 소망

이 복된 소식의 결과는 여럿이지만, 바울은 특히 둘을 강조합니다.

첫째, 바울은 그리스도인이 하나님과 평화("화평")를 누린다고 말합니다. 성경에서 평화는 의미심장하고 중요한 개념입니다. 평화는 죄악에 빠진 인간과 하나님 사이에 존재하는 적대감을 제거하여 서로 깊은 신뢰의 교제를 누리는 것을 뜻입니다. 그리스도의 죽음으로 하나님의 진노가 제거되었고, 그래서 믿음으로 그리스도와 연합한 사람들은 자신을 구원하신 분의 의를 옷 입고 하나님 앞에 서 있습니다.

이것은 아름다운, 위로를 주는 사실입니다. 우리는 평생 하나님이 제시하신 의의 기준에 이르려 노력했으나 실패했으며, 우리 자신의 힘으로 해내려고 노력했으나 소용없었습니다. 이런 노력은 우리에게 큰 해를 안겼고, 궁극적으로 바리새인의 독선(자기 의)이나 절망으로 우리를 이끌었습니다. 어느 선택도 궁극적으로 우리에게 진정한 평화를 주지 못합니다. 바리새인의 독선은 우리 자신이 하나님의 심판대 앞에 설 수 있을 만큼 선하다는 망상에 기댑니다. 절망은 그 정의 그대로 정신적 혼란과 괴로움을 드러낼 뿐입니다.

그러나 그리스도께서 우리를 위해 모든 것을 이루셨고 우리가 약속을 신뢰함으로써 그 모두를 받아들였다면, 완전히 달라집니다! 우리는 이제 자유롭습니다. 우리 스스로 하나님을 달래려 애써야 한다는 짐을 벗었습니다. 우리는 우리를 향한 하나님의 사랑을 그리스도 안에서 봅니다. 루터를 인용하면, 우리는 "하나님의 사랑은 사랑의 대상을 찾는 게 아니라 창조한다"는 것을 알게 됩니다. 하나님이 우리를 사랑하시기 위해, 우리가 하나님에게 사랑스러워져야 할 필요는 없습니다. 우리가 하나님이 보시기에 사랑스러워지는 것은 하나님이 우리를 사랑하시고 우리를 구원하려고 그리스도 안에서 행동하셨기 때문입니다. 우리의 죄가 해결되었습니다. 평화가 정착되었습니다. 우리의 어깨를 짓눌렀던 무거운 근심의 짐이 제거되었습니다.

더 나아가 바울은 이제 우리에게 소망이 있으며 그 소망의 특징은 기뻐함이라고 말합니다. 다시 말해, 우리는 완성의 날이 다가옴을 알며, 그날을 고대하고, 수반될 하나님의 영광을 생각하며 기뻐합니다. 여기서 확실함의 중요성에 주목하십시오. 바울이 기뻐할 수 있는 것은 그리스도께서 우리를 대신해 완료하신 일 때문입니다. 그래서 바울은 결과를 털끝만치도 의심하지 않습니다. 바울이 이처럼 넘치는 확신으로 편지를 쓸 수 있는 이유는 단 하나, 의롭게 하는 그리스도의 일이 견고한 기초가 되기 때문입니다.

바울은 그리스도 안에 있는 약속을 붙잡기만 하면 이렇게 된다고 말합니다. 주 예수와 그분이 하신 일을 통해 우리는 하나님과 평화를 누립니다. 죄악에 빠진 인간과 하나님의 사이의 적대감이 제거되었습니다. 루터는 이것이 그리스도인의 자유를 떠받치는 기초라고 보았습니다. 따라서 우리 자신이 하나님께 받아들여질 수 있으려면 일을 해야 한다는 압박에서 벗어났기에, 우리는 자유롭습니다. 그러나 우리가 자유로운 것은 제멋대로인 우리의 망상을 채우려고 무엇이든 하기 위해서가 아니라 우리의 이웃을 향해 사랑과 인자를 실천하기 위해서입니다.

실제 변화: 고난 중에도 즐거워합니다

마지막으로, 바울은 우리가 그리스도를 통해 하나님과 평화를 누리면 우리의 현재 삶을 보는 시각이 완전히 달라진다고 말합니다. 그리스도 안에서, 우리는 하나님이 보시기에 의롭습니다. 그러므로 이 세상 그 무엇도 이것을 무너뜨릴 수 없습니다. 이것은 완전하며 종결된 것입니다. 이제 우리가 전혀 다르게 살 수 있다는 뜻입니다. 가장 극적이게도, 세상과 육체와 마귀가 우리에게 가할 수 있는 모든 환난이 우리에게 유익하게 작동하게 됩니다. 모든 고난이 그리스도 안에서 완전히 역전됩니다. 그리스도께서 십자가에서 죽음과 부활을 통해 생명에 이르는 수단으로 사용하셨듯이, 우리는 우리의 고난을 하나님이 우리를 소망으로 이끄시는 수단으로 볼 수 있습니다.

이것은 3-5절에서 분명해집니다. 여기서 바울은 고난이 우리 그리스도인의 성품을 어떻게 빚는지 설명합니다. 이는 고난이 우리에게 어떤 환경도 헤쳐 나갈 스토아적 극기의 능력을 준다는 뜻이 아닙니다. 오히려, 고난은 우리를 궁극적으로 소망, 곧 장차 일어날 큰일들을 역동적으로 내다보는 기대라는 덕목으로 이끕니다. 물론, 바울은 이것을 직접 깊이 경험했습니다. 그래서 고린도후서 4:16-18에서 자신이 지금 겪는 고난과 영원한 영광의 무게를 비교합니다. 우리가 이생에서 고난을 받을 때, 두 일이 일어납니다. 우리는 하나님의 은혜를 더 의식하며 의지하고, 새 하늘과 새 땅에 있는 우리의 최종 목적지를 점점 더 고대합니다.

종교개혁의 관점

모든 고난은 당장에는 고통스럽습니다. 그러나 그리스도 안에서 모든 고난이 역전되어 우리에게 유익해집니다.

그렇더라도, 이렇게 할 수 있는 힘은 단지 우리가 의롭다 하심을 얻었다는 사실을 생각하는 데서 오는 결과가 아닙니다. 실제로, 칭의 교리는 단순히 우리의 외부에 존재하는 객관적 사실에 관한 것이 아닙니다. 칭의 교리는 또한 성령께서 지금 우리 마음에 그리스도께서 우리를 위해 죽고 부활하셨다는 진리를 인치신다는 사실을 강조합니다. 성령께서 우리에게 힘을 주십니다. 우리가 의롭다 하심을 얻게 하기 위해서가 아니라 우리가 이미 의롭다 하심을 얻었기 때문입니다. 영적 능력, 진정한 영적 능력은 성령께서 친히 우리 안에 내주하심으로써 우리가 받는 것이며, 우리가 고난에 반응하는 게 그 특징입니다. 구원은 '법적 간주(법적 허구)'가 아닙니다. 구원은 강력한, 변화를 일으키는 실재입니다.

결론

그러므로 우리는 믿음으로 의롭다 하심을 얻음으로써 누리는 영광을 봅니다. 그것은 하나님과 함께 누리는 평화이며, 기쁨으로 바라는 미래에 대한 소망이며, 이생에서 당하는 고난을 대하는 완전히 달라진 자세입니다. 바울이, 그리고 나중에 루터가 기독교 복음 선포의 중심에, 그리고 그리스도인의 삶 전체의 중심에 이 교리가 있음을 보았다는 것은 놀랄 일이 아닙니다.

새
관
점

8

'이미'와 '아직'의 균형: 로마서 8:1-17

제임스 던
Scot McKnight

'이미/아직(already/not yet)'은 바울이 그리스도인의 삶을 논할 때 특히 로마서에서, 그중에서도 로마서의 중심에 자리한 몇 장에서, 뚜렷하게 나타나는 균형과 긴장을 요약하기 위해 오래 전부터 사용하고 있는 표현입니다.

이미

바울이 8장에 이르는 준비 단계에서 무엇이라고 말하는지 들어 보십시오.

> 죄에 대하여 죽은 우리가 어찌 그 가운데 더 살리요. 무릇 그리스도 예수와 합하여 세례를 받은 우리는 그의 죽으심과 합하여 세례를 받은 줄을 알지 못하느냐. 그러므로 우리가 그의 죽으심과 합하여 세례를 받음으로 그와 함께 장사되었나니 이는 아

버지의 영광으로 말미암아 그리스도를 죽은 자 가운데서 살리심과 같이 우리로 또한 새 생명 가운데서 행하게 하려 함이라 (6:2-4).[1]

그러므로 내 형제들아 너희도 그리스도의 몸으로 말미암아 율법에 대하여 죽임을 당하였으니 이는 다른 이 곧 죽은 자 가운데서 살아나신 이에게 가서 우리가 하나님을 위하여 열매를 맺게 하려 함이라. 우리가 육신에 있을 때에는 율법으로 말미암는 죄의 정욕이 우리 지체 중에 역사하여 우리로 사망을 위하여 열매를 맺게 하였더니 이제는 우리가 얽매였던 것에 대하여 죽었으므로 율법에서 벗어났으니 이러므로 우리가 영의 새로운 것으로 섬길 것이요 율법 조문의 묵은 것으로 아니할지니라 (7:4-6).

그리고 바울은 절정에 이릅니다.

그러므로 이제 그리스도 예수 안에 있는 자에게는 결코 정죄함이 없나니 이는 그리스도 예수 안에 있는 생명의 성령의 법이 죄와 사망의 법에서 너를 해방하였음이라(8:1-2).

죽음과 삶의 강력한 이미지에 주목하십시오. 이것은 그리

---

1 사용된 성경은 달리 언급이 없는 경우 개역개정 4판이다(저자는 NRSV를 사용했으며, 이따금 저자 개인의 번역을 사용했다).

스도의 죽음과 부활에 참여하는 회심의 이미지입니다. 바울은 회심을 해방으로 봅니다. 이것은 육신과 죄와 율법의 무서운 결합에서 벗어나는 해방입니다. "육신(flesh)"은 이기적 유혹에 거듭 굴복하는 인간의 연약함을, 몸과 마음의 허약함을 의미합니다. "죄"는 이기심의 힘을 의미합니다. "율법"은 하나님이 원하시는 것이 무엇인지 말하지만, 우리는 "육신으로 말미암아 연약하여" 육신의 욕망과 야망의 중력을 거스를 만큼 강하지 못합니다(8:3). 바울이 7장에서 표현했듯이, 죄의 능력이 율법을 오용해 율법이 경고했던 바로 그 욕망들을 불러일으켰습니다. 죄의 힘이 인간 "나"를 사로잡았습니다. 그래서 바울은 이렇게 부르짖지 않을 수 없었습니다. "오호라 나는 곤고한 사람이로다. 이 사망의 몸에서 누가 나를 건져내랴"(7:24). 바울의 즉각적 대답은 예수 그리스도와 그분의 영이었습니다. "율법이 육신으로 말미암아 연약하여 할 수 없는 그것을 하나님은 하시나니 곧 죄로 말미암아 자기 아들을 죄 있는 육신의 모양으로 보내어 육신에 죄를 정하사 육신을 따르지 않고 그 영을 따라 행하는 우리에게 율법의 요구가 이루어지게 하려 하심이니라"(8:3-4).

그래서 바울은 매우 분명하게 말합니다. 신자의 새 삶에 두 기초가 있다는 것입니다. 첫째는 하나님이 그리스도 안에서 하신 일입니다. 하나님은 죄를 그리스도께 지움으로써 사실상 죄를 해결하셨습니다. 이것은 속죄제물의 이미지입니다. 사람들의 죄를 염소에게 지우고 그 염소를 광야로 내보냅니다(레 16장). 따라서 그리스도의 죽음은 사람들의 죄를 짊어진 염소의 죽음에 상응합니다. 둘째 기초는 성령의 행위입니다. "이는 그리스도 예수 안에 있는 생명의 성령의 법이 죄와 사망의 법에서 너를 해방하였음이라"(8:2). 성령의 능력은 죄의 능력보다 강합니다. 이런 까닭에, 특히 이곳에서, 바울은 성령의 선물을 크게 강조합니다. 실제로, 바울은 그리스도인을 정확히 성령의 견지에서 정의합니다. 처음에는 부정어법으로 정의합니다. "누구든지 그리스도의 영이 없으면 그리스도의 사람이 아니라"(8:9). 뒤이어 긍정어법으로 정의합니다. "무릇 하나님의 영으로 인도함을 받는 사람은 곧 하나님의 아들이라"(8:14).

간단히 말해, 바울이 이해하는 그리스도인의 의미는 객관적 요소와 주관적 요소를 갖습니다. 객관적 요소는 하나님이 우리와 무관하게, 우리 밖에서(*extra nos*), 예수님의 사역과 죽음에서 우리를 위해 하신 일입니다. 주관적 요소는 하나님이 우리 안에서 하신 일, 곧 그리스도의 영을 우리에게 주신 것입니다. 둘은 상호의존적입니다. 8장에서 9장으로 넘어가는 전환에서 분명해지듯이, 성령의 선물이 그리스도께서 자신의 죽음과 부활에서 성취하신 일이 신자 개개인에게서 현실이 되게 합니다.

아직

바울이 로마에 보낸 편지의 중앙에 자리한 세 장(6-8장)은 특징이 하나 있습니다. 바울은 핵심을 먼저 제시한 후 그와 관련된 복잡한 것들을 설명합니다. 6장에서 바울은 먼저 신자들이 "죄에 대해 죽었다"고 단언합니다. 신자들이 세례를 받아 그리스도의 죽음에 참여했기(baptized into Christ death) 때문입니다. 그러나 바울은 뒤이어 독자들에게 죄의 능력과 육신의 연약함에 저항하라고 촉구합니다. 이와 비슷하게, 7장에서 바울은 먼저 신자가 자기중심적인 옛 본성이 죽었다면 더는 율법 아래 있지 않다고 말합니다. 뒤이어 율법이 스스로 경고하는 욕망을 오히려 불러일으키는 문제를 다룹니다. 그래서 이곳 8장에서 바울은 신자를 위해, 신자 안에서 이미 성취된 일을 강조합니다. 뒤이어 신자들이 여전히 육신 가운데 있고, 육신에 속해 있는 현실을 다룹니다. 죄와 죽음은 무서운 동맹이기 때문에, 죽음이 '아직'(not-yetness of death, 아직 오지 않음)이라 함은 죄가 아직도 매력을 발휘하고 있다는 뜻입니다.

현실은 신자가 육신을 벗어나지 못했다는 것입니다. 지금 여기서 죄 없는 완전함에 이를 가능성은 없습니다. 여전히 육신을 따라 행할 가능성이 얼마든지 있습니다. 회심은 육신과 성령의 긴장이 해소되었다는 뜻이 아닙니다. 오히려, 이 긴장이 강화되었습니다. 성령을 선물로 받았다고 해서 육신과 성령 사이의 도덕적 대립이 끝난 게 아닙니다. 이 대립이 날카로워집니다. 바울은 독자들이 처한 현실을 숨기지 않습니다. "그러므로 형제들아 우리가 빚진 자로되 육신에게 져서 육신대로 살 것이 아니니라. 너희가 육신대로 살면 반드시 죽을 것이로되"(8:12-13).

바울이 이 말을 그리스도인에게 하고 있다는 사실을 놓치지 마십시오!

현실은 신자들이 여전히 몸 안에 있고, 따라서 여전히 죽음 아래 있다는 것입니다. 7:24-8:2에도 불구하고, 바울이 하는 말은 분명합니다. (1) 비록 "그리스도께서 너희 안에 계시고" "영은…살아 있는 것"이더라도, 그럼에도 불구하고 "몸은 죄로 말미암아 죽은 것"입니다(8:10). (2) 새 생명은 몸이 부활한 후에야 완전해질 것입니다(8:13). 훨씬 분명한 말씀이 고린도후서 4:16과 5:1에 나옵니다. "우리의 겉사람은 낡아지나 우리의 속사람은 날로 새로워지는도다.…만일 땅에 있는 우리의 장막 집이 무너지면 하나님께서 지으신 집 곧 손으로 지은 것이 아니요 하늘에 있는 영원한 집이 우리에게 있는 줄 아느니라."

여기서 바울의 핵심은 구원을 과거 사건으로("구원 받으셨습니까?") 보지 않고 하나의 과정으로, 장차 완성에 이를 과정으로 보는 것입니다. 예를 들어 보겠습니다. "그러면 이제 우리가 그의 피로 말미암아 의롭다 하심을 받았으니 더욱 그로 말미암아 진노하심에서 구원을 받을 것이니 곧 우리가 원수되었을 때에 그의 아들의 죽으심으로 말미암아 하나님과 화목하게 되었은즉 화목하게 된 자로서는 더욱 그의 살아나심으로 말미암아 구원을 받을 것이니라"(롬 5:9-10). "십자가의 도가 멸망하는 자들에게는 미련한 것이요 구원을 받는 우리에게는 하나님의 능력이라"(고전 1:18). 데살로니가전서 5:8에서, 주목할 만하게도, 하나님의 전신 갑주에 "믿음과 사랑의 호심경"뿐 아니라 "구원의 소망의 투구"도 포함됩니다.

바울은 구원의 과정이 몸의 부활에서 절정에 이른다고 분명하게 말합니다. 로마서 8:11을 보십시오. "예수를 죽은 자 가운데서 살리신 이의 영이 너희 안에 거하시면 그리스도 예수를 죽은 자 가운데서 살리신 이가 너희 안에 거하시는 그의 영으로 말미암아 너희 죽을 몸도 살리시리라."

그러므로 "구원받았습니까?"라는 질문에 바울이 어떻게 답할지 우리는 압니다. 그는 "예"나 "아니요"가 아니라 "아직(not yet)"이라고 답할 것입니다.

결과

'이미/아직'의 복음이 낳은 결과는 중대합니다.

1. 특권들이 눈에 뜁니다. 첫째 특권은 "그리스도 안에"라는 표현에 나타납니다. 8장 첫 부분을 다시 보겠습니다. "그러므로 이제 그리스도 예수 안에 있는 자에게는 결코 정죄함이 없나니 이는 그리스도 예수 안에 있는 생명의 성령의 법이 죄와 사망의 법에서 너를 해방하였음이라"(8:1-2). 그러나 바울이 "그리스도 안에(in Christ)"라는 표현을 이것과 평행을 이루는 "너희 안에 계신 그리스도"(Christ in you, 개역개정은 "그리스도께서 너희 안에")라는 표현과 조화시키는 방식을 놓치지 마십시오. "누구든지 그리스도의 영이 없으면 그리스도의 사람이 아니라. 또 그리스도께서 너희 안에(Christ in you) 계시면 몸은 죄로 말미암아 죽은 것이

나 영은 의로 말미암아 살아 있는 것이니라"(8:9-10). 그리스도인은 "그리스도 안에 있는 사람(in-Christ-ians)"이거나 "그리스도께서 그 안에 계신 사람(Christ-in-ans)"입니다. 이것은 동전의 양면입니다.

성령의 선물은 같은 것을 표현하는 또 다른 방식입니다. "너희는 다시 무서워하는 종의 영을 받지 아니하고 양자의 영을 받았으므로"(8:15). 둘의 대비에 주목해 주십시오. 종의 영이 아닙니다. 마치 그리스도인의 삶이 지속되는 일련의 규범 지키기 등인 것처럼 말입니다. 성령의 인도를 받는다는 것은 두려움에 지배당하는 게 아닙니다. 오히려 이것은 하나님을 사랑의 아버지로 경험하는 것입니다. 어린아이처럼 신뢰하는 마음으로 성령을 경험하는 것입니다. "우리가 아빠 아버지라고 부르짖느니라. 성령이 친히 우리의 영과 더불어 우리가 하나님의 자녀인 것을 증언하시나니"(8:15-16). 뒤이어 가장 놀라운 특권이 나옵니다. "자녀이면 또한 상속자 곧 하나님의 상속자요"—거의 믿을 수 없게도—"그리스도와 함께 한 상속자니"(8:17).

바울이 여기서 표현하는 강한 확신을 놓치지 말아야 합니다. 신자는 자신이 단지 하나님의 자녀, 하나님의 상속자라고 주장할 수 있는 게 아니라 그리스도와 함께 공동 상속자라고 주장할 수 있습니다. 이런 구절 때문에, 그리스도인의 제자도를 단순히 믿기로, 일종의 지적 동의로 축소하는 게 불가능합니다. 물론 믿음은 이것을 포함합니다. 그러나 바울은 초기 그리스도인의 제자도에는 감정이라는 강력한 요소가 있었음을 분명히 합니다.

이것이 바로 존 웨슬리(John Wesley, 1703-1791)가 일반적으로 그의 "알더스게이트 체험"이라 불리는 것을 했을 때 새롭게 재발견한 것입니다. 그는 그때 체험을 이렇게 일기에 기록했습니다.

저녁에, 알더스게이트 거리에서 열리는 어느 모임에 마지못해 참석했다. 그 모임에서, 어떤 사람이 루터의 로마서 주석 서문을 읽고 있었다. 8시 45분 쯤, 그가 하나님이 그리스도를 믿는 믿음을 통해 마음속에 일으키시는 변화를 묘사하고 있을 때, 이상하게도 마음이 뜨거워졌다. 내가 구원받기 위해 그리스도를, 오직 그리스도만 신뢰한다고 느꼈고, 하나님이 내 모든 죄를, 심지어 내 죄까지도 처리해 주셨고, 죄와 사망의 법에서 나를 구원하여 주셨다는 확신을 얻었다. (1738년 5월 14일)

2. 바울은 특권이 책임을 수반한다는 것도 분명히 합니다. 이 책임은 "영을 따라 행하라(walk according to the Spirit)"는 권면으로 요약됩니다. 어떻게 '율법의 요구'가 이루어집니까? 육신을 따라 삶으로써 이루어는 게 아닌 것은 분명합니다. 오히려 "영을 따라" 행함으로써 이루어집니다(8:4). 그리스도 안에 있는 사람은 영(성령)을 따라 행해야 할 책임이 있습니다. 이것도 그리스도인에 대한 바울의 정의에 필수입니다. "무릇 하나님의 영으로 인도함을 받는 사람은 곧 하나님의 아들(children, 자녀)이라"(8:14). 바울이 그리스도인을 이렇게 정의하는 것은 흥미로우면서도 중요합니다. 단지 영(Spirit)이 있는 사람이 아니라(8:9) 또한 영으로

인도함을 받는 사람, 곧 의미가 깊으면서도 그리스도인의 삶을 일차적으로 믿음의 견지에서 생각하거나 실행된 의식의 견지에서 생각하는 사람을 불안하게 하는 결론입니다.

로마서 8:4-8은 바울이 그려 내는 대비에 관해 똑같이 중요한 목록을 담고 있습니다. "육신을 따라" 사는 것은 "육신의 일을" 생각하는 것입니다. 그리고 "육신의 생각은 사망"입니다. 그 이유는 이것입니다. "육신의 생각은 하나님과 원수가 되나니 이는 하나님의 법에 굴복하지 아니할 뿐 아니라 할 수도 없음이라." 우리는 이러한 마음가짐의 예를 비즈니스, 대인관계, 일상의 정치에서 쉽게 마주합니다. 대조적으로 "영을 따르는 사람은 영의 일을 생각"합니다. "영의 생각은 생명과 평안"입니다.

바울은 나중에 분명히 합니다. 영을 따라 사는 이런 삶에 영적 분별력이 필수라는 것입니다. "너희는 이 세대를 본받지 말고 오직 마음을 새롭게 함으로 변화를 받아 하나님의 선하시고 기뻐하시고 온전하신 뜻이 무엇인지 분별하도록 하라"(12:2). 바울은 나중에 빌립보서에서 같은 생각을 기도로 표현합니다. "내가 기도하노라. 너희 사랑을 지식과 모든 총명으로 점점 더 풍성하게 하사 너희로 지극히 선한 것을 분별하며 또 진실하여 허물 없이 그리스도의 날까지 이르고"(빌 1:9-10).

로마서 8장에서 바울은 자기중심적 욕망들을 채우려는 삶과 성령의 능력으로 사는 삶의 대비를 요약합니다. "너희가 육신대로 살면 반드시 죽을 것이로되 영으로써 몸의 행실을 죽이면 살리니"(8:13). 대비는 뚜렷합니다. 책임은 분명합니다. 하나님이 주시는 능력이 분명하듯이 말입니다. 하나님의 영을 따라 살며, 성령이 주시는 힘으로 살아야 합니다.

3. 마지막으로, 바울 신학의 이 핵심 단락은 그리스도인의 삶을 그리스도의 부활 생명뿐 아니라 그분의 죽음에 참여하는 과정으로 봅니다. 바울은 로마서 8:17에서 이렇게 말합니다. "자녀이면 또한 상속자 곧 하나님의 상속자요 그리스도와 함께 한 상속자니 우리가 그와 함께 영광을 받기 위하여 고난도 함께 받아야 할 것이니라." "~이면"(if, 그리스어로는 '에이페르')에 주목하십시오. 바울은 동일한 주제에 관해 빌립보서 3:10-11에서 가장 분명하게 말합니다. "내가 그리스도와 그 부활의 권능과 그 고난에 참여함을 알고자 하여 그의 죽으심을 본받아 어떻게 해서든지 죽은 자 가운데서 부활에 이르려 하노니."

바울이 그리스도를 더 잘 알려는 자신의 소망을 제시하는 순서가 아주 놀랍습니다. 우리는 당연히 바울이 그리스도에 참여하는 자신의 경험을 제시할 때 예수님 자신의 사역에서 절정에 이르는 순서를 따라, 먼저 그리스도의 고난에 참여하고 그분의 죽음에서 그분처럼 되며 그 후에 그분의 부활 능력을 체험하는 데서 절정에 이르는 순서로 제시하리라고 예상할지 모릅니다. 그런데 그게 아닙니다! 그리스도의 부활 능력을 체험하는 것이 그리스도의 고난에 참여하는 목적(end)이 아닙니다. 그리스도를 아는 데서 비롯되는 새로운 삶은, 그분의 부활 능력을 체험하는 것은 이 과정의 끝(end)이 아닙니다. 이것은 구원 과정의 시작입니다. 그리스도의 고난에 참여하는 것은 제자의 삶을 이루는 한 부분입니다. 옛 본성이, 자기중심적 "내"가 실제로 그리스도처럼 되려면, 그리스도의 죽음에서 그분처럼 되어야만 합니다. 시작은 시작일 뿐입니다. 시작의 결과로 초래되는 과정, 곧 그리스도처럼 되어 감이 이 과정이 실제로 시작되었다는 것을 증명합니다.

결론

바울 복음을 제대로 이해하려면, '이미/아직'의 긴장으로 특징되는 바울 복음의 양면을 아는 게 중요합니다. 그리스도의 죽음과 부활은 이야기의 끝이 아니라 구원 과정의 시작이며, 이 과정은 그분의 재림에서 절정에 이릅니다. 그러므로 개개인의 구원과정에도 이와 비슷한 '이미/아직'의 긴장이, 그리스도께서 이미 행하신 일과 앞으로 행하실 일 사이의 긴장이, 그리스도께서 신자의 삶에서 시작하신 일과 앞으로 행하실 일 사이의 긴장이 있습니다.

　이 긴장은 때로 낙담을 일으킬 수 있습니다. 이런저런 실패가 아직 이루어지지 않은 게 얼마나 많은지 아주 잘 나타낼 수 있습니다. 그러므로 둘 다, 즉 '이미'와 '아직' 모두가 유지되는 게 중요합니다. 낙담한 사람에게 강조해야 할 것은 '이미' 그리스도께서 십자가와 이들의 삶에서 행하신 일입니다. 이유 없이 자신만만한 사람에게 강조해야 할 것은 '아직'입니다. 균형 잡기가 성숙한 그리스도인의 삶의 비결입니다.

이것이 모든 것을 바꿉니다: 로마서 5:12-21

타라 베스 리치
Tara Beth Leach

죄와 죽음의 신호와 징후는 어디에나 있습니다. 죄와 죽음이 우리의 소셜미디어를 파고듭니다. 총기 사건들이 우리의 도시와 지역사회를 괴롭힙니다. 중동에서 자행되는 폭탄 테러로 가족들이 찢어지고 어리고 어린 생명들이 희생됩니다. 상처 입은 목회자가 회중에게 산 채로 먹히는 것 같습니다. 가난이 대물림되고, 가난의 굴레를 벗어날 길이 도무지 보이지 않습니다. 어떤 나라에서는 어린이들이 영양실조로 배가 부풀어 오릅니다. 권력자들이 가장 힘없는 사람들을 해치거나 착취합니다. 여성들이 성노예로 전락하고 벗어날 길이 보이지 않습니다. '완벽한' 결혼생활이 눈 깜짝할 사이에 박살납니다. 깊은 우정도 사소한 일 때문에 깨집니다. 암으로 너무 일찍 세상을 떠납니다. 이런 신호들이 사방에 늘렸습니다. 세상이 죄, 고통, 죽음, 상함에 사로잡혀 있는 것 같습니다.

태초에 하나님의 샬롬이 온 창조세계를 덮었습니다. 하나님의 형상을 지닌 존재로서, 아담과 하와는 하나님과, 서로와, 자신과, 창조세계와 완벽한 조화를 이루며 살았습니다.[1] 그러나 하나님의 형상을 가진 그들이 계획에서 엇나갔고, 곧바로 세상이 어려움에 빠졌습니다. 결과는 비극이었습니다. 세상이 이제 심각하게 뒤죽박죽이 되었습니다. 겉보기에도 인류는 죄와 고통과 죽음과 상함에 짓눌려 있습니다. 그뿐 아니라, 우리는 하나님의 형상을 지닌 존재로서 본래의 정체성에서 끊임없이 멀어지고 있습니다. 우리는 하나님을 반영하고 본받도록 창조되었지만, 이 영광스런 계획에서 멀어졌습니다.

어렵고 혼란스러울 때, 사람들은 다양하게 반응합니다. (1) 어떤 사람들은 절망합니다. 그래서 때로 희망의 끈을 놓아 버립니다. (2) 어떤 사람들은 스스로 해결할 수 있다는 태도를 취합니다. 이를 테면, 우리는 자립하고 스스로를 구원하는 세상에 살고 있습니다. 그래서 우상숭배와 소비지상주의를 통해 희망의 신호를 스스로 만들어 내려고 열심히 노력합니다. (3) 어떤 사람들은 무관심합니다. 우리 집 뒷마당에서 일어나는 일이 아니라면, 우리에게 직접 영향을 미치는 일이 아니면, 쉽사리 못 본 체합니다. 절망이나 자립이나 무관심이 최선의 반응이 아니라면, 무엇이 최선의 반응입니까? 희망이라는 게 있기는 합니까?

---

1 Scot McKnight, *A Community Called Atonement, Living Theology* (Nashville: Abingdon, 2007), 21.

땅을 뒤흔드는 희망의 말

로마서 5:12-21에서 사도 바울은 병든 세상의 근원으로 돌아가 땅을 뒤흔드는 희망의 말을 합니다.

그러므로 한 사람으로 말미암아 죄가 세상에 들어오고 죄로 말미암아 사망이 들어왔나니 이와 같이 모든 사람이 죄를 지었으므로 사망이 모든 사람에게 이르렀느니라.

죄가 율법 있기 전에도 세상에 있었으나 율법이 없었을 때에는 죄를 죄로 여기지 아니하였느니라. 그러나 아담으로부터 모세까지 아담의 범죄와 같은 죄를 짓지 아니한 자들까지도 사망이 왕 노릇 하였나니 아담은 오실 자의 모형이라.

그러나 이 은사는 그 범죄와 같지 아니하니 곧 한 사람의 범죄를 인하여 많은 사람이 죽었은즉 더욱 하나님의 은혜와 또한 한 사람 예수 그리스도의 은혜로 말미암은 선물은 많은 사람에게 넘쳤느니라. 또 이 선물은 범죄한 한 사람으로 말미암은 것과 같지 아니하니 심판은 한 사람으로 말미암아 정죄에 이르렀으나 은사는 많은 범죄로 말미암아 의롭다 하심에 이름이니라. 한 사람의 범죄로 말미암아 사망이 그 한 사람을 통하여 왕 노릇 하였은즉 더욱 은혜와 의의 선물을 넘치게 받는 자들은 한 분 예수 그리스도를 통하여 생명 안에서 왕 노릇 하리로다.

그런즉 한 범죄로 많은 사람이 정죄에 이른 것 같이 한 의로운 행위로 말미암아 많은 사람이 의롭다 하심을 받아 생명에 이르렀느니라. 한 사람이 순종하지 아니함으로 많은 사람이 죄인 된 것 같이 한 사람이 순종하심으로 많은 사람이 의인이 되리라.

율법이 들어온 것은 범죄를 더하게 하려 함이라. 그러나 죄가 더한 곳에 은혜가 더욱 넘쳤나니 이는 죄가 사망 안에서 왕노릇 한 것 같이 은혜도 또한 의로 말미암아 왕 노릇하여 우리주 예수 그리스도로 말미암아 영생에 이르게 하려 함이라.

상함의 근원으로 돌아간 후, 바울은 창조주 하나님이 세상을 회복하고 죄와 죽음과 상함의 문제를 해결하기 위해 일해 오신 방법을 개략적으로 제시합니다. 바울은 로마서 앞장들에서, 특히 로마서 1:18-32에서 개략적으로 제시했듯이, 인류 전체가 죄에 사로잡혀 있다고 지적합니다. 그러나 이제 바울은 죄와 악의 문제를 다루면서 문제의 뿌리를 파고듭니다. 태초에 하나됨, 신뢰, 상호관계, 여림, 두려움 없는 완전한 사랑, 그리고 샬롬이 있었습니다. 그러나 인간이 자신의 창조주 하나님께 반역했고, 상황이 비극으로 바뀌었습니다. 죄와 악이 일으키는 부패가 거의 곧바로 나타났습니다. 인류는 하나님의 역할을 찬탈하고 서로에게 등을 돌리려 하면서, 죽음과 고통, 분열, 불화, 폭력, 눈물, 지배, 억압을 경험했습니다.

그러나 하나님의 이야기가 펼쳐지면서, 하나님은 거듭 은혜를 베풀고 구속 계획을 실행에 옮기십니다. 하나님은 창조주 하나님일 뿐 아니라 언약의 하나님이십니다. 하나님은 큰 민족을, 거룩한 나라를, 이방을 비추는 빛을 만들겠다고 약속하십니다. 이스라엘을 이집트의 속박에서 구해 내시는 장면에서, 하나님의 구원 능력이 생생하게 나타납니다. 구원하시는 하나님의 은혜에 반응해, 하나님의 백성은 율법을 선물로 받습니다. 이들이 선하고 아름다운 율법의 경계 안에 산다면, 세상이 거룩한 나라를 보면서 하나님이 어떤 분이신지 볼 수 있을 터였습니다. 그러나 바울이 말하듯이, 율법은 인류의 죄와 상함의 문제를 키울 뿐이었습니다.

그러나 하나님은 결코 당신의 신실하심을 서두르지 않으셨습니다. 하나님의 이야기가 전개되면서, 하나님은 그리스도 안에서 당신의 신실하심이 절정에 이를 때까지 당신의 약속들에 깊이와 너비를 줄곧 더하십니다. 변두리에서 사망진단서를 손에 들고 태어나신 하나님이신 왕(divine King)께서 우리에게 절망하지 말아야 할 이유를 주십니다. 복음이 세상을 침노하고 있다는 것입니다.

뒤집어졌습니다

아담에게서 일어난 죄와 악의 재앙이 왕이신 예수님의 신실하심으로 뒤집어졌습니다. 당신의 신실하심으로, 예수님은 아담이 살지 못한 삶을 사셨고, 이스라엘이 살아야 했으나 살지 못했던 삶을 사셨으며, 완벽한 사랑과 평화의 법을 완결하고 성취하셨으며, 완전한 하나님의 형상을 체현하셨고, 문화를 거스르는 하나님 나라의 방식들을 가르치고 살아내셨습니다. 어느 컴컴한 날에 무시무시한 사형집행장이 그의 손과 발에 박혔고, 죄와 악과 수치와 썩음의 권세들이 이 왕에게 달려들었습니다. 왕이신 예수님에게서 하나님 백성의 불순종이 반전되었고 이스라엘의 재앙이 뒤집어졌습니다. 지금껏 우리의 마음과 생각을 장악했던 권세들이 하나님의 은혜를 통해 힘을 잃었습니다. 우리를 좀먹는 죄와 썩음과 죽음의 세력이 뒤집어졌습니다.

이것이 모든 것을 바꿉니다

하나님이 주시는 이 선물이 이제 갑자기 나타나 온 창조세계를 회복시키고 있으며, 지금도 회복력으로 우리를 씻기고 있습니다. 이 은혜는 가장 부패한 마음과 망가진 제도까지 스며들며, 이것을 받아들이는 모두를 변화시키는 능력이 있습니다. 정말 그렇습니다. 우리의 뉴스 피드를 열어 보고 집 밖으로 나가서 확인한 세상은 아담에게 찾아왔던 죽음을 고스란히 드러내고 있습니다. 그러나 이렇다고 우리가 절망해야 한다는 뜻이 아닙니다. 예수님의 삶과 성경의 성취, 죽음과 부활과 승천, 성령의 선물, 교회의 탄생이 있기에, 생명이 우리의 세상으로 뚫고 들어옵니다. 그래서 또한 생명이 그리스도 안에 있는 하나님 백성의 특징이 되어야 합니다. 바로 이것이 오늘 함께한 우리에게 좋은 소식입니다. 그리스도께서 죽음의 철저한 대안을 제시하시듯이, 하나님의 백성은 다가올 세상을 특징짓는 철저한 대안을 세상에 제시해야 합니다.

아담과 연대하겠습니까, 아니면 예수님과 연대하겠습니까?

그렇다면 우리는 누구의 또는 어떤 특징을 담아내야 합니까? 우리는 아담과 연대해 살 것입니까, 아니면 예수님과 연대해 살 것입니까?[2] 잘 모르겠다면, 이 둘을 설명해 드리겠습니다.

> 아담과의 연대: 나의 이익을 위해 다른 사람들을 희생시키려 합니다.
> 예수님과의 연대: 다른 사람을 위해 자신을 희생하려 합니다.

> 아담과의 연대: 가난하고 약한 사람들을 해치는 구조 악에 눈을 감으려 합니다.
> 예수님과의 연대: 성령의 능력을 통해 이 세상의 구조 악을 뒤엎으려 합니다.

---

2 "아담과의 연대(Adam solidarity)"와 "예수님과의 연대(Jesus solidarity)"는 제임스 던(James Dunn)이 자신의 로마서 주석에서 사용한 용어다. James D. G. Dunn, *Romans*, 2 vols., Word Biblical Commentary, 38a and 38b (Grand Rapids: Zondervan, 2015), 288-399. 《WBC 38상, 로마서 1-8》, 김철, 채천석 옮김(솔로몬, 2003).

아담과의 연대: 단지 하나님에 관해 말하려 합니다.
예수님과의 연대: 하나님께 말씀드리려 합니다.

아담과의 연대: 무엇보다 나의 욕망을 채우려 합니다.
예수님과의 연대: 다른 사람들의 필요를 채우려 합니다.

아담과의 연대: 명성과 명예와 권력을 추구함으로써 하나님의
역할을 찬탈하려 합니다.
예수님과의 연대: 예수님의 통치와 다스림에 복종하고, 문화를
철저히 거스르는 그분의 나라가 이 세상에 세워지는 것을 보려
합니다.

아담과의 연대: 끝없이 소비하려 합니다. 더 크고, 더 좋고, 더
많고, 더 반짝이는 것을 가지려 합니다.
예수님과의 연대: 희생하려 합니다.

아담과의 연대: 나누려 하고 장벽을 세우려 합니다.
예수님과의 연대: 분열이 있는 곳에 일치를, 장벽이 있는 곳에
화해를 가져오는 다리를 놓으려 합니다.

아담과의 연대: 편리할 때만 사랑하려 합니다.
예수님과의 연대: 상처를 받을 때도 사랑하려 합니다.

아담과의 연대: 원한을 품으려 합니다.
예수님과의 연대: 은혜를 베풀고 용서하려 합니다.

아담과의 연대: 비관과 절망에 빠지려 합니다.
예수님과의 연대: 희망을 가지려 합니다.

아담과의 연대: 다른 사람들을 깎아내리려 합니다.
예수님과의 연대: 다른 사람들을 세워 주고, 삶을 변화시키는
예수님의 능력을 선포하려 합니다.

사랑하는 여러분, 하나님의 은혜가 죄와 부패와 썩음의 나라에 들어와 사로잡혀 있는 우리를 해방합니다. 그러나 이 은혜는 단지 우리를 해방하고 마는 게 아닙니다. 생명과 사랑과 은혜의 길을 살아내도록, 이 은혜가 우리를 몰아가며 재우칩니다. 이렇게 함으로써, 우리는 세상에 매우 철저한 대안을 제시하고 있습니다. 우리는 더 이상 죄와 죽음의 길을 갈 필요가 없습니다! 그리스도 안에 있는 사람은 누구나 옛 연대를 버렸으며 새 연대에 속해 있습니다. 그러므로 우리는 오늘 예수님의 십자가 희생의 삶을 체현합니다. 여러분은 어느 연대에 속합니까?

'예'로 시작하고 계속합니다

업스테이트 뉴욕, 1월 어느 아침이었습니다. 그날은 이상하리만큼 따뜻했습니다. 남자친구가 제게 물었습니다. 자신과 함께 오웨고 시내가 그림처럼 건너다보이는 해변 벤치에 앉아 핫초코를 마시고 일몰을 보며 데이트를 하지 않겠냐는 것이었습니다. 우리는 해변에 앉아 테이크아웃 머그잔으로 핫초코를 홀짝이고 서로의 존재를 즐기며 기억에 남을 시간을 보냈습니다. 해가 수평선에서 막 사라지려할 때, 남자친구 제프가 제게 카드를 건넸습니다. 저는 카드를 열어 그가 우리의 관계를 생각하며 적은 글을 읽었습니다. 카드 말미에 제프는 이렇게 썼습니다. "그래서 당신에게 하나만 묻고 싶어요…." 내가 올려다보자, 제프는 한 쪽 무릎을 꿇은 채 한 손에 반지를 들고 있었습니다. "타라 베스, 나랑 결혼해 줄래요?" "예, 예, 예!" 저는 외쳤습니다.

이상하게 따뜻했던 1월 어느 날 해질 무렵 내 입에서 나왔던 그 열정적인 '예'가 남은 내 인생의 궤적을 결정했습니다. 삶을 바꿔 놓는 '예'였습니다. 그 '예'는 너무나 강렬해서 저와 제프 사이에 끼어들 그 무엇에도 '아니요'가 되었습니다. 하나님은 여러분의 '예'를 원하십니다. 하나님은 여러분의 삶을 바꿀, 여러분의 삶이 변화시킬 '예'를 원하십니다. 이 '예'가 여러분의 남은 삶의 궤적을 결정할 것입니다. 이 '예'는 너무나 강해서 옛 연대에 '아니요'가 될 것입니다.

하나님의 은혜가 지금 우리가 있는 바로 이곳에서 우리를 만나는 것은 하나님의 웅대한 '예' 때문입니다. 우리는 그분의 '예'를 벌 필요가 없으며, 그분의 '예'를 받기 위해 먼저 변화될 필요도 없습니다. 초대는 간단하고 삶을 바꿔 놓는 '예'입니다. 하나님은 여러분이 순간마다, 분마다, 초마다, 호흡마다, 걸음마다, 상황마다 답하는 '예'를 원하십니다. 하나님은 여러분의 벌거벗은 연약함을, 여러분의 마음을 원하십니다. 하나님의 길에, 예수님의 삶에, 하나님의 미래에, 하나님의 계획에, 하나님의 샬롬에, 하나님의 인도하심에, 하나님의 비전에, 세상을 향한 하나님의 아픔에, 하나님의 힘주심에, 하나님의 부르심에 답하는 '예'를 원하십니다. 그리스도의 신부인 우리가 하나님께 '예'라고 답할 때, 우리는 세상에 완전히 다르게 사는 대안을 제시합니다.

사랑하는 여러분, 말씀을 마무리하겠습니다. 자리에서 일어나 저와 함께 이 대답을 함께 해 주십시오. 여러분, 내어맡기는 자세를 취하십시오. 두 팔을 내밀고 두 손을 펴십시오.

목회자: 사랑하는 하나님, 우리가 순간마다, 분마다, 초마다, 걸음마다, 호흡마다, 상황마다, 관계마다, 일터마다, 날마다, 바라는 것마다 당신께 '예'라고 답합니다.
회중: 예, 하나님.

목회자: 예. 당신과 당신의 길에 '예'라고 답합니다.
회중: 예, 하나님.

목회자: 당신의 미래에.

회중: 예, 하나님.

목회자: 당신의 샬롬에.

회중: 예, 하나님.

목회자: 당신의 인도하심에.

회중: 예, 하나님.

목회자: 당신의 비전에.

회중: 예, 하나님.

목회자: 세상을 향한 당신의 아픔에.

회중: 예, 하나님.

목회자: 당신의 힘주심에.

회중: 예, 하나님.

목회자: 당신의 담대하게 하심에.

회중: 예, 하나님.

목회자: 당신의 부르심에.

회중: 예, 하나님.

목회자: 당신의 전부에. 당신의 모든 인도하심에. 당신의 모든 길에. 순간마다, 분마다, 초마다, 걸음마다, 호흡마다, 상황마다, 관계마다, 일터마다, 날마다, 바라는 것마다.

회중: 예, 하나님.

10

믿음으로 평화의 인사를 건네십시오
로마서 4:1-4, 13-17

스캇 맥나이트
Scot McKnight

잠시 후, 우리가 '건네받은' 하나님의 평화를 확대하기 위해 서로에게 '평화의 인사를 건넬'(pass the peace, 평화를 건넬) 것입니다. 그때쯤이면 우리는 성경 본문을 듣고 신학적이고 초점을 좁힌 설교를 다 들었을 것입니다. 오늘의 설교는 사도신경을 고백함으로써, 우리의 믿음이란 맥락에서 하겠습니다. 그런 후, 함께 기도하며 우리의 죄를 고백하고, 제가 사죄선언을 하겠습니다. 그때에야 주님의 평화를 건넬 수 있을 것입니다.

평화의 인사 건네기

성공회 전례에는 아름다운 신학적 순서가 있습니다. (증거를 대 볼까요?) 평화의 인사 건네기는 우리의 예배에서 아주 중요한 순간에 이뤄집니다. 우리 모두 고백과 용서를 통해 하나님과 화해하게 되었을 때, 우리가 하나님의 화해의 은혜를 다른 사람들에게 건넬 준비가 되었을 때입니다. 이렇게 함으로써, 우리 모두 성찬례에 참여할 준비가 될 것입니다. 우리가 로마서를 읽을 때, 바울이 우리의 회중에서 서로를 반겨 맞아야 하는 강한 사람들과 약한 사람들을 염두에 두었다는 것을 상상하기란 어렵지 않습니다.

여러분도 알다시피, 평화는 당연하게 여길 수 있는 게 아닙니다.

그 뿐 아니라, 평화를(평화의 인사를) 부주의하게, 가볍게, 또는 무의미하게 건네서도 안 됩니다.

여기까지 생각하기란 너무 어려울 수도 있겠습니다. 그러나 다행스럽게도 우리는 서로에게 "그리스도의 평화가 함께하길"이라고 인사를 건넬 때, 구속의 좋은 소식을 건네고 있음을, 주님의 평화를 우리와 교제하는 모두에게 건네고 있음을 깨닫게 될 것입니다.

이 부분을 좀 더 강하게 말씀드리겠습니다. 오늘 아침 예배에서 가장 힘든 부분은 평화를 건네는 것입니다. 오늘 아침, 이것은 가장 위선적인 순간일 수도 있고, 가장 정직한 순간일 수도 있습니다. 이것이 위선적일 수 있는 것은 우리가 하는 말과 우리 자신(하나님과 화해되고 서로와 화해된)의 일치를 요구하지만 우리가 늘 일치 상태에 있지는 못하기 때문입니다. 정직하게 평화의 인사를 건네면, 우리의 말이 은혜의 행위, 하나님이 우리를 자극해 다른 사람들에게 행하시는 은혜의 행위가 됩니다. (물론, 우리가 공동기도서를 펼쳐 확인해야 하나님과의 화해와 서로와의 화해가 하나님의 뜻임을 알 수 있는 것은 아닙니다. 어쨌든, 이것은 교회를 향한 하나님의 비전입니다.)

왜 이렇게 말합니까? 왜 우리 전례의 더없이 놀랍고 순수하고 작은 요소를 망칩니까? 왜 그리 복잡하지 않은 것을 복잡하게 만듭니까? 하나님과 사람 사이의 평화와 우리들 각자 사이의 평화가 복음의 성취이며, 교회 안에 실현된 하나님 나라이기 때문입니다.

평화는 기적이요 은혜의 행위요 새 창조의 한 부분입니다.

평화를 살아내는 것보다 평화를 말하는 것이 훨씬 더 쉽습니다.

성경을 읽으면, 우리가 건네는 평화를 살아내는 길이 보입니다.

여러분은 눈치 채게 될 것입니다. 하나님이 아브람에게 하셨고 (세 장 뒤에서) 아브람이 믿음으로 받아들인 약속, 곧 그로 큰 민족이 되게 하겠다는 약속을 우리가 깊이 파고들었다는 것을 말입니다. 하나님이 창세기 12장에서 하신 약속은 우리의 도움이 사랑하고 지켜보며 보호하시는 하나님에게서 온다는 사실을 일깨우는 어느 시편을 읽는 것으로 이어졌습니다. 이 본문들은 강력한 두 거인을 만났습니다. 다시 말해, 로마서 4장에서 바울은 아브라함이 믿음으로 하나님께 의롭다 하심을 받았음을 상기시키고, 뒤이어 예수님이 요한복음 3장에서 제시하시는 아름다운 이미지, 곧 믿으면 새롭게 태어나고 위로부터 태어난다는 이미지를 상기시킵니다.

우리는 로마서 설교를 자주 듣지 못합니다. 그래서 저는 오

늘 아침에 로마서를 설교하려 합니다. 제가 로마서를 설교하려
는 것은 우리가 생각해 보아야 할 질문 때문입니다.

역사적 질문

제 질문은 이것입니다. '평화의 인사를 건넬' 때 사도 바울의 교
회들—로마 교회 같은—은 어땠을까요? 주의해야 할 역사적 사
실이 있습니다. 이들은 평화의 인사를 건넬 때 공동기도서를 사
용하지 않았을 테고, 회중석 의자에 무릎이 부딪히지도 않았을
것입니다. 그러나 바울은 평화에 관심을 가졌고, 따라서 이것은
적절한 질문입니다. 바울의 교회들 안에서 평화의 인사를 건넨
다는 것은 어떤 것이었을까? 평화를 살아내기 위해 그들은 어떤
대가를 치렀을까요? 로마 교회들에서 두 반대 진영이, 우리가 로
마서 14-15장에서 읽듯이 강한 사람들과 약한 사람들이, 평화의
인사를 건넨다는 것은 어떤 것이었을까요? 이들이 평화의 인사
를 건네기는 했을까요? 그러고 싶어 하긴 했을까요?

그래서 저는 역사적 교훈에서, 제가 피터 오크스(Peter
Oakes)의 《폼페이에서 읽는 로마서Reading Romans in Pompeii》에
서 얻은 교훈으로 시작하겠습니다. 오크스는 간단한 질문을 던
집니다. 바울의 교회들이 폼페이의 전형적인 '주택' 공간을 기초
로 했다면, 그 공간에 누가 있었을까? 누가 그 집에 있었을까? 그
런 후에 오크스는 숫자들을 만지작거리며, 로마의 똑같이 전형

적인 가정교회들을 비롯해 바울의 교회들이 어떤 모습이었을지 그려 냅니다. 바울의 교회들은 교회 건물이 아니라 집에서 모였다는 사실을 기억하십시오. 우리의 교외 주택과 같은 그런 집이 아니라, 전체 블록들이 벽과 지붕으로 싸였으며 그 내부에 불규칙한 벽들이 있는 그런 집이었습니다. 로마의 집 안에 들어가는 것은 크기가 제각각인 가게들이 있지만, 그런대로 통로가 나 있는 실내 벼룩시장에 들어가는 것과 비슷했습니다.

거기에 누가 있었을까요? 여기 오크스가 찾아낸 것이 있습니다. 우리도 이것을 보면, '평화의 인사 건네기'가 절대 쉽지 않았으리라는 것을 알게 됩니다. 거기에 모두 합쳐 30명 정도가 있었습니다.

- 장인(匠人) 하나: 그는 작업장을 세내었으며, 작업장에 딸린 거주 공간에 가족과 남자 노예 몇, 여자 집안 노예 하나, 얹혀사는 친척 하나가 살았습니다.
- 세대주 몇: 이들은 좀 더 작은 공간을 세내어 가족, 노예들, 얹혀사는 사람들과 함께 살았습니다.
- 두어 가정의 구성원들: 이들의 세대주는 가정교회의 일원이 아니었습니다.
- 노예 부부: 이들의 주인은 가정교회의 일원이 아니었습니다.
- 자유민이거나 자유를 얻었지만 얹혀사는 두어 사람: 이들은 가정교회의 일원이 아니었습니다.
- 집 없는 두어 사람.

- 함께 방을 세내어 사는 사람들(이주 노동자 등).

이제 좀 더 깊이 들어가 봅시다. 노예들 중 누가 여자였다면, (실제로, 바울의 교회들에 로마 여자 노예들이 있었습니다.) 그녀의 일이 주인의 통제 아래 있지 않았을 것 같지는 않습니다. 사실, 주인의 통제 아래 있었을 게 거의 확실합니다. 그리고 그녀가 어느 여관에서 일하는 소녀 노예였다면, 주인의 손님들이 돈을 지불하고 그녀의 서비스를 받았을 것입니다. 물론 제가 여기서 말하는 것은 그녀의 몸입니다. 그녀는 이것에 대해 아무것도 할 수 없었습니다. 그녀는 노예였고, 소유물이었습니다.

진심으로, 평화의 인사를 건네십시오. 그리고 그런 처지에 있는 그녀를 위해 기도하고, 그녀가 해방되길 기도하십시오.

이제 수준을 한 단계 올려 보겠습니다. 여기에 유대인 신자 몇을 더해 보십시오. 이들은 코세르 음식을 먹으며 토라를 지키는데, 바울이 만들어 내는 이상한 교제에 지금 신경이 갑절로 곤두서 있습니다. "약한 사람들"은 바울이 로마에 있는 그런 유대인 신자들을 일러 사용하는 용어입니다. 슐로모가 자신에게 묻습니다. "내 아들 슈물리가 저 로마 노예의 딸 도라와 결혼하겠다고 하면 어떻게 하지?"

진심으로, 평화의 인사를 건네십시오. 그리고 이방인이 토라를 지키는 사람이 되길 기도하십시오. 또는 평화의 인사를 건네면, 유대인이 비로마적 방식을 포기하길 이방인이 기도할 수도 있습니다.

바로 이때 우리는 로마 가정교회의 벽을 넘는 소리를 듣습니다. 바울이 그의 사역을 처음부터 끝까지 들려주는 말이 들려옵니다. 바울의 기도와 그가 가르친 모든 것을 빚었고, 그가 가르치는 모든 것을 담아낸 말입니다.

> 너희는 유대인이나 헬라인이나 종이나 자유인이나 남자나 여자나 다 그리스도 예수 안에서 하나이니라(갈 3:28).[1]

> 거기에는 헬라인이나 유대인이나 할례파나 무할례파나 야만인이나 스구디아인이나 종이나 자유인이 차별이 있을 수 없나니 오직 그리스도는 만유시요 만유 안에 계시니라(골 3:11).

진심으로, 평화의 인사를 건네십시오. 모두에게, 유대인과 헬라인(그리스인)에게, 남자와 여자에게, 노예와 자유민에게, 야만인과 스구디아인에게.

그리스도께서 하나 되게 하셨기 때문입니다

질문은 '왜'입니다. 왜 평화의 인사를 건넵니까?

대답은 이것입니다. 그리스도께서 이들이 하나 되게 하셨

---

1 인용된 성경은 개역개정 4판이다(저자는 NRSV를 인용했다).

기 때문입니다. 그리스도께서 당신의 강력한 평화를 이들 가운데 보내어 절대로 함께하지 않는 사람들 사이에 평화가 움트게 하셨습니다.

평화의 인사를 건네십시오. 한 사람 한 사람에게 그리고 모두에게.

로마서 4장으로 들어가 우리가 평화의 인사를 건넬 때 어떻게 평화가 성취될 수 있는지 살펴보겠습니다. 그 전에, 바울이 자신의 교회들을 향해 품었던 비전에 관한 비유를 하나 들겠습니다. 샐러드를 먹는 (또는 만드는) 세 가지 방법이 있습니다.

1. 재료들을 모아 각각 다른 그릇에 따로 담습니다.
2. 재료들을 모아 한데 섞고, 그 다음에 샐러드드레싱으로 부드럽게 해 줍니다.
3. 재료들을 모아 한데 섞고, 그 다음에 엑스트라버진 올리브유를 조금 부어 각 재료의 풍미를 더합니다.

첫째는 미국 교회들이 주일 아침 예배를 드리는 방식입니다. 각기 다른 그룹들이―아프리카계 미국인, 라틴계 미국인, 아일랜드계 미국인, 이탈리아계 미국인, 영국계 미국인, 스코틀랜드계 미국인이―각각 다른 교회에서 모입니다. 또는 침례교인, 장로교인, 가톨릭교인, 루터교인, 복음주의 자유교회 교인, 언약교회 교인, 정교회 교인이 각각 다른 교회에서 모입니다. 물론, 교회 분열의 책임이 성공회 교인에게 있는 것은 아닙니다.

둘째는 과거 미국의 방식입니다. 모두를 한데 섞습니다. 그러나 단 하나의 맛으로 모두를 부드럽게 하며, 그래서 모두가 같은 맛을 느낍니다. 비유를 바꿔서 말하자면, 이것은 우리 모두 똑같아 보이고 똑같이 뒤뚱대는 펭귄 기독교입니다. 샐러드드레싱으로 부드럽게 하기로 돌아가서, 이것은 이를테면 다양성을 좋아하는 척하지만 다양성이 실제로 무엇인지 알지 못하는 기독교입니다. 이것은 모든 다양성을 강제된 일치로 바꿔 버립니다. 그렇습니다. 이것은 백인 문화의 개신교를 의미합니다.

셋째는 바울의 선교와 비전입니다. 모두를 한데 섞으십시오. 각자가 자기 정체성을 유지하게 하십시오. 각 그룹이 저마다 자연스런 다양성으로 약동하게 하십시오. 그러나 모두가 한 식탁에 둘러앉고, 그리스도 안에서 갖는 하나됨을 살아내게 하십시오. 춤을 춥시다. 일치를 강요함으로써 형제나 자매의 양심을 해치지 맙시다. 각자 성숙해 가면서 성령께서 주시는 자유를 누립시다.

그렇습니다. 이것이 바울의 선교가 교회에게 주는 도전입니다. 이방인을 이전에는 오로지 시금치 이파리—유대인—만을 위해 계획된 하나님의 백성에 들이는 것입니다. 바울은 아루굴라, 근대, 과일과 견과류, 토마토, 당근, 페코리노 로마노 치즈를 시금치 이파리에 넣어 섞습니다. 바울에게, 평화의 인사를 건넨다는 말은 환영받지 못하는 사람들을 환영하고, 받아들여지지 못하는 사람을 받아들이며, 초대받지 않은 사람과 함께 식탁에 앉는다는 뜻이었습니다. 그에게 이것은 강한 자가 약한 자를 환영하고, 약한 자가 강한 자를 돼지고기를 먹는다는 이유로 경멸하지 않는다는 뜻이었습니다.

평화의 인사 건네기는 실로 바울에게 가장 큰 도전이었습니다. 하나님이 바울에게 맡긴 사명은 이방인을 하나님의 오랜 가족에 들이는 것이었습니다. 샐러드 그릇에 담기는 새로운 이웃들 때문에, 시금치 이파리들이 불편해 떨게 하는 것이었습니다.

믿음으로 평화의 인사 건네기

우리는 어떻게 평화의 인사를 건네고 화해의 평화를 실현할 수 있을까요? 바울은 우리에게 말합니다. 어떻게 우리가 이렇게 할 수 있는지 알려면, 오늘 아침에 서신서에서 읽어야 하는 본문, 곧 로마서 4:1-4, 13-17을 살펴보아야 합니다.

> 그런즉 육신으로 우리 조상인 아브라함이 무엇을 얻었다 하리요. 만일 아브라함이 행위로써 의롭다 하심을 받았으면 자랑할 것이 있으려니와 하나님 앞에서는 없느니라. 성경이 무엇을 말하느냐. 아브라함이 하나님을 믿으매 그것이 그에게 의로 여겨진 바 되었느니라. 일하는 자에게는 그 삯이 은혜로 여겨지지 아니하고 보수로 여겨지거니와…아브라함이나 그 후손에게 세상의 상속자가 되리라고 하신 언약은 율법으로 말미암은 것이 아니요 오직 믿음의 의로 말미암은 것이니라. 만일 율법에

속한 자들이 상속자이면 믿음은 헛것이 되고 약속은 파기되었느니라. 율법은 진노를 이루게 하나니 율법이 없는 곳에는 범법도 없느니라.

그러므로 상속자가 되는 그것이 은혜에 속하기 위하여 믿음으로 되나니 이는 그 약속을 그 모든 후손에게 굳게 하려 하심이라. 율법에 속한 자에게 뿐만 아니라 아브라함의 믿음에 속한 자에게도 그러하니 아브라함은 우리 모든 사람의 조상이라. 기록된 바 내가 너를 많은 민족의 조상으로 세웠다 하심과 같으니 그가 믿은 바 하나님은 죽은 자를 살리시며 없는 것을 있는 것으로 부르시는 이시니라.

첫째, 아브라함은 율법의 행위, 곧 유대인을 이방인과 분리한 행위가 아니라 믿음으로 하나님에게서 의롭다 하심을 받았습니다. 둘째, 율법은 모세와 관련이 있습니다. 믿음은 아브라함과 관련이 있습니다. 칭의는 모세 이전에 일어났습니다. 아브라함은 믿음으로 의롭다 하심을 받았기 때문입니다. 하나님이 우리를 받아들이시는 근거는 믿음입니다. 우리가 그리스도와 연합하는 근거도 믿음입니다. 셋째, 율법의 행위가 아니라 믿음으로 의롭다 하심을 받았기 때문에, 칭의는 유대인만이 아니라 이방인을 위한 것이기도 합니다.

하나님이 우리를 받아들이심의 근거는 믿음입니다.
우리가 하나님과 평화함의 근거는 믿음입니다.
우리는 믿음으로 **평화의 인사를 건넵니다.**

바울이 여기서 말하는 것은 이방인이 하나님께 받아들여지기 위해 유대인이 될 필요가 없다는 것입니다. 그가 말하는 것은 여자가 남자가 될 필요가 없다는 것입니다. 노예가 자유민이 될 필요가 없다는 것입니다. 스구디아인이 유대인이 될 필요가 없고, 야만인이 미네소타 바이킹스(미네소타를 본거지로 하는 프로 미식축구팀)의 헬멧을 벗고 일리노이스로 이주할 필요가 없다는 것입니다. 하나님이 이들을 받아들이시는 근거는 믿음이며, 그래서 이들을 받아들이십니다. 하나님이 받아들이시는 사람들은 받아들여집니다. 하나님이 받아들이시는 사람들을 우리도 받아들여야 합니다.

진심으로, 평화의 인사를 건네십시오. 우리는 이제 모두에게 평화의 인사를 건네야 합니다. 우리는 평화를 샐러드 그릇에 넣고 잘 섞어 각 재료의 맛이 살아나게, 각 사람이 우리의 교제에서 저마다 뚜렷한 맛을 내게 해야 합니다. 우리는 이 자리에 남자들과 여자들이 있으며 이것이 좋다는 것을 알아야 합니다. 우리는 노래하는 사람들과 노래하지 않는 사람들이 있다는 것을 알아야 합니다. 우리는 일자리가 있는 사람들과 일자리를 잃은 사람들이 있다는 것을 알아야 합니다.

그러므로 바울의 평화의 인사 건네기 이론은 이것 곧 우리는 오로지 믿음으로 평화의 인사를 진심으로 건넬 수 있다는 것입니다. 우리가 하나님과의 관계나 서로와의 관계에서 평화를 벌었기 때문이 아닙니다. 우리 가운데 어떤 사람들이 다른 사람들보다 평화를 누릴만한 자격을 더 갖췄기 때문이 아닙니다. 우리가 믿음으로 평화의 인사를 건네는 것은 하나님이 그분의 평화를 우리에게 주셨기 때문입니다.

모두에게 평화의 인사 건네기

그러나 때로 우리 가운데 어떤 사람들은 투명 인간 취급을 받습니다. 랄프 엘리슨(Ralph Ellison)의 《투명 인간*Invisible Man*》에서처럼 말입니다. 우리 교회에서 눈에 잘 보이지 않는 사람들을 먼저 살펴보겠습니다.

과부들입니다. 보이십니까?

과부인 미리암 네프가 들려주는 그녀의 이야기를 들어 보십시오.

나는 미국에서 그 수가 가장 빠르게 늘어나는 사람들에 속한다. 우리는 주택 건축업자들의 표적이며, 디자이너들의 조사 대상이다. 우리는 건강 및 아름다움과 관련된 제품들을 판매할 황금 시장이며, 재무 설계사들이 우리를 저녁 식사에 초대한다. 마케터들이 우리를 뒤쫓는 것은 놀랍지 않다. 우리의 수는 매년 80만 명씩 늘어난다.

우리는 누구인가? 우리는 당신들 사이에서 보이지 않는 존재다. 우리는 과부다.

연구에 따르면, 과부는 남편을 잃을 때 친구 관계의 75퍼센트를 잃는다고 한다. 우리들 가운데 60퍼센트가 첫 해에 심각한 건강 문제를 경험한다. 우리들 가운데 3분의 1이 배우자와 사별한 후 한 달 안에 우울증 판정 기준을 충족하며, 우리 가운데 절반이 1년 후에도 우울증에서 벗어나지 못한다. 대다수는 점점 가난해진다. 어느 목사는 우리를 말하면서, 우리가 예배실의 첫째 줄에서 뒤쪽으로 옮겨 가고 결국에는 나가 버린다고 했다. 우리는 봉사하고 찬양대에 섰다가 혼자가 되어 조용히 흐느끼며, 우리에게 맞는 곳을 찾는다.[2]

또 어떤 사람들이 우리 교회에서 주목받지 못합니까?
아이들입니다. 보이십니까?
십대들입니다. 보이십니까?
노인들입니다. 보이십니까?
소수 인종들입니다. 보이십니까? 아시아계 미국인이 미국에서 그 수가 가장 빠르게 늘어나는 인종 그룹입니다. 아시아계 미국인의 50퍼센트가 그리스도를 믿는다고 말합니다. 우리 교회는 다양한 인종으로 구성되어 있습니다. 그런데 우리는 서로의 교제보다 서로의 음식을 더 즐깁니다.
여자들입니다. 캐롤린 커티스 제임스가 "교회의 절반"이라 부르는 사람들입니다. 그녀는 전 세계의 적지 않은 지역에서 여자들이 교회의 50퍼센트 이상을 차지한다는 것을 압니다.[3] 보이

2 Miriam Neff, "The Widow's Might," *Christianity Today*, January 18, 2008, http://www.christianitytoday.com/ct/2008/january/26.42.html.

십니까?

가난한 사람들입니다. 보이십니까?

비극을 겪은 사람들입니다. 보이십니까?

믿음과 씨름하는 사람들입니다. 보이십니까?

대학 교육을 받지 못한 사람들입니다. 보이십니까?

내성적인 사람들입니다. 보이십니까? (그래요, 이들은 투명 인간
취급받는 걸 좋아합니다.)

역기능 가정의 사람들입니다. 보이십니까?

우울한 사람들입니다. 보이십니까?

불안에 떨고 있는 사람들입니다. 보이십니까?

목록은 이쯤에서 그치겠습니다. 이들이 우리가 믿음으로
평화의 인사를 건네야 하는 사람들입니다.

우리가 평화의 인사를 건넬 때, 우리를 재창조하시는 그리
스도를 믿는 믿음으로 이 평화 안에 거한다면, 기울지 않은 운동
장을 만드는 것입니다. 교회는 은혜를 찾아오며 용서를 찾아오
고 사랑을 찾아오는 모든 종류의 사람들을 위한 것입니다. 우리
교회는 성화되고 완전해진 사람들을 위한 것이 아니라 성화되지
못하고 불완전한 사람들을 위한 것입니다.

말씀을 맺겠습니다. 교회는 평화를 위한 하나님의 공간입
니다. 하나님과의 평화와 그리스도 안에 있는 형제자매들과의
평화를, 우리의 모든 형제자매와의 평화를 위한 공간입니다. 우

---

3 Carolyn Custis James, *Half the Church: Recapturing God's Global Vision for Women*
(Grand Rapids: Zondervan, 2010).

리는 평화의 인사를 건넬 때, 하나님이 우리를 품으셨던 방식으로 다른 사람들을 품기 위해 힘주시는 하나님의 은혜를 확대하는 것입니다. 여러분의 두 팔을 한 사람과 모두를 향해 펴십시오. 두 팔을 펴고 믿음으로 안아 주십시오.

오늘 우리가 "주님의 평화가 함께 하길"이라고 인사를 건넬 때 "믿음으로"를 덧붙이면 어떨까요?

믿음으로 축복할 때에야 평화를 이룰 수 있습니다.

묵시적 관점

11

불멸의 전투:
로마서 1:16-17, 5:12-14

제이슨 미켈리
Jason Micheli

이번 주 〈워싱턴 포스트〉에 따르면, 워싱턴 스포츠 앤 헬스의 알렉산드리아 지점이 최근에 대안 보수주의와 백인 국가주의 색채를 띤 국가정책연구소(National Policy Institute)의 리처드 스펜서(Richard Spencer) 소장의 회원권을 취소했습니다.

스펜서는 자신의 신분을 안전하게 숨긴 채 운동을 하고 있었습니다. 그때 조지타운 대학교 교수인 크리스틴 페어(C. Christine Fair)가 그를 알아보고 추궁했습니다. 처음에 스펜서는 자신의 신분을 부인했습니다. 그러나 페어 교수는 그가 스펜스임을 확신했습니다. 다른 고객들에 따르면, 페어 교수는 그에게 맹공을 퍼부으며 이렇게 소리쳤다고 합니다. "당신은 나치주의자일 뿐 아니라 겁쟁이 나치주의자요." 헬스클럽은 언쟁 끝에 그의 회원권을 취소했습니다.

이 기사를 읽으면서, '이게 교회가 헬스클럽과 다른 점이지'라는 생각이 가장 먼저 들었습니다.

그 조지타운 대학교 교수는 리처드 스펜서를 혐오스러운

겁쟁이 나치주의자로 규정했습니다. 저는 여기에 이의를 제기할 생각이 없습니다. 심지어 페어 교수보다 한 발 더 나가고 싶습니다. 저는 페어 교수를 알지 못합니다. 그러나 페어 교수가 그리스도인이라면, 리처드 스펜서를 헬스클럽에서 쫓아내야 한다고 주장하기보다 그에 대한 그녀의 첫 반응은 그를 우리가 '교회'라고 부르는 클럽에 초대하는 것이어야 했습니다.

저는 리처드 스펜서에게 유해한 시각들을 주장할 권리가 있다고 말하는 게 아닙니다. 그의 추잡한 시각들을 축소하고 있는 것도 아닙니다. 어느 모로 보든, 리처드 스펜서는 인종차별주의자입니다. 반유대주의자입니다. 외국인 혐오자입니다. '미국 제일주의(America first)' 우상숭배자입니다. 동성애 혐오자이며, 성차별주의자이기도 합니다.

스펜서는 워싱턴 스포츠 앤 헬스에서 쫓겨나자 트위터에 이런 글을 올렸습니다. "우리가 유대인과 유색인을 우리의 사업장에서 쫓아낼 수 있다는 뜻인가?"

리처드 스펜서는 경건하지 않습니다. 저는 경건하지 않다(ungodly)는 말의 정의에 이보다 딱 들어맞는 사람을 생각할 수 없습니다.

이것은 저의 문제이기도 합니다. 사도 바울은 그리스도께서 정확히 리처드 스펜서 같은 자를 위해 죽었다고 말하기 때문입니다(롬 5:6).

이것이 우리 모두가 속한 헬스클럽이라면, 내가 가장 먼저 "그 ×× 엉덩짝을 걷어차 버려!" 했을 것입니다.

그러나 우리는 어떤 클럽의 회원이 아닙니다. 우리는 특별한 케리그마(선포)가 만들어 낸 한 몸의 지체(members, 회원)입니다. 그 케리그마란 율법의 저주를 받은 십자가에서 하나님이 예수 그리스도 안에서 경건하지 않은 사람을 위해 돌아가셨고 그리스도의 죽음이 죽음의 권세를 이겼다는 것입니다.

그리스도께서 돌아가신 것은 좋은 사람들을 더 좋게 만들기 위해서가 아닙니다. 그리스도께서 돌아가신 것은 경건하지 않은 얼간이들이 새로운 피조물이 되게 하기 위해서입니다. 리처드 스펜서야말로 우리가 교회로 초대해야 하는 경건하지 못한 사람입니다.

그가 달리 어디에 갈 수 있겠습니까? 바로 여기가 십자가의 말씀이 그를 무너뜨리고, 죄의 권세에 사로잡힌 그를 구해 낼 유일한 곳입니다.

저는 마지막 문장을 신중하게 선택했습니다. "죄의 권세에 사로잡힌(bondage to the Power of Sin)"이란 표현에서 대문자 P, 대문자 S를 사용했습니다. 이것이 리처드 스펜서의 인종차별과 관련해 기독교를 말하는 유일한 방법입니다. 사실, 대문자 P와 대문자 S로 죄의 권세(the Power of Sin)를 표현하는 것이 그리스도인을 말하는 유일한 방법입니다.

우리 본문, 로마서 5:6은 바울의 논제 서술문입니다, 여기서부터 바울은 직설적이지 않은 논증 하나를 전개합니다. 논증 자체가 이상합니다.

회중에서 우주적인 것으로

다른 바울 서신들과 달리, 로마서는 초점을 회중에서 우주적인 것으로 계속 옮겨 갑니다. 마치 로마의 이 작은 가정 교회와 관련된 것이 창조세계 전체와도 관련된 것 같습니다.

이 서신에는 이상한 점이 또 있습니다. 바울은 인사말을, 핵심 주제 소개와 더불어, 편지의 첫머리가 아니라 맨 끝에 둡니다. 핵심 주제를 마치 최종 계시처럼 제시합니다. "평강의 하나님께서 속히 사탄을 너희 발아래에서 상하게 하시리라"(16:20).[1]

이런 까닭에 바울은 전투, 싸움, 권세들, 침입이라는 언어를 매우 자주 사용합니다. 로마서 전체의 주제는 사탄의 권세가 패배한다는 것이며, 바울의 논증은 하나님이 복음의 권세로 사탄의 권세를 이기신다는 것입니다. "내가 복음을 부끄러워하지 아니하노니…복음에는 하나님의 의가 나타나서"(1:16-17).

그런데 문제가 있습니다. 바울의 논제 서술문은 사탄의 권세의 패배는 고사하고 그 어떤 것의 패배에 관한 것처럼도 들리지 않습니다. 이것은 영어에는 로마서 전체에서 '의(righteousness)' 또는 '칭의(justification)'로 번역되어 있는 그리스어 단어에 상응하는 영어 단어가 없기 때문입니다.

그리스어 '디카이오수네'는 동사의 힘을 가진 명사입니

---

1 인용된 성경은 개역개정 4판이며, 원저자는 Beverly Roberts Gaventa가 자신의 저서 *When in Romans* (Grand Rapids: Baker Academic, 2016)에서 번역한 사역(私譯)을 사용했다(괄호 안에 표기된 영어 번역이 이 사역이다). 《로마서에 가면》, 이학영 옮김 (학영, 2021).

다. 이 단어는 자신이 이름붙이는 것을 만들어 냅니다. 영어에서, 디카이오수네에 얼추 근접하는 유일한 단어가 rectify/rectification(바로잡다/바로잡음)입니다. 그러므로 여기서 '의'란 한 정사나 형용사가 아닙니다. 이것은 구원을 일으키는 권세(Power)입니다. 이것은 세상에서 잘못된 것을 바로잡는 하나님의 강력한 행위입니다.

그리고 하나님이 세상에서 일하시는 방식이 복음, 곧 십자가의 말씀입니다. 이 복음, 십자가의 말씀을 통해 하나님의 바로잡는 힘(rectifying Power)이 나타납니다. 그리스어로 '아포칼립세타이', 묵시(apocalypse), 침입입니다.

문자적으로, 바울은 이렇게 말합니다. "나는 복음을 부끄러워하지 않습니다. 이 복음 안에서 하나님의 바로잡는 힘이 침입하기 때문입니다." 현재 시제에 주목하십시오.

원수가 점령한 영토만 침입할 수 있습니다

죄를 우리가 하는 무엇이라고 생각한다면, 하나님의 아들이 무엇을 하러 오셨는지 이해할 수 없습니다.

우리는 기독교가 용서에 관한 것이라는 생각을 많이 하는데, 바울은 용서라는 단어를 그렇게 자주 사용하지 않습니다. 실제로 바울은 '회개하다'라는 단어를 단 한 번만 사용합니다.

회개는 우리가 하는 무엇입니다. 바울의 로마서는 전혀 우리가 하는 무엇에 관한 것이 아닙니다. 로마서는 처음부터 끝까지 하나님이 하시는 일에 관한 것입니다.

노예들이 스스로를 해방한다는 것은 앞뒤가 맞지 않습니다. 포로들이 회개한다(뉘우친다)고 속박에서 벗어날 수 있는 게 아닙니다. 포로들은 풀려날 수 있을 뿐입니다. 적으로부터.

긴 편지의 말미에 바울은 마침내 그 적이 사탄이라고 밝힙니다.

3장에서, 바울은 그 적을 대문자 S로 '죄(Sin)'라 이름하고, 이것을 다른 권세, 하나님을 대적하는 권세라고 부르며, 우리 모두 이 권세 아래 있지만 우리 자신의 힘으로 벗어날 수 없다고 말합니다(3:9).

5장에서, 바울은 대문자 S로 시작하는 죄(Sin)와 대문자 D로 시작하는 사망(Death)을 동의어로 봅니다(5:12).

8장에서, 바울은 초점을 확대해 단지 우리만이 아니라 모든 피조물이 죄와 죽음의 권세에 사로잡혀 있음을 보여 줍니다(8:21).

13장에서, 바울은 로마 그리스도인들에게 어둠의 일을 벗어 버리고 "빛의 갑옷"을 입어야 한다고 말합니다(13:12). 그리고 바울은 이 "빛의 갑옷"을 "의의 무기"(weapons of rectification, 바로잡음의 무기)라고도 부릅니다(6:13).

마지막으로, 로마서 끝에서, 바울은 그 적이 사탄이라고 밝히며, 오직 침입하는 하나님의 의만 그의 사탄의 결박으로부터 우리를 자유하게 할 수 있다고 말합니다.

교회 안에서, 우리는 기억하지 않았습니다

교회 밖에서 오늘은 현충일(Memorial Day) 주말입니다. 이날 우리는 전쟁의 희생자들을 기억합니다.

우리는 잊어버렸습니다. 그것도 까맣게 잊어버렸습니다. 그래서 이 모두가 우리에게 낯설게 들릴 것입니다. 우리는 잊어버렸습니다. 구원 자체가 전투라는 것을. 우리는 잊어버렸습니다. 하나님께서 멸하기로 작정하신 진짜 원수가 있다는 것을.

우리는 잊어버렸습니다. 예수 그리스도의 십자가는 하나님이 높은 곳에서 내려와 우리를 침입하신 사건이라는 것을. 우리가 선포하며 그분이 십자가에서 하신 일 자체가 무기라는 것을. 이 무기로, 평화의 하나님이 지금도 이 세상을, 사탄이 다스리는—그러나 그의 패배에 의문의 여지가 없는—세상을 바로잡고 계시다는 것을.

구원은 우리가 이 땅을 떠나 하나님에게 가는 게 아닙니다. 구원은 하나님이 이 땅을 침입하시는 것입니다. 전혀 힘이 없어 보이는 권세, 곧 예수 그리스도의 십자가 안에서, 그 십자가를 통해서.

성경은 죄를 권세(a Power)로 보며, 우리의 죄악됨을 이것에 속박되어 있는 것으로 봅니다. 우리는 이것을 이해할 때에야 비로소 바울이 왜, 어떻게 그렇게 혐오스러운 주장을 할 수 있는지 이해할 수 있습니다. 우리와 같은 사람과 리처드 스펜서 같은 사람 사이에 아무런 차이도 없다는 주장 말입니다(2:1).

이것은 우리 모두 리처드 스펜서처럼 썩었다는 말이 아닙니다. 우리 모두가, 모든 피조물이 죄(Sin)라는 파라오에게 사로잡혀 있다는 말입니다.

우리 가운데 그 누구도 바로잡는 하나님의 일에서 안전하지 못합니다.

따라서 리처드 스펜서를 교회에 초대한다고 해서, 그의 유해한 인종차별이나 끔찍한 시각을 축소하거나 무시하는 게 아닙니다. 이것들을 아주 심각하게 받아들이기 때문에 그를 유일한 장소로, 그가 그를 완전히 부수고 새롭게 창조하는 권세가 있는 유일한 말씀의 공격을 받을 유일한 장소로 초대하는 것입니다.

두 사람이 워싱턴 스포츠 앤 헬스에서 마주섰을 때, 조지타운 대학교의 페어 교수는 리처드 스펜서를 향해 소리쳤습니다. "난 당신이 이 헬스클럽에 있는 것을 받아들일 수가 없고, 당신이 이 동네에 있는 것도 받아들일 수가 없다고요!" 헬스클럽은 나중에 아무 설명 없이 그의 회원권을 취소했습니다.

십중팔구, 그를 교회에 초대한다면, 헬스클럽 운영진이 그를 퇴출하는 것이 자신들의 비즈니스에 안 좋을 거라 판단했듯이, 우리의 비즈니스에도 좋지 않을 것입니다. "비즈니스에 안 좋다"는 것이 바울이 복음의 걸림돌에서 의미하는 것입니다.

우리는 실제로 복음의 거북함을 이해하지 못할 것입니다. 이것이 리처드 스펜서 같은 인간이 회중석에서 우리 옆에 앉고, 모든 이해를 초월하는 그리스도의 평화를 건네려고 손을 내밀 거라는 뜻임을 깨달을 때까지 말입니다.

우리는 하나님이 행하시는 구원의 우주적 범위를 제대로 이해하지 못합니다. 이 구원에 우리와 리처드 스펜서 양쪽 모두 포함되며, 양쪽 모두 하나님의 무조건적 은혜의 복음이 갖는 놀라운 침입 능력(invading Power)의 잠재적 대상이라는 것을 깨달을 때까지 말입니다.

저는 실제로 리처드 스펜서를 우리 교회에 초대하지 않았습니다.

아직은 그렇습니다.

그러나 이 설교의 원고를 어제 그의 집 문 앞에 두고 왔습니다.

저는 그가 실제로 나타날지는 알지 못합니다.

그러나 저는 압니다. 부끄러워하지 않습니다. 복음은 그를 사로잡고 있는 원수의 권세를 무너뜨릴 만큼 강력하다는 것을.

▲

12

완전한 친교를 기념하며:
로마서 3:21-24

플레밍 러틀리지
Fleming Rutledge

이제는 율법 외에 하나님의 한 의가 나타났으니 율법과 선지자들에게 증거를 받은 것이라. 곧 예수 그리스도를 믿음으로 말미암아 모든 믿는 자에게 미치는 하나님의 의니 차별이 없느니라. 모든 사람이 죄를 범하였으매 하나님의 영광에 이르지 못하더니 그리스도 예수 안에 있는 속량으로 말미암아 하나님의 은혜로 값없이 의롭다 하심을 얻은 자 되었느니라(롬 3:21-24).[1]

미국 성공회(Episcopal Church in the USA)와 미국 복음주의 루터교회(Evangelical Lutheran Church in America)의 완전한 친교(Full communion)를 기념하며 2001년 3월 25일 수태고지축일(Feast of the Annunciation)에 사우스캐롤라이나 주 콜롬비아의 트리니티 성공회 성당(Trinity Episcopal Cathedral)에서 한 설교. 목사요 교수인 에드먼드 스타이믈(Edmund Steimle)를 기리며. ['완전한 친교(Full communion)'는 서로 다른 교단이나 교회가 성찬을 함께 나눌 정도로 친교(교류)의 수위를 높인 용어로 흔히 쓰임-편집자 주]

1 사용된 성경은 개역개정 4판이다(저자는 RSV를 사용했다).

세례의 영광

우리가 방금 우리의 세례 언약을 갱신한 이 예배의 자리에서, 저는 마르틴 루터가 "세례의 영광"이라고 부르며 했던 말로 여러분에게 인사를 드리겠습니다.

> 세례는 최고의 성례이며, 모든 성례의 기초다.…세례는 둘을 상징한다. 죽음과 부활이다.…우리는 이 죽음과 부활을 새 창조, 거듭남, 영적 출생이라 부른다.…세례라는 성례는, 표징으로서라도, 순간적 행위가 아니라 영구적인 것이다. 의식 자체는 아주 순간적이지만, 그것이 상징하는 목적은 죽을 때까지, 실제로, 마지막 날 부활할 때까지 계속된다.… 우리가 늘 세례로 죽고 산다는 것을 알아야 한다.…우리의 모든 삶의 경험은 성격상 세례여야 한다.…그리스도를 믿는 우리의 믿음으로 죽고 사는 것이어야 한다.[2]

우리의 세례 서약을 함께 붙잡기 위해, 루터교인과 성공회 교인이 한 자리에 모였습니다. 이 얼마나 영광스러운 날이요 얼마나 영광스러운 예배인지요! 오늘이 있기까지 얼마나 많은 관심과 계획이 있었고, 얼마나 많은 기도와 수고가 있었으며, 이

---

2 Martin Luther, "The Pagan Servitude of the Church," in *Martin Luther: Selections from His Writings*, ed. John Dillenberger (Garden City, NY: Anchor Books, 1961), 정사와 권세 (principalities and powers)에 관하여, 294, 301-304.

렇게 우리의 노력이 결실을 맺기까지 우리 주님께서 얼마나 많은 은혜를 베풀어 주셨는지요! 상징적으로는 사순절 기간이 이런 예배의 자리에 더없이 맞춤하지 않겠습니까? 오늘, 성탄절 아홉 달 전, 수태고지 축일에, 복된 동정녀 마리아는 착상된 말씀(implanted Word)을 받습니다. 마리아는 약속으로 살아야 합니다. 오랜 시간을 기다려야 합니다. 하나님의 목적이 일부분만 계시됩니다. 길이 캄캄합니다. 완성은 아직 오지 않았습니다. 이것은 교회의 이미지입니다. 그러나 마리아가 그 일이 이미 일어난 것처럼 "권세 있는 자를 그 위에서 내리치셨으며 비천한 자를 높이셨고"라고 노래했듯이, 우리도 믿음으로 노래합니다. "그리스도 확실한 기초되시고, 그리스도 머리와 모퉁이돌이며…모든 교회 하나 되게 하시네."[3] 이 예배에서 성공회의 헨리 퍼셀(Henry Purcell, 1659-1695)을 루터교의 거장 바흐(Johann Sebstian Bach, 1685-1750)와 비교하자니, 플래너리 오코너(Flannery O'Connor, 1925-1964)가 자신 같은 초짜 작가를 거장 윌리엄 포크너(William Faukner, 1897-1962)에 비교하는 것은 마치 맹렬한 속도로 철길을 내리닫는 딕시 리미티드(Dixie Limited) 앞을 막아서는 것처럼 무모한 짓이라고 한 말이 생각납니다.

그런데 분명히 어떤 분이 루터의 〈내 주는 강한 성이요 Ein feste Burg〉 대신에 헨리 퍼셀의 찬송 〈웨스트민스터 사원 Westminster Abbey〉을 지금 이 자리에서 부르도록 더없이 너그럽

---

3 이 찬송은 성공회 작곡가 Henry Purcell이 지은 것으로 *Westminster Abbey* 곡조에 맞춰 부른다.

묵시적 관점

고 행복한 결정을 내리신 것 같습니다.

이 시간, 오늘 성도들의 교제에 기꺼이 저희와 함께해 주신 저의 설교학 교수이셨고 훌륭한 루터교 설교자인 에드먼드 스타이믈(Edmund Steimle)에게 감사와 경의를 표합니다. 하나님이 제 입술의 말과 우리 마음의 묵상을 복되게 하시길 빕니다.

"내가 하나님의 뜻을 행하러 왔나이다"

우리 주 예수 그리스도의 나심을 미리 알리신 사건이 주는 둘째 교훈은 히브리서가 보여 주는 입이 딱 벌어지게 하는 상상력의 한 예입니다(히 10:5-10). 성부와 성자께서 처음부터 함께 일하고 계십니다. 성자께서 성부에게 구약의 말씀으로, 시편 40편으로 말씀하고 계십니다. 그리스도께서 먼저 성육하신 모습으로 말씀하시고(그렇게 보입니다), 뒤이어 성육신 이전의 모습으로 말씀하시며, 그런 후에 다시 성육하신 모습으로 말씀하십니다. 그분은 위로부터, 아버지와 얼굴을 맞대고 말씀하시는 것 같습니다. "주께서는 제사와 예물과 번제와 속죄제는 원하지도 아니하고 기뻐하지도 아니하신다 하셨고"(9절). 그리고 그분은 아래로부터, 자신이 세상에 오시는 때에 말씀하시는 것 같습니다. "하나님이…오직 나를 위하여 한 몸을 예비하셨도다"(5절). 이 (수태고지) 축일에 맞춤한 구절이고 맞춤한 선택입니다. 성자께서 잉태되기 전부터 자신을 우리의 성화를 위한 완전한 제물로 드리시기 때문입니다. 그리스도께서 아버지께 말씀하십니다. "보시옵소서. 내가 하나님의 뜻을 행하러 왔나이다"(9절). 그리고 사도인 저자가 이어서 말합니다. "이 뜻을 따라 예수 그리스도의 몸을 단번에 드리심으로 말미암아 우리가 거룩함을 얻었노라"(10절).

이 뜻을 따라(by this will). 이 부분을 생각해 봅시다. 우리의 성화는 하나님의 뜻으로 성취됩니다. 그러나 우리는 문화 속에, 미국 문화 속에 살고 있습니다. 이 문화에서, 우리는 아주 강하게 확신합니다. 우리는 스스로 결정하고, 스스로 창조하며, 스스로 발명한다는 것입니다. 우리는 우리 스스로를 재발명한다는 말을 자주 합니다. 우리는 스스로 돌보기, 스스로 동기부여하기, 스스로 선택한 가치를 말합니다. 멈추어 스스로를 생각해 보지도 않고서 말입니다. 실제로, 스스로 결정하기가 위대한 미국의 복음이라고 주장할 수 있을 것입니다. 우리 루터교 교인과 성공회 교인 모두가 여기에 영향을 받습니다. 이것은 우리가 숨 쉬는 공기에 있고, 우리가 마시는 물에도 있습니다. 그러나 이것은 성경적이지 않습니다. 예수님이 우리의 본이십니다. "내 원대로 마시옵고 아버지의 원대로 되기를 원하나이다"(눅 22:42). "이 뜻을 따라…우리가 거룩함을 얻었노라"(히 10:10).

제가 열여섯 살 때, 마르틴 루터에 관한 영화를 보았습니다. (1950년대 초였습니다.) 그 영화가 제 삶에 평생 사라지지 않을 인상을 남겼습니다.[4] 그 영화는 지금 우리에게 케케묵은 것처럼 보입니다. 그러나 그 영화에서 루터가 성경을 연구하고 거기서 하나님이 죄악에 빠진 인간을 믿음으로 말미암아 은혜로 의롭다 하신다는 계시를 발견하는 장면은 어떤 의미에서 제 삶에 더없이 중요한 사건이었습니다. 저는 그 후로 복된 마르틴 루터를 내내 사랑했고, 오랜 세월 그의 저작들을 읽는 게 즐거웠습니다. 그러나 이 설교를 준비하면서 그의 저작들을 다시 들추어 보다가, 이제 문화적 정황이 달라졌기 때문에 그의 저작들 가운데 많은 부분이 다른 소리를 낸다는 것을 알고 깜짝 놀랐습니다. 모든 훌륭한 특징이 여전히 거기 있습니다. 활력과 풍성함, 믿음에 대한 담대한 변호, 흔들리지 않는 프로테스탄트의 양심, 그리스도를 향한 일편단심의 열정이 그것입니다. 그러나 우리는 루터의 시대에 살고 있지 않습니다. 논쟁이 우리의 패션입니다. 오늘 이 예배를 계획하는 데 앞장선 성공회 에큐메니컬 담당자인 콜롬비아의 필립 화이트헤드(Philip Whitehead)의 말이 어제 신문에 인용되었습니다. "우리는 중심으로, 예수 그리스도께 돌아왔습니다. 우리는 사람들로 다투게 하는 복잡한 차이들에 정말이지 지쳤습니다." 이 은혜로운 한마디가 오늘의 미국 분위기를 말해 줍니다. 루터의 맹렬함, 그의 냉소, 그의 신랄함, 누군가 그의 '배타성'이라 부를 법한 것은 우리가 다문화주의를 받아들이려 할 때 오늘의 교회가 직면하는 필요와 어울리지 않습니다. 그러나 모든 신학자는 새로운 세대마다 재해석되어야 합니다. 루터 새롭게 읽기가 우리의 현재 상황에 어떤 할 말이 있을지 봅시다. 저는 위대

---

4   제목도 간단해서 〈마르틴 루터 Martin Luther〉였던 이 영화는 50주년 기념 DVD로 출시되었다. 정말 오래된 일이다. 당시 이 영화가 내게 남겼던 강력한 인상을 지금 회복할 수는 없지만, 그 영향은 지금도 내게 남아 있다.

한 루터교 신약신학자 에른스트 케제만을 따를 것인데, 특히 로마서에서, 그의 칭의 다시 읽기는 아주 급진적입니다.

포용과 배제가 신약성경에서 날카롭게 일어납니다

오늘날 주류 교회의 슬로건은 '포용성(inclusivity)'입니다. 감히 말씀드리건대, 다른 어느 문화도 모든 부류의 사람을 공정하게 대하고 그들의 종교적 신념을 존중하려고, 지금 우리가 미국에서 하듯이, 열심히 노력한 적이 없습니다. 이것을 언급하는 핵심은 포용을 향한 움직임이 기독교 자체로부터 생겨났다는 것입니다. 성경의 예언, 우리 주님의 가르침, 관용과 자선과 용서와 억눌린 사람들과의 연대를 실천했던 무수한 그리스도인들이 보여준 본은 포용을 향해 어느 사회가 실천했던 것보다 더 나아가라며 우리를 압박해 왔습니다. 이것은 십자군, 종교재판, 기독교 반유대주의 같은 경악스러운 과거에 연루된 교회의 통탄할 죄악을 부정하는 게 아닙니다. 이에 대한 지속적인 경계가 필요합니다. 그러나 그와 동시에, 유대-기독교 전통이 지금껏 인간의 자유에 (적어도) 호의적 환경이었고 (아주 좋게 말하면) 인간의 자유를 향한 추진력이었다고 주장할 만한 이유가 충분합니다.[5] 논리적 결론

---

5   나는 계몽주의, 토지개혁, 보편적 문맹 탈출, 건강 보험, 노예제 폐지운동, 인권 운동, 민권 운동, 여성 운동, 언론의 자유, 종교의 자유, 민주주의, 어쩌면 가장 흥미롭게도 세속화 자체를 염두에 둔다.

에 이르러야 한다는 압박에, 기독교 신앙은 급진적 포용을 향합니다. 그러나 이것은 질문으로 이어집니다. 인간에 대한 이러한 전례 없는 접근의 근거는 무엇인가?

포용과 배제의 문제가 신약성경에서 날카롭게 일어납니다. 가장 분명한 예는 예수님이 죄인들 및 세리들과 식사를 하신 것입니다. 그러나 마르틴 루터에게 경의를 표하며 갈라디아서로 직접 가 봅시다. 갈라디아서에서, 신약교회의 가장 위대한 두 인물, 베드로와 바울이 교회 저녁 식사 자리에서 포용과 배제를 두고 공개적으로 싸웁니다. 우리 모두 베드로를 사랑합니다. 그가 흠이 너무나 분명하게 드러나는 인간이기 때문입니다. 자신의 성격에 걸맞게, 베드로는 비코셰르 식탁에서 일어나 코셰르 식탁으로 옮겼습니다. 베드로는 왜 이렇게 했을까요? 제가 성공회 총회에 갈 때 극렬보수주의자들의 부스 주변을 어슬렁거리고 싶지 않은 것과 같은 이유 때문입니다. 조지 부시(George W. Bush, 미국의 부자 대통령 중 아들)가 지금 야세르 아라파트(Yasir Arafat, 1929-2004, 팔레스타인 자치정부 초대 수반)와 함께 있는 모습을 보이고 싶지 않은 것과 같은 이유 때문입니다. 여러분이 매력적이지 않는 친구를 특권 그룹이 보지 않을 그저 그런 레스토랑에 데려가 점심을 먹는 것과 같은 이유 때문입니다. 베드로는 자신이 불의한 사람들과 식사하는 모습을 잘나가는 예루살렘 사람들에게 보이고 싶지 않습니다. 그래서 식탁이 정치적으로 적절하게 차려진 반대쪽 끝으로 서둘러 옮깁니다. 바울은 그때 이야기를 들려줍니다. "책망 받을 일이 있기로 내가 그[베드로]를 대면하여 책망

하였노라." 무엇에 대한 책망입니까? 물론, 배제에 대한 책망입니다. 하지만 그 근거가 무엇입니까? 바울은 이야기를 계속합니다. "우리는 본래 유대인[도덕적 귀족]이요 [미개한] 이방 죄인이 아니로되…우리도 그리스도 예수를 믿나니 이는 우리가 율법의 행위로써가 아니고 그리스도를 믿음으로써 의롭다 함을 얻으려 함이라. 율법의 행위로써는 의롭다 함을 얻을 육체가 없느니라"(갈 2:11, 15-16). 이것들은 오늘의 주류 교회들에서 일반적으로 제시되는 포용의 이유가 아닙니다. 적어도 제가 듣기로는 아닙니다. 일반적으로 제시되는 이유는 "예수님은 모두를 사랑하신다"는 것입니다. 그러나 이것으로 예수님이 하시는 일이 충분히 설명됩니까?

바로 어제 사우스캐롤라이나의 〈스테이트State〉 신문에 주목할 만한 칼럼이 실렸습니다. 이 칼럼은 덴마크 베시(Denmark Besey)를 기리기 위해 동상을 세우는 문제를 두고 벌어진 논쟁을 다룹니다. 덴마크 베시는 대규모 노예 반란을 일으키려다 발각되어 1822년 찰스톤에서 35명과 함께 교수형 당한 자유 흑인입니다. 그 반란이 일어났다면, 찰스톤의 백인 여성들과 아이들이 대량학살을 당했을 수도 있었고 그러지 않았을 수도 있었습니다.[6] 이 칼럼은 최근에 찰스톤에 등장한 흑인 작가 자마이카 킨케이드(Jamaica Kincaid)도 언급하는데, 그녀는 찰스톤에서 열린 어느 가든 클럽 행사에서 존 칼훈(John C. Calhoun, 1782-2850, 미국 7

---

6 Claudia Smith Brinson, "State's Past on Collision with Future," *The State*, 2001년 3월 24일자.

대 부통령으로 노예제를 강하게 변호했다)을 안 좋게 말했습니다.[7] 그녀가 그 지방의 호의에 "용서받지 못할 정도로" 어긋나게 행동했다고 말하는 사람들이 있었습니다. (예수님도 바리새인의 집에서 식사를 하실 때, 이런 비난을 받았습니다.) 칼럼니스트는 사우스캐롤라이나에서 서로를 건드리지 않으면서 존재하는 "평행 우주들"로 표현되는 다양한 관점들을 기술합니다. 다수의 남부 백인들에게, 존 칼훈은 동상을 세울 만한 자격이 있고 덴마크 베시는 그러지 못합니다. 아프리카계 미국인에게, 덴마크 베시는 자유의 투사이고 칼훈은 압제자입니다. 칼럼니스트는 묻습니다. 우리는 이에 관해 소통이란 걸 할 수 있을까요? 공통점이 있을까요? 이 사람들 각자를 향한 예수님의 사랑이 이러한 극단적 차이를 극복하기에 충분할까요?

어느 큰 성공회 교구의 주임사제가 최근에 제게 이야기 하나를 들려주었습니다. 걸프전이 막 시작되었을 때, 그는 원수를 위해 기도하라는 예수님의 가르침에 순종해 사담 후세인을 주일 예배 기도 목록에 올려놓았습니다. 세 사람이 교회를 박차고 나갔고, 신자회장은 기절초풍했으며, 회중이 들끓었습니다. 그 사제는 그때가 자기 평생에 정말이지 가장 무서웠다고 했습니다. 그는 우리를 구원한 것은 단 하나, 걸프전이 짧게 끝난 것이라고 했습니다.

예수님이 사담 후세인을 사랑하십니까? 예수님이 근본주

---

7   이 내용은 Kincaid가 2001년 1월 22일자 〈더 뉴요커The New Yorker〉에서 다시 다루었다.

의자를 사랑하십니까? (저는 그러길 바랍니다. 저 자신이 근본주의자라 불렸으니까요.) 예수님이 인종차별주의자와 동성애혐오자와 아동성추행범을 사랑하십니까? 여러분 중에 남부 출신의 윌 캠벨(Will Campbell, 1924-2013, 백인으로서 흑인 인권운동을 지지했다)의 비전을 기억하는 분이 계실 겁니다. 어쩌면 그는 미국에서 이것을 제거할 수 있었을 유일한 사람입니다. 그는 무조건적 은혜를 생각하면서 "골다 메이어(Golda Meir, 1898-1978, 이스라엘을 건국한 정치인 중 하나로 4대 이스라엘 총리를 지냈다)가 천국의 봉우리들에서 히틀러를 추적하고, 천 년 후, 히틀러가 멈추어 그녀가 자신의 가슴에 다윗의 별을 달도록 허락하는" 장면을 상상합니다.[8]

충분합니까? 우리는 하나님이 히틀러를 사랑하신다고 정말로 말할 수 있습니까? 이보다 더 많은 것을 말해야 하지 않습니까? 하나님이 인류를 거룩하게 하신다는 게 무엇을 의미하며, 이것이 어떻게 성취되어야 합니까?

우리 양쪽 모두의 친구 에른스트 케제만은 우리가 보도록 돕습니다. 칭의와 성화를 이으며 숱한 논쟁의 대상이 되는 연결고리는 로마서 전체에 울려 퍼지는 하나님의 의라는 성경 어구라는 것을. 케제만은 로마서를 읽으면서 칭의가 단지 무죄 선언이 아님을 깨달았습니다. 칭의란 하나님이 적극적으로, 강력하게 일하면서 잘못된 것을 바로잡으신다는 뜻이기도 합니다.[9] 용

---

8   Will D. Campbell, *And Also with You: Duncan Gray and the American Dilemma* (Franklin, TN: Providence House, 1997).

9   케제만의 박사 후 과정 제자들 중 하나였던 J. Louis Martyn이 새로운 앵커바이블 주석의 갈라디아서에서 이 부분을 다룬다.

서 자체가 하나님의 뜻 전부를 아우르지는 못합니다. 세상을 향한 하나님의 미래가 무엇을 의미하는지 알려면, 하나님이 예수님 안에서 하시는 행위가 죄 용서뿐 아니라 모든 잘못을 바로잡음(rectification)을 의미한다는 것을 알아야 합니다. 바울은 이것을 깨달았기에 로마서 8장에서 "모든 것이 합력하여 선을 이루느니라"라고 할 수 있었습니다(28절). 바울은 이것을 깨달았기에 "현재의 고난은 장차 우리에게 나타날 영광과 비교할 수 없도다"라고 할 수 있었습니다(18절). 바울은 "피조물이 고대하는 바는 하나님의 아들들이 나타나는 것이니"라고 말합니다(19절). 하나님의 의가 인간들에게서, 인간의 사회에서 실현되고 있으며, 되리라는 뜻입니다. 우리가 그렇게 할 것이기 때문이 아니라 하나님이 그렇게 하실 것이기 때문입니다. 예수님은 모든 사람을 사랑하십니다. 그러나 이것이 사담 후세인과 세상의 아동성추행범을 포함시키도록 우리에게 동기를 부여하는 충분한 신학적 근거는 아닙니다. 우리는 더 많은 것을 말해야 합니다. 우리는 모든 사람을 의롭다 하고 만물을 원래 의도대로 바르게 하기 위해 자신의 아들 예수 그리스도의 십자가와 부활과 재림을 통해 일하시는 하나님의 능력을 말해야 합니다.

우리가 그리스도 예수 안에서 가진 자유

여러분 중에 이 모든 신학적 이야기에 길을 잃은 느낌을 받는 분이 계실는지 모르겠습니다. 이 모든 것이 여러분에게 개인적으로 무엇을 의미합니까? 이것이 여러분의 자아에 무엇을 의미합니까? 그리고 이것이 오늘 교회의 삶에 무엇을 의미합니까?

이것은 자유를 의미합니다. 이것은 바울이 갈라디아서에서 말하는 "그리스도 예수 안에서 우리가 가진 자유"를 의미합니다 (갈 2:4). 이것은 여러분이 어떻게 하고 있느냐를 그리 걱정하지 않으면서 여러분 그대로를 기뻐한다는 뜻입니다. 이것은 확신을 의미합니다. 다시 말해, 하나님이 잘못된 것을 바로잡으려 일하고 계심을 안다면, 다른 사람들 때문에 좌절하며 많은 시간을 허비하지 않으면서 그분이 이미 하고 계시는 일에 보조를 맞출 수 있다는 뜻입니다. 작년 〈뉴욕 타임스〉에 놀라운 일화가 실렸습니다. 남부연합기를 이 길 건너편 주 의회 의사당에 내건 것을 항의하려고 찰스턴에서 콜롬비아까지 걸어간 행진에 관한 것이었습니다. 행진자들이 출발점에 모일 때, 찰스턴의 카터 사보(Carter Sabo)라고 밝혀진 백인 남자가 혼자 길가에 이 깃발을 들고 서 있었습니다. "그는 매들린 출신의 아프리카계 미국인 커플 산드라 고든과 토미 고든 옆에 잠시 서 있었고, [콜롬비아를 향해 행진이 시작될 때] 미스 고든이 미스터 사보를 안아 주었다."[10]

이런 구속의 행위는 어디서 옵니까? 하나님의 의가 우리를 지금 이대로 두지 않고, 우리를 용서할 뿐 아니라 우리를 바로잡으려고(rectify)—우리의 큰 유익과 그분의 큰 영광을 위해, 칭의

---

10 "Protest March Against Flag Attracts 600 in South Carolina," *New York Times*, 2000년 4월 3일자.

와 성화를 함께 우리 안에 가져오려고—성령의 능력으로 우리를 위해, 우리 안에서 적극 일하고 계신다는 확신에서 옵니다. 사랑하는 형제자매 여러분, 우리의 일이 아니라 하나님의 일입니다. 로버트 파라 카폰(Robert Farrar Capon, 1925-2013, 미국 성공회 사제이자 요리사)이 썼듯이, 하나님은 사랑할 만한 사람들을 사랑하고 개선할 만한 사람들을 개선하러 오신 게 아니라 죽은 사람들을 일으키러 오셨습니다.[11] 그러므로 기쁜 마음으로 주님의 식탁에 나아갑시다. 주님께서 당신의 몸을 우리 모두를 위해 제물로 내어 주셨습니다. 이제 마르틴 루터의 말을 인용하며 말씀을 마치겠습니다. 그는 자신이 고침을 받아야 할 부분이 있음을 그 누구보다 잘 알았습니다.

인간은 그리스도를 잃을 때, 자신의 행위를 의지하지 않을 수 없게 된다.[12]

그 누구도 고해성사나 기도나 자기 준비를 믿으며 미사에 가지 않도록 심히 주의하라. 이 모든 것을 의지하지 않으면, 오히려 약속을 주시는 그리스도를 더 의지하게 된다.[13]

우리 주 예수 그리스도와 아버지와 성령께, 모든 능력과 위

---

11 Robert Farrar Capon, *The Foolishness of Preaching* (Grand Rapids: Eerdmans, 2000).

12 Martin Luther, *Commentary on Galatians, in Dillenberger, ed., Martin Luther: Selections from His Writings*, 106

13 Luther, "The Pagan Servitude of the Church," 281.

엄과 통치와 영광이 지금부터 영원까지 있을지어다.

아멘.

옛 아담과 새 아담, 옛 세상과 새 세상, 옛 사람과 새 사람: 로마서 5:12-21

윌리엄 윌리몬
William H. Willimon

사순절 1: 우리가 아직 연약할 때에 기약대로 그리스도께서 경건하지 않은 자를 위하여 죽으셨도다.…우리가 아직 죄인 되었을 때에 그리스도께서 우리를 위하여 죽으심으로 하나님께서 우리에 대한 자기의 사랑을 확증하셨느니라.…그러나 아담으로부터 모세까지 아담의 범죄와 같은 죄를 짓지 아니한 자들까지도 사망이 왕 노릇 하였나니 아담은 오실 자의 모형이라. 그러나 이 은사는 그 범죄와 같지 아니하니 곧 한 사람의 범죄를 인하여 많은 사람이 죽었은즉 더욱 하나님의 은혜와 또한 한 사람 예수 그리스도의 은혜로 말미암은 선물은 많은 사람에게 넘쳤느니라. 또 이 선물은 범죄한 한 사람으로 말미암은 것과 같지 아니하니 심판은 한 사람으로 말미암아 정죄에 이르렀으나 은사는 많은 범죄로 말미암아 의롭다 하심에 이름이니라. 한 사람의 범죄로 말미암아 사망이 그 한 사람을 통하여 왕 노릇 하였은즉 더욱 은혜와 의의 선물을 넘치게 받는 자들은 한 분 예수 그리스도를 통하여 생명 안에서 왕 노릇 하리로다. 그런즉 한 범죄로 많은 사람이 정죄에 이른 것 같이 한 의로운 행위로 말미암아 많은 사람이 의롭다 하심을 받아 생명에 이르렀느니라(롬 5:6, 8, 14-18).

신학생 여러분에게 말씀드립니다. 여러분이 듀크 신학교를 나가 첫 목회지에 발을 들여놓을 때, 여러분의 교회에 있는 알코올 중독자들에게 다가가십시오. 그들과 함께 일하고, 그들로 더 열심히, 더 잘하겠다고 약속하게 하며, 그들이 술을 끊겠다는 서약서에 서명하게 하고, 그들과 늦게까지 함께하며 기도하십시오. 이렇게 하면 여러분의 조금 자유주의적인, 주일학교에서 배운, 피상적인 신학이 제가 아는 그 무엇보다도 더 잘 치료될 것입니다.

알코올 중독은 중병입니다. 호전되길 간절히 원한다고 해서 호전되지 않습니다.

제가 아는 한에서 저는 알코올 중독자가 아닙니다. 그러나 다이어트를 해 본 적은 있습니다. 듀크 의과대학의 어느 저명한 교수가 최근에 이런 말을 했습니다. "우리가 다이어트에 관해 배운 게 있습니다. 다이어트는 효과가 없다는 것입니다."

저는 욕실 체중계에 올라가 눈금을 보았습니다. 그리고 소리를 질렀습니다. "거짓말이야!"

포테이토칩 봉지에 손을 넣고 딱 한 줌만 먹겠다며 주님께 약속해 보십시오. 5분 후, 여러분은 그 봉지에 머리를 처박고 있을 겁니다!

인간적인, 너무나 인간적인 이러한 성향을, 이 올가미를 바울은 독특하게도 "옛 아담"이라 부릅니다. 옛 아담을 아십니까? 하나님이 첫 인간들을 멋진 동산에, 모든 것이 너무나 풍성해 일할 필요가 없는 동산에 두셨습니다. 그리고 말씀하셨습니다. "생육하고 번성하라."(하나님이 지금껏 우리에게 주신 가장 자애로운 명령입니다.) 그런데 명령을 하나 더 주셨습니다. "저기 저 나무는 가까이 하지 말라." 다른 나무들의 열매는 얼마든지 먹어도 좋지만, 저 나무의 열매는 먹어서는 안 된다.

우리는 이 이야기를 압니다. 하나님이 돌아서시기 무섭게 아담은 금단의 열매를 쳐다봅니다. 먹음직스럽습니다. 어느 열매보다 끌리기까지 합니다. 하나님이 금하셨기 때문입니다.

최초의 신학자 뱀이 아담에게 말합니다. "하나님이 그러셨다고?" "너, 안 죽어!" 그래서 아담은 그 열매를 먹었고 하와도 먹었습니다. 인간이 무죄했다고 합시다. (정말 그랬다면 말입니다.) 그 무죄가 얼마나 갔을까요? 15분?

그때부터 줄곧 내리막길입니다. 옛 아담은 저 첫 반역 행위에서 시작하여 더욱 심대한 비행으로 전진, 곧 퇴보했습니다. 아담이 금단의 열매를 먹은 후에 그의 두 아들 중 하나가 나머지 하나의 머리를 후려쳤고, 함께 열매를 맺도록 창조된 남자와 여자가 싸우며, 성폭행과 약탈, 전쟁과 전쟁의 소문, 테러리스트들과 테러리스트들을 겨냥한 테러, 거짓말쟁이와 간음하는 사람(우리는 이런 사람들에게 투표합니다)이 넘쳐 납니다. 바울은 우리의 죄가 온 우주에 흘러든다고 말합니다.

옛 아담

바울은 로마제일교회에 보내는 편지에서 저 모든 반역에 약칭을 사용합니다. 바로 옛 아담입니다.

신문을 펼쳐 워싱턴발 최신 기만을, 가장 최근에 힘 있는 사람들이 힘없는 사람들에게 자행하는 짓을 보십시오. 바울은 여러분이 아담을 생각하길 원합니다. 자신을 파괴하는 습관을 어떻게든 버리려고 노력해 보십시오. 실패합니다. 바울은 말합니다. "다시 아담이군요!"

한 의사가 듀크 메디컬 센터를 손으로 쭉 훑으며 말합니다. "저 많은 병실에 있는 환자들 중 절반은 나쁜 생활습관 때문에 병이 든 사람들입니다. 목사님, 왜 우리가 더 오래 살지 못하고 이른 죽음을 택하는지 말씀해 주시겠습니까?"

저는 이렇게 설명합니다. "그러니까, 그게 옛날로 거슬러 올라갑니다. 담배, 위스키, 포테이토칩이 나오기 전으로, 우리의 조상 아담에게까지 거슬러 올라갑니다. 지금껏 우리 몸에서 아담의 디엔에이(DNA)를 절대로 제거할 수 없었거든요."

저는 트럼프의 최근 거짓말이나 인종차별주의자의 속임수를 들을 때, 이렇게 말합니다. "질긴 싸구려 트럼프 스테이크 한 조각을 거짓말하는 그의 작은 ×××에 쑤셔 넣고 싶다고요." 그러면 바울은 제게 말합니다. "선생님의 할아버지의 할아버지의 할아버지의 할아버지의…할아버지 아담 같이 말씀하시는군요. 핏줄은 못 속이는군요. 선생님과 도널드 트럼프의 다른 점이라

곤 머리 색깔뿐이네요."

　우리가 새천년을 시작했을 때, 부시 대통령은 "새로운 세계 질서"를 선언했습니다. 그런데 그게 어떻게 되었습니까? 저는 "할 수 있어!"라는 기치를 내 건 오바마에게 표를 던졌습니다. 아니었습니다. 우리는 할 수 없습니다.

　마치 제가 사로잡힌 것 같습니다. 바울이 다른 곳에서 말하듯이 말입니다. "내 지체 속에서 한 다른 법이 내 마음의 법과 싸워 내 지체 속에 있는 죄의 법으로 나를 사로잡는 것을 보는도다. 오호라 나는 곤고한 사람이로다. 이 사망의 몸에서 누가 나를 건져내랴"(롬 7:23-24). 죄는 근원적이며(우리의 근원에서 비롯되며), 보편적이며(모두에게 해당하며), 난공불락이며(절대로 죄에서 벗어날 수 없으며), 부정할 수 없습니다. 옛 아담입니다.

　우리가 아담의 후손이라는 사실이 내포하는 훨씬 우울한 면이 있습니다. 우리가 선을 행하려고 최선을 다하더라도, 우리의 노력은 우리의 악으로 얼룩진다는 것입니다. 그 누구도 악을 행하려고 전쟁을 시작하지는 않습니다. 우리가 독극물을 주입하거나 드론을 띄워 죽이는 이유는 단 하나입니다. 살육을 멈추기 위해서입니다. 저는 거짓말한 적이 없습니다. 누군가의 유익을 위해서가 아니라면 말입니다. 옛 아담입니다.

　제가 열여섯 살 때 교회 수련회에 갔습니다. 그때 어른들이 제게 물었습니다. "넌 정말 착한 그리스도인 소년이구나! 그러니 이번 수련회 때 흑인 친구랑 룸메이트하지 않을래?" 그래서 착한 그리스도인 소년은 이렇게 답했습니다. "할게요. 제가 착하다는 걸 스스로 증명하고 싶어요."

우리는 같은 동네에 살았습니다. 하지만 다니는 학교도 달랐고, 서로 붙어 있는 다른 교회에 다녔습니다. 토요일 밤 늦은 시간, 둘이서 얘기를 주고받는데 그 친구가 제게 물었습니다. "넌 큰 글자로 'S. C. Law(사우스캐롤라이나 법): 유색인은 뒤쪽부터, 백인은 앞쪽부터 착석'이라고 적힌 그린빌 시내버스를 타는 게 거북하지 않니?"

"그런 생각 한 번도 안 해 봤는데." 제가 대답했습니다.

"너나 네 교회가 이 표지를 한 번도 생각해 본 적이 없다는 게 거북하지 않니?" 옛 아담의 주소는 어딜까요? 저의 미국, 저의 영혼입니다.

연합감리교회 감독들이 한껏 거만하게 말라리아 퇴치를 가결했습니다. 성공회 주교들이 "우리는 가만히 앉아 있지 않을 겁니다"라면서 빈곤 퇴치를 가결했습니다. 그러자 다시 감리교 감독들이 "아프리카에서 치명적 질병들을 퇴치하겠다"고 약속했습니다. 자신들이 어떤 존재인지 드러내는 거죠!

바울이 말했듯이, 저는 잘못된 쪽으로 기울도록 태어났고 양육되었습니다. 그뿐만이 아닙니다. 저 자신을 바로잡아 보겠다고 진심으로, 열심히 노력할 때, 저는 그 어느 때보다 잘못됩니다.

알코올 중독자 치료모임은 이것을 아는데, 이것이 열두 단계의 큰 첫 단계입니다. "우리는 우리가 알코올에 무기력하다는 것을 인정합니다. 우리의 삶이 관리가 불가능해졌음을 인정합니다." 오호라, 나는 관리가 불가능한 자로다! 옛 아담입니다.

우리가 모두 옛 아담의 후손이 아니라면, 오늘 이 예배를 함께 고백하는 기도(Prayer of Corporate Confession)로 시작할 필요가 없었을 것입니다. 그러면서 비록 우리가 교회를 작은 도덕적 전환을 위한 장소로, 선이 좀 더 나아지는 곳으로, 우리의 "더 나은 천사들"을 불러일으키는 곳으로 만들고 싶더라도, 교회는 다음과 같은 아담적 고백으로 시작함을 인정할 필요가 없었을 것입니다. "우리는 그릇 행하여 길 잃은 양처럼 당신의 길에서 벗어나 우리 마음의 너무나 많은 악과 욕망을 따랐고, 그래서 우리 안에 온전한 게 없습니다."

윌리엄 포크너(William Faulkner)는 노벨상을 받을 때(1949년 노벨 문학상) "저는 사람을 믿습니다!"라고 했습니다. 타락한 인간의 상태를 다룬 가장 정직한 소설들을 썼던 그가 마지막에 "나는 사람을 믿습니다!"라고 말하며 꽁무니를 뺐습니다.

맞습니다. 포크너는 이 말을 했을 때 술에 취해 있었습니다.

저는 [감리교] 감독으로서 여기에 주목했습니다. 성직자들 사이에 심각한 도덕적 잘못이 있을 때마다 누군가 나서서 "그게 다 성직자도 사람일 뿐이라는 증거죠!"라고 말한다는 것입니다.

흥미롭습니다. 우리는 "사람일 뿐"이란 표현을 사용해 우리의 가장 안 좋은 모습을 드러냅니다.

그러므로 옛 아담은 맞춤한 은유입니다. 단지 우리가 하는 나쁜 일들뿐 아니라 우리 자신을, 우리의 깊은 곳을, 우리가 처음부터 어떠했는지 표현하는 맞춤한 은유입니다. 우리는 이런 공상을 합니다. 비디오테이프를 거꾸로 돌려 에덴으로 돌아가 금단의 열매를 토해 내고 옛 아담을 우리 속에서 제거해 내는 공상 말입니다.

바울은 로마서에서 죄와 죽음을 연결합니다. 우리는 자기 생명의 근원에 연결된 플러그를 뽑음으로써 스스로 움직이려는 로봇과 같습니다. 로봇은 잠시 달리지만, 결국 죽어 버립니다. 저는 목회를 하면서 자신의 힘으로 살려고 발버둥치는 안타까운 사람들을 숱하게 만났습니다. 이들은 자신 속에 선한 삶을 여는 열쇠가 있다고 생각했습니다. 이것은 죽음에, 때로 여전히 숨을 쉬고 있으나 죽음에 이르는 길입니다.

바울은 묻습니다. "이 사망의 몸에서 누가 나를 건져내랴?" 우리의 상황이 이러합니다. 그러므로 우리는 새로운 기술이나, 자립 프로그램이나, 정부의 지원 프로그램이 필요한 게 아닙니다. 바울의 말이 맞습니다. 우리는 다름 아닌 하나님의 구조가 필요합니다.

이것이 제가 우리 교회에서 알코올 중독에서 회복되는 분들을 사랑하고 이분들이 진정한 성도에 가장 가깝다고 여기는 이유입니다. 이분들은 우리가 옛 아담에 철저히 감염되었다는 진실을 깨달았고, 우리에 관한 이 진실을 서슴없이 말합니다.

휴스턴의 어느 목회자가 (나는 아주 착한 그리스도인이기에 그분 이름은 말하지 않겠습니다) 아주 달콤한 브로민 화합물(진정제와 두통 치료제 원료로 사용되었으나 독성 때문에 사용이 금지되었다)을 듬뿍 떠먹입니다. "여러분은 선합니다. 여러분은 선의를 베풉니다. 이 부정적인 사람들이 여러분을 끌어내리려 합니다. 그러지 못하게 하십시오. 거울을 보며 (저를 따라) 이렇게 말하며 하루를 시작하십시오. '오늘 좋은 일이 있을 거야.' '최선을 다하고 최선이 될 거야.'"

저는 이것을 보면서 이런 생각을 합니다. "도대체, 텍사스 사람들은 왜 저래!"

아닙니다. 저는 이렇게 생각합니다. "바울은 절대로 저 강단에 서지 못할 거야!"

"예수님을 나의 구주로 영접합니다. 나의 삶을 그리스도께 드립니다." 회개란 이렇게 말할 때 일어나는 게 아닙니다. 회개는 사순절에 교회가 내게 정직하게 가르칠 때, 나 자신에 관한 나쁜 소식과 하나님에 관한 좋은 소식을 인정하라고 정직하게 가르칠 때 시작됩니다. "나는 하나님을 선택할 수 없습니다. 더없이 놀라운 하나님이 나를 선택해 주셔야 합니다." "내가 죽음 대신 삶을 선택할 자유가 있으려면, 하나님이 저를 위해 그렇게 해주셔야 합니다."

단순히 그렇게 하겠다고 결심함으로써 자신을 바로잡을 수 있는 게 아닙니다. 죄는 여러분의 나쁜 습관과 불운한 결정이 아닙니다. 죄는 우리의 생각과 행동에 아주 깊이 뿌리를 내리고 있습니다. 그래서 우리는 하나님의 문제를 우리 스스로 해결하려 할 때, 더 많은 죄를 짓습니다.

소설가 윌리엄 골딩(William Golding, 1911-1993)은 이렇게 말했습니다. "벌이 꿀을 생산하듯이 인간은 악을 생산한다."

바울 복음의 핵심

이것이 바울 복음의 핵심입니다. 그리스도 안에서, 하나님이 결정적으로, 단번에 영원히(once for all), 우리의 죄악되고 죽음을 초래하는 노예상태에 어떤 조치를 취하셨습니다. 옛 아담이 우리를 끌어들인 수렁에서 그리스도께서 우리를 건져 내십니다. 옛 아담은 하나님께 불순종했습니다. 반면에, 새 아담은 (이 주일의 복음서 본문에서) 이적을 행하고, 정치권력을 거머쥐며, 고난에서 벗어나라는 유혹을 받았을 때, "아니다!"라고 하셨습니다. 그러자 사탄은 패배하고 슬그머니 꽁무니를 뺐습니다.

이것이 바울이 냉철하고 비관적이지만 진실한 나쁜 소식을 전한 후에 제시하는 좋은 소식입니다. 아담은 우리의 실제입니다.

그러면 하나님은 누구입니까? 하나님은 예수 그리스도, 바울이 새 아담이라 이름붙인 분입니다. 그리스도는 우리가 공상하지만 절대로 우리 스스로 실현하지 못하는 새로운 시작입니다. 우리가 불순종하고 십자가에 못 박기까지 한 하나님이 우리를 위한 하나님이 되기로 결정하십니다.

이 모든 것을 염두에 두고, 로마제일교회에 이 편지를 쓴 사람은 막다른 골목, 곧 옛 아담의 자손이 처한 운명을 냉철하게 기술합니다. 이 사람은 유대 전역에서 테러를 자행하는 암살단의 두목 바울이었습니다. 그는 우리가 십자가에 못 박은 분이 다른 쪽 뺨을 돌려 대셨고 우리를 내려다보며 이렇게 말씀하셨다고 전했습니다. "아버지 용서하십시오. 저들은 자신들이 무슨 짓을 하고 있는지 알지 못하며, 절대로 알지 못했고, 알지 못할 것입니다. 저들을 용서하십시오. 제가 저들에게 교훈을 주겠습니다."

교회는 정말로 좋은 소식입니다. 우리가 하나님을 사랑하는 데 성공했기 때문이 아니라, 그리스도 안에서 하나님이 우리를 사랑하시기 때문입니다. 하나님이 우리를 지으셨습니다. 그분께 불순종하고 반역하게 하기 위해서가 아니라 이 좋은 소식을 알고 이 좋은 소식 안으로 들어와 살게 하기 위해서입니다.

저는 이것을 설명할 수 없지만 노래할 수는 있습니다. 그리스도의 죽음과 부활에서, 하나님이 우리와 새롭게 시작하셨고, 세상은 재창조되었으며 재부팅되었습니다. 우리는 옛 아담의 영역에, 상대가 우리를 밟기 전에 상대를 밟아야 살아남는 적자생존의 세계에 살고 있지 않습니다. 우리는 새 아담이 다스리는 완전히 새로운 세계에 살고 있습니다.

제가 어느 자매에게 왜 감리교인이라서 좋으냐고 물었습니다. 그녀는 이렇게 대답했습니다. "저는 35년을 하나님이 제게 몹시 화가 나셨다고 생각하며 살았습니다. 그런데 누군가 제게 하나님이 죄인들을 사랑하신다는 소식을 전해 주었습니다."

새 아담(그리스도)이 우리와 함께 죽고 다시 살아났습니다. 이것은 우리와 하나님 사이에 전혀 새로운 게임입니다. 마치 하나님이 처음으로 돌아가 창조를 다시 시작하신 것 같습니다. 제가 6학년 때, 선생님이 겁에 질린 담황색 머리카락의 남자 아이를 우리 반에 데려오더니 '실향민'이라고 소개했습니다.

"폴란드에서 전쟁 중에 가족을 잃고 여기로 왔단다. 자유와 새 삶을 찾아 온 거야."

지미 프레스턴이 제게로 몸을 기울이더니 이렇게 말했습니다. "실향민이 더 나은 삶을 위해 그린빌에 왔다니, 폴란드는 정말 형편없는 나라일거야."

우리는 그 친구가 영어를 익히도록 도왔고, 그를 알려고 노력했습니다. 하지만, 문제가 하나 있었습니다. 그 친구가 우리의 점심을 훔쳤습니다. 우리의 점심 도시락에서 음식을 훔쳤습니다. 선생님이 그에게 그러지 말라고 했습니다. 그는 안 그러겠다고 했습니다. 그러나 거의 매일 누군가 울었고 선생님은 없어진 샌드위치를 그의 책상에서 찾아냈습니다.

재니 존스가 울면서 선생님에게 가더니 자신의 트윙키(작은 스펀지케이크)가 없어졌다고 했습니다. 선생님은 그 실향민 친구를 붙잡고 말했습니다. "내 말 잘 들어라. 이제 먹을 건 충분하단다. 다시 배고플 일은 없을 거야. 먹을 게 필요하면, 내게 얘기해라. 네가 있는 곳은 미국이란다. 완전히 새로운 세상이란다."

그의 눈을 보니, 그가 선생님의 말을 알아들은 게 틀림없었습니다. 그의 눈이 열렸습니다. 그는 완전히 새로운 세상에 있었습니다. 그는 다시는 훔치지 않았습니다.

바울은 이런 일이 우리에게 일어났다고 말합니다. 정신 차리십시오. 우리는 하나님과 전혀 새로운 관계에, 우리 스스로 만들어 낼 수 없었던 관계에 있습니다. 다른 곳에서 바울은 이렇게 선포합니다. "누구든지 그리스도 안에 있으면 새로운 피조물이라. 이전 것은 지나갔으니 보라 새것이 되었도다"(고후 5:17).

바로 여러분입니다. 세례 때 무슨 일이 일어납니까? 사람들이 마르틴 루터에게 물었습니다. 루터는 이렇게 설명했습니다. "세례 때, 새로운 여러분이 태어날 수 있도록 옛 아담이 빠져 죽습니다."

그리스도께서 여러분을 새롭게 지으셨고, 세상을 다시 창조하셨습니다. 그래서 이제 하나님이 여러분을 보며 미소를 지으십니다. "그래! 이게 내가 너를 지을 때 생각했던 거야! 그래! 나의 새로운 피조물아, 가서 새로운 세상을 살아라."

참여적 관점

14

죽음이 그녀가 되다: 로마서 6:1-14

티모시 곰비스
Timothy G. Gombis

〈죽음이 그녀가 되다Death Becomes Her〉는 1990년대 메릴 스트립과 골디 혼을 스타로 만든 코미디 영화의 제목입니다(이 영화의 한국판 제목은 〈죽어야 사는 여자〉이다). 아직 보지 않았더라도, 아무것도 놓치신 게 없습니다. 그러나 오늘의 로마서 본문과 우리가 처한 상황을 묵상하는데, 이 영화의 제목이 제 머릿속을 떠나지 않았습니다. 지금은 우리 공동체가 어디로 향하는지 분별해야 할 때입니다. 지난 몇 년, 우리는 이 지역에서 사역하면서 큰 복을 경험했으며, 여러 면에서 놀랍게 성장했습니다. 그러나 우리는 여기서 어디로 가야 합니까?

목양팀이 지난 몇 달 동안 이 문제를 두고 머리를 맞대고 활발한 논의를 했습니다. 이 대화들에서 오간 말이 우리 가운데 나머지 사람들에게 퍼졌고, 그래서 우리는 이제 어떻게 되는지 궁금합니다. 저는 확신합니다. 저는 앞길을 압니다. 제가 이런 확신을 갖는 데는 몇 가지 이유가 있습니다. 어쨌든, 신약성경의 하나님 백성에 관한 성경신학 개념들을 고찰하고 교회가 하나님의 선교에 어떻게 참여하는지 숙고하는 것이 제가 늘 하는 일입니다. 저는 신약학자이며, 그래서 이 모두가 우리의 작은 공동체 및 그 사명과 어떻게 연결되는지 오래도록 생각해 왔습니다. 저는 의견이 같은 사람들과 대화하면서 더 큰 확신을 갖게 되었습니다. 저의 상황 인식이 생명을 주는 길로 이어진다는 것입니다. 제가 볼 때, 방향에 관한 우리의 숱한 논의는 열매가 아주 풍성했습니다. 그러나 몇몇 분이 제가 제시한 비전의 빛을 보길 거부했기에 저는 점점 더 좌절했습니다.

제가 익살스럽다는 것을 여러분이 알아주시면 좋겠습니다. 제가 하는 말의 많은 부분은 제 고백입니다. 지난 몇 주 동안 바울 서신의 여러 단락을 묵상했습니다. 거기서 사도 바울은 갈등을 겪는 교회들에게 조언하고, "만일 서로 물고 먹으면 피차 멸망할까 조심하라"고 경고합니다(갈 5:15).[1] 한편으로, 저는 제가 우리 공동체를 생명과 약속을 향해 이끌어 왔다고 느낍니다. 그러나 다른 한편으로, 제가 저 자신의 비전을 크게 확신하게 되고 다른 사람들이 악한 동기에서 제 지혜를 거부하고 있다고 확신하게 되면서 죽음의 역학을 도입해 오지 않았는지 의문이 들기

설교란, 가장 적게 잡아도, 구체적 도전들과 기회들을 마주하는 특정한 공동체를 겨냥해서 하는 말이다. 바울의 로마서는 분열의 위협을 받는 공동체를 돕기 위한 복음의 말이다. 나는 미드타운 크리스천 커뮤니티(Midtown Christian Community)라는 선교적(missional) 교회의 목양팀의 일원이었으며, 그때 우리는 공동체의 나아갈 방향을 두고 긴장의 시기를 겪었다. 바울이 죽음/삶이라는 역설과 그리스도에 참여함을 근거로 제시한 조언은 내가 우리 지도부 사이의 관계를 전개하는 역학을 이해하는 데 도움이 되었고, 그 시기에 나의 설교를 형성했다. 나는 이 설교를 특정한 개인이 아니라 내가 기뻐하는 공동체를 향해 했으며, 따라서 이 설교는 내가 그들에게 하고 싶은 말을 대변한다.

1   사용된 성경은 개역개정 4판이다(저자는 NRSV를 사용했다).

시작했습니다. 직관을 거스르고 위아래와 안팎을 뒤집는 하나님의 지혜에서 볼 때, 죽음에 저항하고 생명을 붙잡으면 역효과가 납니다. 이것은 좌절과 낙담과 분열로 이어집니다. 자기확신이 자기기만으로 드러납니다. 동의하지 않는 사람들을 하나님이 주신 게 분명한 사역 비전을 '반대하는 사람들'로 보면, 결국 자기 파멸과 공동체의 좌절에 이를 것입니다.

죽음을 받아들임으로써 하나님의 생명 경험하기

하나님의 지혜에서, 교회는 죽음을 받아들임으로써 하나님의 생명을 경험합니다. 우리 가운데 많은 사람이 "나를 덮는 그분의 깃발은 사랑이라네(his banner over me is love)"라고 찬양하며 자랐습니다. 그러나 이 찬양의 바울 판은 "나를 덮는 그분의 깃발은 '죽음이 그녀가 되다'"일는지 모르겠습니다. 반직관적으로 들리겠지만, 죽음은 교회에 약속을 주는 정체성의 표지입니다. 우리는 창의적으로 그리스도의 죽음에 거할 때, 그분의 성령으로 생명을 주는 그리스도의 임재를 모두 함께 경험하기 때문입니다. 그러면 이 공동체를 향한 우리의 야망이 죽고, 우리가 이 공동체를 향해 품은 비전과 계획을 향한 열정이 십자가에 못 박힙니다. 우리의 채무 증명서가 십자가에 못 박혔다는 사실에 하나님께 감사합니다(골 2:14). 그러나 그 어떤 비전 선언문이라도 낙담과 소외와 쓴 뿌리와 다툼의 역학을 낳는다면, 그 선언문도 십자가에 못 박아야 합니다.

그러나 여기 문제가 있습니다. 이것은 우리가 연결되는 방식을 거스릅니다. 우리는 자기보존 본능이 강하며, 그래서 여기에 저항합니다. 우리는 상실을 피하기 위해 할 수 있다면 무엇이든 합니다. 우리는 비전을 논할 때 우리의 말이 먹히지 않을까 두렵고, 그래서 곧바로 십자가를 아주 위험하게 여깁니다. 제가 정직하다면, 인정컨대, 저는 다른 사람들이 십자가를 지길 원합니다. 저는 이들이 십자가를 지도록 돕는 데 관심이 있을는지 모릅니다. 하지만 저 자신은 십자가를 피하고 싶습니다. 그러나 저는 이 시기에 자신에게 물어야 합니다. 나는 정말로 십자가의 표식이 있는 사람인가, 아니면 나의 태도와 말 때문에 점점 더 좌절하고 화를 내며 어쩌면 해를 끼치는 사람인가? 저는 상상력을 발휘해 제가 옳다는 온갖 논증을 펼쳤습니다. 그러나 저는 한 걸음 물러섰고, 실상을 직시해야 했습니다. 제가 십자가를 다른 사람들에게는 좋은 소식이지만 제게는 나쁜 소식으로 보았다는 실상 말입니다. 십자가를 피해야 할 것으로 본다면, 위험하고 죽음에 이르게 됩니다.

그러나 십자가는 가장 강력하게 약속하고 가장 강력하게 소망을 주는 곳입니다. 무엇이든 십자가에 내어놓으면, 그곳은 하나님이 부활의 능력을 부어 주시는 곳이 되기 때문입니다. 우리가 공동체로서 품는 구속과 갱신의 유일한 소망은 함께 십자가에 거하며, 다음을 위한 우리의 계획과 야망을 아주 느슨하게 잡는 것입니다. 이러한 참여는 공동체가 서로 경청하고, 서로를 사랑으로 대하며, 서로를 믿어 주고, 그 어떤 구체적 비전보다 서로에게 헌신하는 데서 구현됩니다.

로마 그리스도인들도 비슷한 상황에 처해 있습니다. 두 그룹이 하나님을 향한 신실한 그리스도인의 제자도를 어떻게 구현할지를 두고 서로 다른 비전을 형성해 왔습니다. 한 그룹은 성경을 아주 중요시하며, 그래서 예수님을 구원자로 보내신 이스라엘의 하나님께 충성한다는 것은 유대인으로 삶으로써 이스라엘의 성경에 순종한다는 뜻이라고 믿습니다. 이들은 성경과 전통이 자신들 편이라고 주장합니다. 이들은 자신들의 입장을 간결하고 성경적인 슬로건으로 요약합니다. "먼저는 유대인에게요 또한 헬라인에게로다." 또 한 그룹도 성경에 똑같이 전념하지만, 첫째 그룹의 결론에 동의하지 않으며, 유대 관습들을 지키라는 압박에 저항합니다. 그 결과, 로마 그리스도인들이 분열되고 그리스도인들은 낙담에 빠집니다. 이들은 분열되었습니다. 이들은 과연 한 공동체로 계속 남아 있어야 하는지 의문이 듭니다.

'은혜'라는 철저히 새로운 자리

바울은 이들을 격려하고 이들이 그리스도인으로서 공유하는 정체성으로 이들을 하나 되게 하려고 편지를 씁니다. 바울은 이들에게 서로를 판단하지 말라고 가르칩니다. 이들 모두 심판 아래 있는 인류의 역사를 공유하기 때문입니다(롬 1:18-3:20). 이들 모두 동일한 근거로 의롭다 하심을 얻었고, 이로써 예수님의 가족에서 서로 형제자매이며, 따라서 어느 그룹도 상대방을 거슬러 자신들의 주장을 내세울 근거가 없습니다(3:21-31). 이들은 '은혜'라는 철저히 새로운 곳에서 함께 살며(5:2), 이 우주적 구속의 공간에서 모두 하나님과 하나 되고, 서로 하나가 됩니다. 사실, 이들은 성령의 능력으로 그리스도와 하나됨으로써 하나님 안에 거합니다.

로마서 6:1-14에서 바울은 이 새로운 우주적 공간에 거주하게 되는 역설적 방식을 설명합니다. 이들이 그리스도―이 새로운 창조 공간―에 참여함은 인간의 상상력이 작동하는 핵심적 방식에 역행합니다. 각 그룹은 상대방을 '고치려는' 유혹을 받지만, 자신의 그룹이 갖는 그리스도인의 제자도 개념을 옹호하고 상대방이 틀렸다고 판단하는 것은 실제로 죄(Sin)라는 우주적 권세를 섬기는 것입니다! 은혜의 공간에 신실하게 거하는 방법은 죄짓기를 계속하지 않는 것입니다! 바울이 여기서 생각하는 것은 각 그룹이 상대방을 판단하려는 경향입니다. 바울의 말은 터무니없어 보입니다. 누가 이렇게 하려 하겠습니까? 누가 죄를 지음으로써 은혜의 공간이 번성하고 커지게 하려 하겠습니까? 그러나 이들이 서로를 판단할 때 바로 이런 짓을 하고 있는 것입니다.

정신이 번쩍 듭니다. 제가 알기로, 저는 저 자신의 생각이 옳다고 굳게 확신한 나머지 다른 사람들이 잘못 알거나 동기가 나쁘다고 무시했을 때, 바로 이렇게 했습니다. 우리 공동체를 향한 하나님의 목적은 눈부신 비전 선언문이 아니라 서로를 품어 주고, 서로를 환대하며, 서로를 향한 깊은 헌신으로 특징되는 하나됨입니다. 타협할 수 없는 것은 이쪽이 이기느냐 저쪽이 이기느냐가 아니라 우리가 함께하고 서로 돌본다는 것입니다.

우리가 세례를 받을 때, 성령께서 우리를 그리스도 안으로 밀어 넣으십니다. 이것은 성령께서 우리를 그리스도의 죽음으로 깊이 몰아넣으신다는 뜻입니다. 이 해방의 영역—우리가 거주하는 이 새로운 자유의 지형—에서, 우리는 타인에게 해를 끼침으로써, 우리의 방식대로 보라며 타인에게 강요함으로써 사탄의 지배 아래 살아갈 선택권이 없습니다. 우리는 그리스도의 죽음에 참여함으로써 이 영역에 대해 죽었고 이 영역으로부터 건짐을 받았으며, 그래서 이제 그리스도의 생명에 참여합니다. 우리는 우리를 공감할 줄 모르고 소원하게 하며 관계를 파괴하고 우정을 무너뜨리는 공동체 생활의 패턴들에 대해 죽었습니다. 우리는 우리가 원하는 것과 우리에게 친숙한 것을 단단히 붙잡고 싶은 유혹을 느낍니다. 이렇게 함으로써, 우리가 공동체를 복된 방향으로 이끌고 있다고 느낄는지 모릅니다. 그러나 우리는 서로에게 상처를 주며, 공동체를 무너뜨리고 있습니다.

우리는 서로 화목하고 사랑하며 섬기는 공동체의 패턴을 키워 감으로써 그리스도의 죽음에 참여함의 아름다움을 볼 때에야, 가장 유망한 장소는 십자가 위라는 것을 볼 때에야, 우리 가운데서 하나님의 능력을 경험하리라는 소망을 갖게 될 것입니다. 실제로 "죽음이 그녀가 됩니다." 죽음이 교회로 아름다운 곳이 되게 합니다. 우리가 자신을 죽음에 내줄 때, 죽음이 자기보존과 자기발전을 바라는 우리의 생각을 거스를 만큼 그렇게 할 때, 그리스도의 부활의 능력을 경험하고 새 생명 가운데 산다는 의미에서 말입니다.

죽음은 이보다 더 유력합니다. 우리는 어느 때보다 신실하게 그리스도의 죽음에 참여함으로써 우리의 공동체에서 그리스도 안에 있는 하나님의 생명을 지금 누릴 뿐 아니라 장차 그리스도께서 오셔서 산 자와 죽은 자를 심판하실 때 부활의 기쁨에 참여할 게 확실합니다. "만일 우리가 그의 죽으심과 같은 모양으로 연합한 자가 되었으면 또한 그의 부활과 같은 모양으로 연합한 자도 되리라"(6:5).

하나님이 우리들 각자에게 그리스도 안에서 성령으로 십자가의 약속을 보는 눈을 주시고 서로를 사랑하는 마음을 주셔서 우리의 공동체가 하나님이 당신의 영광과 세상의 유익을 위해 부활의 생명과 능력을 부어 주시는 곳이 되길 기도합니다. 아멘.

15

한 사람의 순종으로 새롭게 되다: 로마서 5:12-19

리처드 헤이스
Richard B. Hays

오늘의 본문은 사도 바울의 로마서 15장입니다. 들어 볼까요?

그러므로, 죄가 한 사람을 통해 세상에 들어왔듯이, 죽음이 죄를 통해, 따라서 죽음이 인류 전체에게 퍼지고, 그 결과 모두가 죄를 지었다.

[율법이 오기 전에, 죄가 실제로 세상에 있었기 때문이지만,

율법이 없기 때문에, 죄는 계산되지 않았다.

그럼에도 불구하고, 죄가 왕노릇했다. 죽음이 아담부터 모세까지,

아담의 범법과 같은 모양으로(계명을 어김으로써) 죄를 짓지 않은 자들에게까지 왕노릇했다.]

2005년 2월 17일 듀크 신학대학(Duke Divinity School)의 요크 채플에서 처음 했던 설교다(2017년 8월에 수정해 업데이트 되었다). 본문: 창 2:15-17; 3:1-7; 마 4:1-11; 롬 5:12-19. 이 장은 다음에 실린 설교의 수정판이다. Richard B. Hays, "Made New by One Man's Obedience," from pages 96-102 of *Proclaiming the Scandal of the Cross*, edited by Mark D. Baker, published by Baker Academic, a division of Baker Publishing Group, copyright 2006. 허락을 받고 여기에 실었다.

◆

이제 아담은 오실 분의 예시다.

그러나 은혜-선물(grace-gift)은 그 실족(false step)과 같지 않다.
한 사람의 실족으로 많은 사람이 죽었다면,
더더욱 예수 그리스도라는 분의 은혜를 통해
하나님의 은혜가 많은 사람에게 넘쳐 났다.

그리고 이 선물은 한 사람의 죄의 결과와 같지 않다.
한 사람의 죄에서 비롯된 심판은 정죄에 이르지만,
많은 실족에 이어지는 은혜-선물은 옳다함(vindication)에 이르기 때문이다.
한 사람의 실족으로, 죄가 그 한 사람을 통해 왕노릇했다면,
더더욱 은혜와 의의 선물을 넘치게 받는 자들은―
더더욱 이들은 예수 그리스도라는 분을 통해 생명 안에서 왕노릇할 것이다.

그러므로 한 사람의 실족을 통해 우리 모두에게 정죄가 이르렀듯이
한 사람의 의로운 행위를 통해 생명의 바로잡음이 우리 모두에게 이르렀다.
한 사람의 불순종을 통해 많은 사람이 죄인이 되었듯이,
한 사람의 순종을 통해 많은 사람이 많은 사람이 의롭다고 여겨졌다.

참여적 관점

사도 바울이 이 단락을 짧은 신학적 고찰의 기도로 저에게 제출했다면, 저는 "글쓰기 교실에 다녀오세요!"라고 했을 것입니다. 그리고 글쓰기 교실에 전화해 이렇게 말했을 것입니다. "바울이라는 학생이 생각은 깊은데 글쓰기가 엉망이니, 좀 도와주시면 고맙겠습니다. 먼저, 이 친구는 비문(非文)으로 시작합니다. 그다음에는 몇 문장을 본론에서 벗어났다가 자신이 말하려는 핵심으로 돌아옵니다. 그리고, 이 친구, 했던 말을 되풀이합니다. 이친구, 마치 워드프로세서에 다양한 형태로 글을 썼다가 수정도 하지 않고 제출한 것 같습니다. 마지막으로, 이 친구, 실제로 몇몇 예를 사용해 우리가 자신이 말하려는 핵심을 따라오도록 도우려 합니다. 저의 그리스어 로마서 주해 과정을 통과할 수 있도록 이 친구를 도와주시면 고맙겠습니다."

농담은 제쳐 두고, 우리가 이 단락에서 마주하는 어려움이 교정 작업이 필요한 사람은 바울이 아니라 우리라는 신호가 아닌가라는 의심이 듭니다. 겉보기에, 우리에게 교정 작업이 필요한 것은 우리가 복잡하게 얽힌 신학 논증들을 따라가는 데 꼭 필요한 인내와 기술을 잃어버렸기 때문입니다. 우리는 쉽고 짧게 표현된 신학을, 또는 적어도 〈USA 투데이〉에 실린 5학년 읽기 수준에 맞춘 산문으로 된 신학을 선호할 것입니다. 그러나 더 깊은 진리가 있습니다. 곧 우리에게 교정 작업이 필요한 것은 우리가 우리의 조상 아담을 따라 실족의 미끄러운 길에 들어서서 넘어졌기 때문입니다. 그래서 지금 우리는 죄와 죽음의 권세에게 지배당하고 있습니다. 우리는 이러한 환영(幻影)의 소용돌이 아래 살기에, 우리의 삶을 의미 있게 하는 참된 이야기를 보지 못합니다.

그러면 우리가 어디서 교정을 시작해야 합니까? 우리의 마음을 교정하는 4단계 프로그램을 제시하겠습니다. 각 단계마다 우리 인간의 곤경과 하나님이 우리 자신에게서 우리를 구해 내신 예상치 못한 방법을 새롭게 인식해야 합니다.

죄와 죽음의 그물에 사로잡혔다

첫째, 우리의 실제 상태를 인식해야 합니다. 다시 말해, 우리는 죄와 죽음의 그물에 걸려 있습니다. 우리는 이것을 생각하고 싶지 않습니다. 우리는 우리가 상황을 통제한다고, 우리가 뼛속까지 선하다고, 세상의 모든 문제는 우리 자신이 아니라 다른 어디선가—불법 이민자들과 테러리스트들에게서든 우파의 어떤 음모에서든 간에—비롯되었다고 믿고 싶어 합니다. 우리는 시간과 창의력만 충분하다면, 우리가 우리의 문제를 해결하고 '더 나은 세상을 세울' 것이라고 믿고 싶어 합니다. 우리가 폭력을 두려워합니까? 우리는 이 문제를 해결할 수 있습니다. 나쁜 사람들을 모조리 죽이기만 하면 됩니다. (며칠 전, "우리는 우리가 죽일 수 있는 것보다 더 빠르게 적을 만들어 내고 있다"고 쓴 범퍼 스티커를 보았습니다.) 사회적, 경제적 병폐는 어떻게 하겠습니까? 우리는 올바른 후보들에게 표를 주고 올바른 대법관을 세우기만 하면 됩니다. 정신적 문제들은요? 안정을 가져다주는 올바른 약물 처방을 찾기만 하면 됩니다. 우리가 우리의 몸을 재설계하고 결점을 제거할 수 있도록 우리의 대학들과 기업들은 완벽한 유전공학 기술을 찾기 위해 치열한 경쟁을 벌이고 있습니다. 오, 용감한 신세계여! 때로 죽음까지도 의학이 아직은 풀지 못한 문제로 여겨집니다.…그러나 우리에게 시간을 주십시오. 여러분 중에 보스턴 레드 삭스의 강타자로 몇 년 전에 죽은 테드 윌리엄스(Ted Williams, 1918-2002)를 기억하는 분이 계실 겁니다. 그가 죽은 후, 그의 아들이 장차 의학이 발달해 되살리길 바라며 그의 시신을 얼려(영하 198도의 액화질소 탱크에 거꾸로 매달아) 보존했습니다. (레드 삭스가, 이제 시카고 컵스까지, 월드시리즈에서 우승할 수 있다면, 무슨 일이든 가능할 겁니다! 보스턴 레드 삭스는 2004년에 86년 만에, 시카고 컵스는 2016년에 108년 만에 월드시리즈에서 우승했다). 그러나 제가 말하려는 핵심은 이것입니다. 기술이 인간의 모든 문제를 해결해 주리라는 순진한 믿음은 실제로 우리 자신의 유한성으로부터, 우리 자신의 죄악됨으로부터 숨으려는 우리의 애처롭고 자기기만적인 바람을 증언합니다.

로마서 첫 몇 장에서, 바울은 이 주제를 가차 없이 다룹니다. 아담과 하와처럼, 우리는 하나님에게 등을 돌려 그분께 불순종했으며, "하나님과 같이 되어 선악을 알려는" 우리의 교만한 시도는 우리의 우상숭배와 혼란과 자멸을 부르는 폭력을 낳았습니다. 그런데도 우리는 줄곧 우리가 덕스럽다고 생각합니다. 그러므로 아담의 이야기는 우리 앞에 거울을 세워 놓습니다. 이 거울에서 우리는 자신의 벌거벗음과 수치를 보기 시작합니다. 아담의 이야기는 우리의 이야기입니다. 이 이야기가 작동하자, 인간의 역사는 속이고, 무화과나무 잎으로 가리며, 폭력을 행사하는 연쇄반응이 됩니다. 아담 이야기의 둘째 장은 가인과 아벨 이야기입니다. 그 장의 분명한 이미지를 보고 싶다면, 〈호텔 르완다Hotel Rwanda〉라는 영화를 보십시오. 이 영화는 아프리카의 어느 작은 나라에서 일어난 끔찍한 인종 폭력 이야기를 들려줍니다. 이것은 인간이 처한 상황의 축소판입니다. 또는 범위를 가정으로 좁혀 관련된 이미지를 보길 원한다면, 텔레비전을 틀어 최근에 학교에서 일어난 가슴이 미어지는 총기 사건에 관한 뉴스를 보십시오.

압도적인 좋은 소식

우리의 교정(矯正)에서, 둘째 단계는 우리 자신이 처한 암울한 상황에 압도되지 않는 것입니다. 이것이 끔찍하기 때문이 아니라, 복음이 압도적으로 좋은 소식을, "그리스도께서 경건하지 않은 자를 위하여 죽으셨도다"라는 소식을 전하기 때문입니다(롬 5:6). 우리의 몽매함과 폭력에도 불구하고, 우리는 이제 예수 그리스도를 통해 화해되었습니다. 로마서 5:12-19의 놀라운 특징 중 하나는 바울이 죄와 은혜의 불균형을 단호하게 주장한다는 것입니다. 들어 보십시오. "그러나 은혜-선물(grace-gift)은 그 실족 (false step)과 같지 않다. 한 사람의 실족으로 많은 사람이 죽었다면, 더더욱 예수 그리스도라는 분의 은혜를 통해 하나님의 은혜가 많은 사람에게 넘쳐 났다." "더더욱"(폴로 말론)은 바울 복음의 상징적 표식입니다. 신약학자 폴 악트마이어(1927-2013)가 자신의 주석에서 이 단락에 관해 썼듯이, "따라서 은혜는 악을 은혜의 사태에 묻어 버림으로써 악을 이깁니다."[1]

이런 까닭에, 아담과 그리스도 사이의 유비는 단지 유비일 뿐입니다. 죄, 혼란, 죽음에서 이뤄지는 우리와 아담의 연대는 우리와 예수 그리스도 사이에 이뤄지는 훨씬 생생하고 긍정적인 3차원적 연대의 희미하고 부정적이며 2차원적 그림자입니다. 흥미롭게도, 우리의 지각 능력이 아주 심하게 훼손되었습니다. 그래서 생명을 주는 새 인류(new life-giving humanity)에, 그리스도의 죽음과 부활이 우리를 위치시킨 새 인류에 우리가 참여함을 파악하기보다 우리와 아담 안에서 죽음을 향한 옛 인류와의 연대를 파악하기가 더 쉽습니다. 이런 까닭에, 바울은 우리에게 아담을 상기시킵니다. 우리에게 실마리를, 마음의 손잡이를 주어, 우리가 거기서부터 더듬어 나가 우리 앞에 오시며 우리가 살아가는 현실을 형성하시는 위대한 분의 행동이 우리의 운명을 어떻게 결정할 수 있는지 상상하기 시작할 수 있도록 하기 위해서입니다. 그러나 아담-그리스도 유비에 잘못 이끌려, 예수 그리스도

---

1   Paul J. Achtemeier, *Romans, Interpretation Commentary* (Atlanta: John Knox, 1985), 102.

는 단지 아담의 범법이 낳은 결과를 뒤집고 우리를 백지상태의 원점으로 되돌리신다고 생각해서는 안 됩니다. 오히려, 예수님은 우리를 새롭게 창조하시며, 이로써 우리의 정체성은 하나님을 향한 우리의 불충성이 아니라 그분의 신실하심에 의해 긍정적으로 재규정됩니다.

예수 그리스도의 순종

이렇게 말하는 방식이 이미 셋째 단계를, 중대한 셋째 인식을 가리킵니다(저는 '중대한'이란 단어를 신중하게 선택했습니다). 로마서 5장에 따르면, 우리의 구원은 예수 그리스도의 순종에 달렸습니다. 우리가 어떻게 현재의 곤경에 처하게 되었는지 되돌아보십시오. 이스라엘이 시내산 언약을 어겼고, 저주 아래 놓였으며, 포로생활을 했습니다. 그러나 예수님이 광야에서 유혹받으신 이야기는 세상에 새로운 일이 일어났음을 보여 줍니다. 예수님은 자신을 하나님처럼 되고 권력을 손에 넣으라는 유혹을 물리친 새 아담으로 계시하십니다. 예수님은 또한 자신을 마귀의 유혹을 물리치고 신명기 6장 말씀에 피함으로써 토라를 바르게 존중하는 참 이스라엘로 계시하십니다. "주 너의 하나님께 경배하고 다만 그를 섬기라"(마 4:10; 신 6:13 인용). 이 광야의 유혹은 이스라엘 이야기의 진짜 절정을 위한 최종 리허설입니다. 놀라운 절정은 이것입니다. 곧 예수님은 십자가에 달려 죽기까지 순종하시며, 그러면서도 자신의 뜨거운 기도를 성취하십니다. "[아버지의] 뜻이 이루어지이다." 이렇게 예수님의 순종은 말 그대로 새 인류를, 새 창조를 시작합니다. 그분 때문에, 그분 안에서, 이야기가 다시 시작될 수 있습니다.

해방되어 오는 세상의 삶에 참여하다

마지막으로, 로마서 5장은 넷째 단계를 제시합니다. 우리는 바울 복음이 우리의 마음을 변화시키게 하는 교정 작업을 수행하려 할 때, 반드시 물어야 하는 질문이 있습니다. "예수님의 순종하는 죽음이 실제로 어떤 방식으로 우리와 하나님을 화해시키는가?" (또는 조직신학의 전통적 언어를 사용하자면, 로마서 5장에 어떤 대속론이 나오는가?)

프로테스탄트 전통에서, 특히 이 전통의 복음주의 형식들에서, 우리는 대속(代贖, atonement)을 주로 피 제사와 대리적 형벌(penal substitution)의 견지에서 해석하는 데 익숙합니다. 예수님이 우리가 치러야 마땅한 우리의 죗값을 치르셨고, 예수님이 우리를 우리의 죄책과 죄에서 깨끗하게 하려고 자신의 피를 제물(victim)로—아마도 하나님의 진노를 누그러뜨리기 위해—흘리셨습니다. (피 대속의 언어가 오늘 우리가 부를 마지막 찬송에 나타날 것입니다. 예수님의 피는 우리 죄의 "검은 얼룩"을 씻어 낼 "진홍빛"입니다.) 바울이 이따금 대속 이미지를 사용하는 것은 분명합니다(예를 들면, 롬

3:24-25; 5:9). 그러나 이런 언급들은 놀랍게도 드뭅니다. 바울은 '죄 용서'를 거의 말하지 않습니다. (이것이 핵심인데) 바울은 인간의 곤경을 더 철저히 진단하고 새 창조를 더 철저히 내다보기 때문입니다. 우리는 용서와 법정의 무죄 선고보다 훨씬 많은 것이 필요합니다. 우리는 단지 용서받기만 하면 되는 게 아닙니다. 우리는 변화되어야 합니다. 우리는 부패에 속박된 상태에서 자유하게 되고 해방되어 오는 세상의 삶에, 이미 우리의 상한 세상을 침노한 삶에 참여해야 합니다. 놀랍게도, 로마서 5:12-19에서, 바울은 피 제사에 관해 또는 예수님이 우리의 형벌을 받으심에 관해 전혀 말하지 않습니다. 아담-그리스도 모형론은 우리가 구원받는 방식의 매우 다른 그림을 제시합니다. 우리가 구원받는 것은 신실하며 순종하는 분이 시작하신 새 인류에 참여하기 때문입니다.

이것을 어떻게 그려야 할까요? 이 유비를 생각해 보십시오. 이따금 컴퓨터가 바이러스나 악성 코드에 심하게 감염되어 하드디스크를 포맷하고 운영시스템을 비롯해 소프트웨어를 다시 깔아 재부팅해야 하는 경우가 있습니다. 이것은 바울이 로마서 5장에서 말하고 있는 것에 대한 그리 가깝지 않은 유비입니다. 마치 아담 안에서 인류가 죄라는 바이러스에 아주 심하게 감염되어 오작동과 '불법적 작동'이 시스템을 마비시키고 있었던 것 같습니다. 예수님이, 하나님께 철저히 순종함으로써, 감염된 프로그램을 지우고 바이러스를 퇴치하는 새로운 운영체계를 설치해 우리가 본래 창조된 목적에 맞게 제 기능을 할 수 있게 하십니다.

그분은 휴머니티 2.0입니다.

물론, 우리는 기계가 아닙니다. 그래서 저는 이 유비를 걱정합니다. 어쩌면 이렇게 말하는 게 더 좋겠습니다. 우리는 비탄과 부정(不貞)과 갈등과 중독과 학대의 사이클에 갇힌 역기능 가정입니다. 예수님―신비롭고 오래 잃어버린 형―이 문제투성이인 우리 가정에 오셔서 놀랍게 새 영을 심어 주며 자신을 내어 주는 새로운 방식으로 삶으로써 우리 가정을 변화시키고, 파멸의 역할을 바꿔 놓으며, 가정의 초점을 하나님의 사랑에 다시 맞추십니다. 그분의 신실하심은 다른 삶의 패턴을 본으로 보여 줄 뿐 아니라 새로운 종류의 가정을 창조합니다.

이번에도 유비가 아쉽습니다. 저는 바울처럼 이렇게 말하고 싶습니다. "그러나 은혜-선물(grace-gift)은 바이러스에 감염된 컴퓨터와 같지 않다. 더더욱 예수 그리스도라는 분의 은혜를 통해 하나님의 은혜가 많은 사람에게 넘쳐 났다." 또는 이렇게 말하고 싶습니다. "그러나 은혜-선물은 역기능 가정과 같지 않다. 더더욱 예수 그리스도라는 분의 은혜를 통해 하나님의 은혜가 많은 사람에게 넘쳐 났다." 이렇게 은혜가 넘쳐남이 실제로 우리가 새 백성이, 새로운 피조물이 되게 했습니다. 하나님의 사랑이 우리의 마음에 부어지고, 성령께서 우리를 예수님의 형상으로, 우리를 위해 끝까지 신실하셨던 분의 형상으로 변화시키고 계십니다. 우리의 모든 유비가 이 실체를 향해 더듬어 나아갑니다. 그래서 우리는 우리 주 예수 그리스도를 통해 하나님과 평화를 누립니다.

◆

하나님께 감사를.

16
숨 잘 쉬기:로마서 8:12-30

수잔 왓츠 헨더슨
Suzanne Watts Henderson

천식, 알레르기, 만성폐색성폐질환, 폐섬유종…. 우리는 만성 호흡 질환들로 고통당하는 세상에 살고 있습니다. 우리의 심호흡을 위축시키는 일련의 상황에 대한 진단이 최근에 치솟고 있습니다. 과학자들은 이러한 추세를 다양한 환경적, 유전적 문제로 돌리는 경향이 있습니다. 하지만 분명한 것은 숨쉬기가 어려워진 사람들이 어느 때보다 많다는 것입니다.

그러나 우리가 숨을 잘 쉬지 못하게 만드는 것은 육체의 질병만이 아닙니다. 우리 주변과 전 세계에서 강력한 시스템들이 공모해 흔히 폭력적 방법으로 표적 집단들의 안녕을 해칩니다. 2014년 에릭 가너(Eric Garner)가 경찰의 손에 죽은 후, "숨을 쉴 수 없어요(I can't breathe)"는 다양한 상황에서 다양한 형태의 억압에 짓눌리는—실제로 질식당하는—사람들의 슬로건이 되었습니다.

여러 해 전, 〈오프라 윈프리 쇼〉와 〈닥터 오즈 쇼〉로 유명해진 통합의(統合醫) 앤드류 웨일이 우리 캠퍼스를 방문했습니다.

어느 오후, 질의와 답변 시간에 한 학생이 물었습니다. "전반적인 건강 증진을 위해 하나만 추천하신다면 무엇을 추천하시겠습니까?" 웨일의 대답은 간결한 만큼이나 신속했습니다. "하나의 사회로서, 우리는 숨을 잘 쉬는 법을 배워야 합니다."

숨 잘 쉬는 법 배우기

오늘의 로마서 본문은 전적으로 숨 잘 쉬는 법 배우기에 관한 것입니다. 그러나 이것은 놓치기 쉬운 포인트입니다. 어쨌든, 대다수 영어 성경들은 바울이 쓴 '프뉴마'라는 단어를 spirit(영) 또는 심지어 Spirit(성령)으로 옮겼습니다. 그래서 많은 서구 그리스도인이 삼위일체 교리로 도약해 프뉴마를 삼위일체의 셋째 위(位)와 동일시합니다.

그러나 바울이 이 단어를 사용하는 방식을 범주화하기는 어려우며, 교리화하기는 더 어렵습니다. 프뉴마는 로마서 8장의 전체 39절에서 21회 사용되며, 바울이 누구의 '영'을 말하고 있는지 늘 분명하지는 않습니다. 하나님의 영? 그리스도의 영? 우리의 영? 대답은 간단합니다. 셋 다입니다.

상응하는 히브리어 루아흐처럼, 프뉴마도 '바람', '숨/호흡'을 의미할 수 있습니다. 이 프뉴마는 세상에서 나타나는 곳마다 하나님의 생명을 주는 임의적이고 종잡을 수 없는 힘입니다. 바울에게 이 프뉴마는 우리가 "생명을 얻게 하고 더 풍성히 얻게

하려"고(요 10:10) 우리의 숨과 하나가 되는 하나님의 숨입니다.[1]
우리가 붙잡길 바울이 원하는 이 프뉴마는 우리의 호흡 문제를
해결하는 하나님의 해독제입니다.

여러 가지 점에서, 이것은 바울이나 성경을 읽는 그 누구에
게도 뉴스가 아닙니다. 어쨌든, 주 하나님이 처음부터 생명을 우
리 속에 불어넣고 계시며, 첫 진흙 덩이의 코에 "생기"(breath of
life, 생명의 숨, 창 2:7)를 불어넣으신 때부터 줄곧 이렇게 해오고 계
십니다. 생명을 주는 하나님의 숨은 에스겔이 마른 뼈가 가득한
골짜기의 환상을 보았을 때 다시 나타납니다. 순진한 에스겔은
죽은 것은 죽은 것이라고 생각했습니다. 그는 하나님의 백성, 사
면초가에 처한 포로된 백성이 인간이 가는 부패의 길을 가리라
고 생각했습니다. 그러나 여기 핵심구절이 있습니다. "주 여호와
께서 이 뼈들에게 이같이 말씀하시기를 내가 생기를 너희에게
들어가게 하리니 너희가 살아나리라"(겔 37:5). 따라서 요엘 선지
자가 세상의 최종 회복에 관해 이런 약속을 말하는 것은 놀랍지
않습니다. "내가 내 영을 만민에게 부어 주리니"(욜 2:28). 처음부
터 끝까지 성경 이야기는 하나님의 영, 하나님의 숨이 우리가 가
장 필요할 때 폐에 새 생명을 채우신다고 말합니다.

바울이 생각해 보니, 요엘이 예언한 "주의 날"은 그리스도
의 죽음과 부활에서 동텄습니다. 바울은 '그리스도 사건'으로 생
명을 주시는 하나님의 능력이 세상에서 역사할 발판이 마련되었

---

1 사용된 성경은 달리 언급이 없다면 개역개정 4판이다(저자는 NRSV를 사용했다).

다고 생각합니다. 바울에게, 죽은 것과 다름없는 메시아의 소생(蘇生)이 온 우주를 새롭게 하는 하나님의 숨의 초기 지표—그의 표현처럼 "첫 열매"(롬 8:23)—를 제시했습니다. 바울은 생명을 주는 하나님의 영이 신실한 로마 신자들에게 임하고 계신다고 생각합니다. 이 영이 오늘 우리 중 신실한 사람들에게 임하실 것입니다.

하나님의 영의 인도를 받으려는 압박

솔직히 말해 봅시다. 우리 중에 자신을 주류 프로테스탄트라 여기는 사람들은 성령에 관한 얘기를 시작할 때 조금 불안할 수 있습니다. 우리는 지금껏 이 영역을 오순절주의자들에게 넘겼습니다. 정말 감사합니다. 우리는 지적이며 이성적입니다. 우리는 도그마와 시스템을 좋아하고, 분류하기와 구별 짓기를 좋아합니다. 그런데 영은 예측 불가능하고 임의로 작동하는 힘이며, 우리가 아무리 노력해도 길들일 수 없습니다.

수백 년간 이 주제를 쉬쉬한 끝에, 서구 학자들도 하나님의 프뉴마를 주목하고 있습니다. 필립 젠킨스(Philip Jenkins)는 남반구 교회를 연구했으며, 남반구에서는 오순절운동(Pentecostalism)이 "지난 세기 가장 성공적인 사회 운동"이라는 사실을 수적으로뿐 아니라 생명을 주시는 하나님의 능력을 보여 주는 뚜렷한 증인으로서 그러하다는 것을 발견했습니다.[2] 고(故) 필리스 티클

(Phylis Tickle, 1934-2015)은 우리가 그녀의 표현으로 "영의 시대"라 부르는 시대의 끝에 서 있다고 주장했습니다. 이 제목으로 나온 책에서, 그녀는 오늘의 교회를 되살리는 일에서 영이 하는 역할을 말합니다.[3]

거의 2천 년 전, 바울은 유대인 메시아 예수에 헌신된 공동체에 대해 비슷한 말을 했습니다. 이것은 소수 그룹에게, 자신의 몇몇 호흡 문제를 일으키는 제국의 시스템 아래 '체류 외국인'(나그네)으로 살아가는 사람들에게 시대를 초월한 메시지였습니다. 이것은 여전히 깊고 맑은 호흡을 갈망하는 세상에게 시대를 초월한 메시지입니다. 어떻게 하나님의 프뉴마가 오늘 우리의 호흡 문제를 해결하는 치료약일 수 있을까요?

먼저, 이 프뉴마가 작동하는 방식에 주목하십시오. 예를 들면, 프뉴마는 우리를 인도합니다(롬 8:14). 어떤 해석자는 프뉴마를 이렇게 표현합니다. 영이 우리를 인도할 때, 우리는 "강력한 힘의 통제를 받고⋯강력한 압박에 항복합니다."[4] 바꾸어 말하면, 하나님의 영은 우리에게 중독과 동일한 힘을 가질 수 있습니다. 우리가 기기들을 점검하거나 포테이토칩을 먹거나 한 잔 더 하려 할 때, 하나님의 영이 우리를 인도하는 압박에 압도된다고 상

2 Philip Jenkins, *The Next Christendom: The Coming of Global Christianity*, 3rd ed. (New York: Oxford University Press, 2011), 10.《신의 미래》, 김신권, 최요한 옮김(도마의 길, 2009).

3 Phyllis Tickle with John M. Sweeney, *The Age of the Spirit: How the Ghost of an Ancient Controversy Is Shaping the Church* (Grand Rapids: Baker Books, 2014).《성령의 시대》, 서진희 옮김(터치북스, 2015).

4 James D. G. Dunn, *Romans 1-8*, Word Biblical Commentary 38 (Dallas: Word Books, 1988), 450.《WBC 38상, 로마서 1-8》, 김철, 채천석 옮김(솔로몬, 2003).

상해 보십시오.

마찬가지로, 바울은 우리가 이 숨을 선물로 받는다고 말합니다(롬 8:15). 이것은 우리의 호흡 문제 치료제로서 강력하지만, 우리에게 강요하지는 않을 것입니다. 제 요가 선생님이라면 이렇게 말할 것 같습니다. 바닥까지 완전히 내쉴 때 비로소 이미 우리의 것인 이 선물을 받을 수 있다. 이렇게 우리의 숨과 하나님의 숨이 섞입니다. 바울에게, 하나님의 프뉴마가 우리의 프뉴마와 함께합니다(롬 8:16). 호스피스 돌봄이가 죽어가는 환자의 가족과 함께 하듯이 말입니다.

하나님 가정의 정식 구성원 되기

이 영이 우리의 영과 섞일 때, 더없이 놀라운 일이 일어납니다. 우리는 하나님 가정의 정식 구성원이 됩니다. 고대 세계에서 '가족 가치'는 한 사람이 집안에서 차지하는 위치를 토대로 사회적, 경제적 지위를 부여했습니다. 바울은 이러한 가족 가치를 여러 방식으로 바꿉니다. 예를 들면, 바울의 언어는 성별을 구분하는 단어 "아들"과 성별 중립 단어 "자녀"를 오갑니다. 이런 움직임은 남성과 여성 간의 계층화된 구분을 허물며, 하나님의 "상속자"를 "아들"이 아니라 "자녀"로 부름으로써 기존 관습을 무시하기까지 합니다(롬 8:17). 그 결과, "아들됨"의 신분이 "인종, 가족, 제국, 법, 교육이란 장애물을 넘어 확대됩니다."[5]

그러나 바울은 여기서 그치지 않습니다. 우리로 진지하게 생각하게 할 법한 진술에서, 바울은 우리가 하나님의 프뉴마를 호흡할 때 일어나는 이러한 신분 변화가 우리와 그리스도 사이의 구분까지 없앤다고 말합니다. 우리는 "하나님의 상속자요 그리스도와 함께 한 상속자"입니다(롬 8:17). 그리스도가 하나님의 '아들'이듯이, 우리도 하나님의 자녀입니다. 말하자면, 하나님의 재산이 우리에게 고르게 분배될 것입니다.

그러나 이게 전부가 아닙니다. 이 온 유산이 얼마나 매력적일 수 있는지 알기라도 하듯이, 이것이 번영의 복음이나 영광의 신학으로 변질되기가 얼마나 쉬운지 알기라도 하듯이, 바울은 곧바로 "현재의 고난"으로 돌아갑니다(롬 8:18). 바울은 바보가 아닙니다. 그는 하나님의 숨을 호흡하는 사람은 필연적으로 갈등의 십자포화를 받을 것이며, 여기서는 죽음의 시스템이 여전히 창조세계를 속박하고, 피조물이 "썩어짐의 종노릇"합니다(8:21). 예수님이 분명히 이렇게 하셨고, 로마 그리스도인들이 이렇게 했으며, 우리도 이렇게 합니다. 이러한 "고통"(labor pains, 산고) 가운데로(8:22), 하나님의 깊은 숨이 우리의 얇고 두려움이 가득한 헐떡임을 대신해 산소 같은 소망을 불어넣습니다. 분명히 합시다. 하나님의 영은 우리를 마비시키는 마취제로 오시는 게 아니라 생명을 주시는 능력으로 오며, 이 능력을 통해 고통은 새 생명을 가져다줍니다. 이것이 바울이 죽음 가운데 역사하는 생명의

---

5 Robert Jewett, *Romans: A Commentary, Hermeneia* (Minneapolis: Fortress, 2007), 497.

능력 때문에 "하나님을 사랑하는 사람들에게" 곧 죽음 가운데 생명의 능력을 "공개적으로 드러내도록 부르심을 입은 사람들에게 모든 것이 합력하여 선을 이룬다"고 말하는 방식입니다(롬 8:28, 필자 번역).

보는 눈이 있다면, 우리는 이러한 '공개적 드러냄(public display)'을 숨 막히고 질식할 것 같은 상황에서 생명과 희망의 불꽃을 피우는 방식으로 그 숨이 하나님의 숨과 섞이는 사람들의 스냅 샷을 볼 수 있습니다. 네이딘 콜리어(Nadine Collier)가 떠오릅니다. 그녀의 어머니는 2015년 찰스톤에서 함께 성경공부를 하던 중에 총에 맞아 숨진 엠마뉴엘교회 교인 아홉 명 중 하나였습니다. 이 사건이 있은 지 불과 며칠 후에 열린 딜런 루프(Dylann Roof)의 보석 심리에서 미스 콜리어는 발언 기회를 얻자 "당신을 용서합니다"라는 말로 시작했습니다. 1년 후에 그녀는 이 일을 이렇게 설명했습니다. "사람들은 이런 말을 했다고 저를 비판했습니다. 그러나 솔직히, 그리스도인으로서, 제게 다른 선택이 있을까요? 저는 예수님의 용서 방법을 배우며 평생을 살았습니다. 이것이 증오에 질식당하지 않는 유일한 길입니다."

다우드 나세르(Daoud Nasser)와 그의 가족도 생각납니다. 베들레헴 외곽에 자리한 이들의 텐트 오브 네이션즈 농장은 이들을 질식시키려는 이스라엘 정부의 시도에 창의적으로 저항합니다. 이들의 '공개적 드러냄'을 이들의 농장에 있는 바위에 새긴 글귀에서 볼 수 있습니다. "우리는 원수가 되길 거부한다." 물 공급이 끊기자, 이들은 빗물을 물탱크에 저장합니다. 건축이 허용되지 않자, 이들은 동굴에 게스트하우스들을 만듭니다. 전기마저 차단되자, 이들은 태양력을 이용합니다. 무엇보다도, 이들은 하나님의 숨을, 죽음의 권세보다 강한 생명과 사랑의 숨을 계속 쉽니다.

요즘 여러분의 숨쉬기 패턴은 어떻습니까? 숨이 가빠 힘듭니까? 여러분의 생명을 빨아먹는 억압적 시스템이나 관계나 상황에 짓눌려 질식할 것 같습니까? 아니면 이런 사람들과 연대하고 있습니까?

바울은 여러분과 제게 좋은 소식을 전합니다. 하나님의 영이 세상에 퍼지고 있습니다. 하나님의 숨이 우리의 폐를 새 생명으로 채울 수 있습니다. 개개인과 하나님의 백성으로서 우리가 숨 잘 쉬는 법을 다시 배우길 바랍니다. 우리가 하나님의 숨으로 채워지고 그분의 숨의 인도를 받아 세상에 보여 줄 수 있기를 바랍니다. 죽음이 파괴하려고 마지막 발악을 할 때라도, 또는 특히 그러할 때, 생명을 주시는 하나님의 능력이 무엇과 같은지를 말입니다. 우리가 하나님의 숨에 활력을 얻어 죽음이 그 마지막 침을 잃었다는 확실한 소망 가운데 살길 바랍니다(고전 15:55). 하나님께 감사를!

결론

17

다양한 관점에 대한 우리의 이해

조지프 모디카

Joseph B. Modica

어떤 사람은 이 책에 실린 에세이들과 설교들을 읽은 후에 사도 바울을 보는 '바른' 관점을 선택해야 한다고 결론 내릴지 모르겠다. 또는 한 관점이 모든 해석의 매듭을 푼다고 결론 내릴지도 모르겠다. 심지어 한 관점이 다른 관점들보다 더 참되거나('더 기독교적'이거나) 더 정확하다고 결론 내릴지도 모르겠다. 그러나 이것은 이 책이 의도하는 목적이 아니다. 이는 특정 관점을 지지하거나 그 관점에서 설교하는 사람들이 그 관점의 해석 렌즈를 확신하지 못한다는 뜻이 아니다. 오히려, 우리는 이러한 관점들을 이를테면 해석의 만화경으로 보아야 한다. 따라서 이러한 관점들의 기여를 인정하고 평가할 수 있으며, 이렇게 할 때 사도 바울과 그의 서신들을 더 깊고 풍성하게 이해하게 된다.

왜 서로 다른 관점들이 존재하는가? 왜 이 관점들이 중요하기까지 할까? 관점들이 존재하는 것은 해석들이 존재하기 때문으로 보인다. 역사적 예수 탐구처럼, 사도 바울을 보는 관점들도 비슷한 목적에 기여한다. 바울을 보는 관점들의 존재 목적은 사도 바울과 그의 서신들을 이해하기 위해서다. 이러한 관점들을 평가하는 가장 좋은 방법은 이것들이 해석의 거대한 지형에 기여한다고—그리고 위협이 아니라고—보는 것이겠다. 서로 다른 관점들이 유익한 결과들을 낼 수 있다.

이 책에 소개한 관점들이 우리가 활용할 수 있는 모든 관점은 아니다. 최근에 추가된 관점으로 "유대교 안에서 바울을 보는(Paul within Judaism)" 관점이 있는데, 이는 때로 "급진적 새 관점(radical new perspective)"이라 불린다. 이 관점에서 해석자들은 바울이 유대인이 아니라 오직 이방인을 위해 율법을 비판한다고 주장한다. 따라서 유대인은 여전히 예수 따름이로서 토라를 준수해야 하며, 사도 바울도 여기에 포함될 것이다.[1] 공동 편집자들에 따르면, 이 책은 사도 바울을 부활하신 메시아 예수의 변화된, 또는 전향한(행 9장을 보라) 따름이로 보는 이해와 일치하는 관점들을 포함한다. 바울은 자신의 유대교를 꼭 내려놓지는 않지만, 이제 목적이 달라지며, 그 목적이란 예수 그리스도가 이스라엘 이야기의 성취임을 전하는 것이다.[2]

---

[1] 유명한 지지자 한 사람 Mark D. Nanos를, 특히 다음을 보라. "A Jewish View," in *Four Views on the Apostle Paul*, ed. Michael F. Bird (Grand Rapids: Zondervan, 2012), 159-193, 그리고 "Paul and Judaism: Why Not Paul's Judaism?," in *Paul Unbound: Other Perspectives on the Apostle*, ed. Mark D. Given (Peabody, MA: Hendrickson, 2010), 117-160.

[2] 따라서 "유대교 안에서 바울을 보는(Paul within Judaism)" 관점은 사도 바울과 그의 교회들 간의 관계를 그리스도 중심적으로 보는 이해와 맞지 않는다.

고찰

지금까지 사도 바울을 보는 네 관점—종교개혁의 관점, 새 관점, 묵시적 관점, 참여적 관점—을 살펴보았다. 이 관점들 전체에 대한 네 가지 고찰을 제시하겠다.

1. 각 관점은 로마서를 해석하려는 진지한 시도다.

사도 바울을 보는 어느 한 관점도 해석의 모든 딜레마를 다 해결하지는 못한다. 어떤 사람들은 한 관점이 다른 관점보다 낫다고 효과적으로 논증할 수 있을는지 모른다. 그러나 순전히 한 관점만 의지해 그것이 유일하게 참된 관점이라고 주장한다면 무모할 것이다. 해석과 관련된 확신과 확실성은 다르다. 사도 바울을 보는 다양한 관점의 가치를 인정하면 더 유능하고 관대한 해석자가 된다.

그렇다면 이러한 관점들은 사도 바울에 대한 만화경적 이해에 어떻게 기여하는가? 각 관점을 아주 짧게 요약해 보자.

첫째, 종교개혁의 관점은 하나님의 심판 아래 있는 인간을 위한 예수님의 희생적 죽음을 가장 강조한다. 모든 인간은 죄악되며 하나님의 구속이 필요하다. 그래서 하나님은 예수님의 의로운 죽음을 통해 구속을 주셨다. 어느 누구도 자신의 공로로 구원받을 수 없기에, 하나님은 예수 그리스도를 믿는 사람을 의롭다 하신다. 스티븐 웨스터홈름의 말이 적절하다. "수프와 샌드위치처럼, 믿음과 은혜는 함께 간다. '행위'와 은혜는 함께 가지 않는다."[3] 따라서 사도 바울이 볼 때, 예수님의 죽음으로 유대인과 이방인의 관계가 근본적으로 달라졌다.

새 관점의 최고 업적은 유대교를 이해하는 새로운 방식이다. 샌더스의 대표작 《바울과 팔레스타인 유대교》는, 여러 사람들이 말했듯이, 바울을 보는 새 관점보다 유대교를 보는 새 관점에 관한 것이다. 스캇 맥나이트는 중요한 질문을 한다. 샌더스는 새 관점에 참여했는가, 아니면 새 관점을 준비했는가?[4] 스캇 맥나이트에 따르면, 새 관점의 가장 중요한 요소는 "새 관점이 이전 목소리들에 반발하고, 유대교 자체를 유기적으로 이해하는 데 새롭게 관심을 가진다는 것이다."[5] 새 관점은 주요 주창자들(예를 들면, 라이트, 던) 사이에서 다양하게 반복된다. 샌더스가 땅을 비옥하게 했고, 그 땅에서 새 관점이 꽃을 피웠을 것이다. 따라서 새 관점, 묵시적 관점, 참여적 관점은 샌더스를 따라 바울을 보려는 시도들이라고 주장할 수 있겠다.

묵시적 관점은 북미의 루이스 마틴의 중요한 연구에 뿌리를 두며, 사도 바울의 복음 메시지를 신학적 정초주의에 대한 반

---

3 p. 42를 보라.

4 p. 53을 보라. 맥나이트는 샌더스가 자신의 저작에서 "새 관점"이란 표현을 사용하지 않는다고 말한다. 던과 라이트는(예를 들면, 새 관점의 주요 주창자들) 샌더스의 최근 저서 *Paul: The Apostle's Life, Letters and Thought* (Fortress, 2015)에 중요하게 등장하지 않는다. 라이트는 각주에 한 번 등장한다. 던은 본문 내 한 인용에서 세 번 등장한다. 물론, 샌더스는 서문에서 자신의 책이 "일반 독자"를 위한 것이라고 말한다.

5 p. 53을 보라.

발로 보고 바울 계시의 인식론에 초점을 맞춘다. (마틴이 1967년에 발표한 논문의 제목 "시대 전환기의 인식론 Epistemology at the Turn of the Ages"에 주목하라.)[6] 예수님은 무엇을 계시하시는가? 예수님은 하나님이 인간에게 주시는 계시적 진리다. 따라서 바울 복음은 "묵시적 해석"에 자리한다고 더글라스 캠벨은 말한다.[7] 캠벨은 사도 바울의 관점을 온전히 이해하려면 이 묵시 이야기를 역방향으로, 또는 후향적으로 해야 한다고 말한다. 캠벨은 하나의 신학적 결론에서 시작해 바울을 보는 관점은 본질적으로 위험하다고 지혜롭게 말한다. "따라서 우리의 문제 설명이 우리의 궁극적 진리가 되고, 예수님은 수리된 타이어처럼 오셔서 우리가 이미 스스로 해결한 문제에 맞춤하게 될 것이다."[8] 우리는 우리의 터져버린 신학적 타이어를 수리할 때 예수님을 사용하길 늘 피하려 한다.

마지막으로, 참여적 관점은 한 사람과 그리스도 사이의 관계에 대한 "전치사(into/in/with)를 활용한" 이해를 제시하는데, 여기에는 고난과 새로운 삶 둘 다에 대한 인식이 포함된다. 마이클 고먼은 이렇게 말한다. "그리스도 안에 있다는 것은 십자가에 달

---

6 마틴의 생각은 그 역사적 뿌리가 독일에 깊이 박혀 있다(Wrede, Schweitzer, Kasëmann을 주목하라). 에른스트 케제만의 유명한 말이 곧바로 떠오른다. "묵시는…모든 기독교 신학의 어머니였다." Kasëmann, "Beginning of Christian Theology," *Journal for Theology and the Church* 6 (1969): 40을 보라. 마틴의 논문 "Epistemology at the Turn of the Ages"는 *Theological Issues in the Letters of Paul* (Edinburgh: T&T Clark, 1997)에 실려 있다.

7 p. 80을 보라. 캠벨은 갈 1:12 "예수 그리스도의 계시[아포칼립세오스]"를 언급한다.

8 p. 88을 보라.

려 죽었으나 부활하신 주님의 삶에 참여한다는 것이다."[9] 이것은 단순히 개인적 관계가 아니라 교회를 통해 공동체에 참여하는 관계다. "이신칭의와 세례를 받아 그리스도 안으로 들어감(그리스도의 몸에 통합됨), 이 둘은 그리스도 안에, 그리고 다른 사람들과 함께 사는 삶에 들어가는 참여 사건들이다."[10] 고면은 각 관점들이 서로를 필요로 한다고 말한다. "그러나 참여적 관점이 다른 관점들과 경쟁한다고 봐서는 안 되고, 오히려 다른 관점들을 보완한다고 봐야 한다."[11] 고면은 참여적 관점을 이야기 속으로 들어가는 것으로 본다. "복음을 믿는다(또는 신앙고백을 한다)는 것은 단순히 복음의 진리에 동의한다는 뜻이 아니라 복음의 이야기에 참여한다는, 더 정확히 말하면, 복음의 이야기가 서술하는 실체에 참여한다는 뜻이다."[12] 고면은 사건(칭의)을 절대로 이야기(성화)로부터 분리해서는 안 된다고 말한다.

따라서 각 관점은 성경 본문을 충실하게 살피려 한다. 이것을 여러 차례 강조해야 한다. 이것은 지적 엄격함과 겸손을 갖출 때 잘 이행되는 해석 작업이다. 이것은 그리스도인과 교회 양쪽 모두에게 도움이 되는 중요한 기본 과제이기도 하다.

---

9   p. 114를 보라.
10 p. 120을 보라.
11 p. 114를 보라.
12 p. 135를 보라.

2. 각 관점은 그 관점이 사도 바울의 신학에서
핵심 가닥이라 생각하는 것을 이해하는 방식을 제시한다.

종교개혁의 관점이든, 새 관점이든, 묵시적 관점이든, 참여적 관점이든, 각 관점은 사도 바울의 신학적 핵심을 캐내려 한다. 우리의 은유로 돌아가, 만화경을 다르게 돌리면 그림이 다르게 보이지만, 색채의 윤곽과 배열은 바뀌지 않는다. 마찬가지로, 모든 해석이 가능하지는 않지만 서로 다른 해석의 트위스트가 있을 뿐이다.

사도 바울에 대한 이해에서, 크리스티안 베커 교수는 상황성과 일관성의 범주를 설명한다. 그는 이렇게 말한다. "[바울] 해석학은 복음의 일관된 중심과 그 상황적 해석 사이의 지속적 상호작용에 있다."[13] 간단히 말해, 베커에 따르면, 사도 바울에게 상황성(다시 말해, 로마서를 어떻게 설교하느냐)은 복음과 자신의 교회들이 갖는 구체적 필요들을 연결하는 그의 창의성을 포함한다. 다른 한편으로, 일관성은 바울의 복음 이해를 통해 바울의 생각을 어떻게 이해하려 하느냐다.[14] 이 구분은 다양한 관점이 어떻게 기능하는지 이해하는 데 중요하다. 다양한 관점은 사도 바울의 생각에서 신학적 핵심을 파악하려 한다.

---

13 다음을 보라. J. Christiaan Beker, *Paul the Apostle: The Triumph of God in Life and Thought*(Philadelphia: Fortress, 1984), 특히 "The Character of Paul's Thought," 11-19; quotation on 11.

14 물론, 모두가 바울의 생각에 대해 베커가 제시하는 묵시적 핵심에 동의하지는 않을 것이다. 그러나 바로 이것이 핵심이다. 즉 다양한 관점의 목적은 바울이 복음을 자신의 특정한 교회들에 적용할 때 그의 사고 과정을 찾아내는 것이다.

3. 사도 바울을 보는 관점들은 실제로
1세기 유대교/유대교들을 보는 관점들이다.

신약성경을 설교하거나 가르칠 때마다, 유대교를 보는 어 떤 관점을 제시하지 않을 수 없다. 이것은 E. P. 샌더스가 남긴 유 산일 것이다. 그는 바울을 보는 새 관점의 선구자들 중 하나였 을 뿐 아니라, 더 중요하게는, 유대교를 보는 새 관점의 선구자였 다.[15] 안 좋은 면도 있다. 새 관점을 깎아내리는 사람들에 따르면, 새 관점의 주요 결점 중 하나는 유대교는 본래 다채로웠으며, 따 라서 언약적 율법주의가 유대교를 지나치게 한 범주로 제한함으 로써 1세기 유대교 전체를 이해하지 못한다는 것이다. 그 결과, 우리는 이 책의 제목을 더 정확하게《기독교 설교자들을 위한 유 대교들 설교하기 Preaching Judaisms for Christian Preachers》로 하고 싶은 유혹을 받았다(실제로가 아니라 핵심을 파악하기 위해).[16]

---

15 아이젠바움(Eisenbaum)은 샌더스가 자신의 책 582쪽 중에 428쪽을(대략 4분의 3을) 주전 2000년부터 주후 200년 사이의 유대 문헌 연구에 할애한다고 말한다. 따라서 샌더스의 책 제목 을 '팔레스타인 유대교와 바울'이라고 붙이는 게 더 정확하다. 다음을 보라. Pamela Eisenbaum, *Paul Was Not a Christian* (New York: HarperOne, 2009), 63.
16 깎아내리는 사람들에 대해서는 다음을 보라. *Justification and Variegated Nomism, vol. 1, The Complexities of Second Temple Judaism*, 그리고 vol. 2, *The Paradoxes of Paul*, ed. D. A. Carson, P. T. O'Brien, and M. A. Seifrid (Grand Rapids: Baker Academic, 2001, 2004).

4. 한 관점이 존재하려면 나머지 관점들이 필요하다.

각 관점은 기존의 관점을 도약대로 활용해 본문과 다시 씨름하는 데서 비롯된다. 바꾸어 말하면, 각 관점은 나머지 관점들과 겹치는 점이 있다. 관점들은 진공 상태에서 나오지 않는다. 이를 '시너지 효과를 내는' 학문이라 부를 수도 있겠다. 사도 바울과 그의 서신들을 해석하는 가장 좋은 방법은 '옳은' 관점은 오로지 하나뿐이라고 상정하지 않는 것이겠다. 관점들은 상호보완적이기 때문이다(반대 의견도 있으리라는 것은 나도 안다). 내가 다양한 관점들의 자산이라고 보는 것은 '둘 중 하나'가 아니라 '둘 다'라는 학자들의 자세다. 학자들은 흔히 '둘 중 하나'의 환경에서 학자로서 경력을 쌓는다. 이것은 모든 학문적 결과가 동일하게 타당하다는 뜻이 아니라(신화적 예수 논쟁을 둘러싼 현재의 다툼을 보라), 이 책에서 소개한 관점들이 이를테면 서로를 필요로 한다는 뜻이다. '둘 다'라는 학자들의 자세가 진정한 대화와 진정한 의견차이 둘 다 가능하게 한다.

결론

전설이 된 싱어송 라이터이자 활동가요 최근에 노벨 문학상을 받은(2016년) 밥 딜런(Bob Dylan)은 1963년에 쉽게 답할 수 없을 궁극적 관심이 담긴 질문들이 있음을 암시하는 노랫말을 썼다.

그 노래의 한 구절이 사도 바울을 보는 다양한 관점에 대한 우리의 이해와 연결된다. "나의 친구여, 그 해답은 불어오는 바람 속에 있다네." 사도 바울에 대한 해석의 "해답들이 불어오는 바람 속에" 있다. 그렇기에, 애초에 왜 애를 쓰느냐고 물을는지 모른다. 이 일이 헛되고 비생산적으로 보일 수 있다. 이 일은 사실 중요하다. 딜런의 노랫말처럼, 궁극적 관심이 담긴 질문들이 있고, 이 질문들은 언제나 해답을 찾으려 노력할 가치가 있기 때문이다. 우리가 사도 바울의 서신들을 계속 해석하는 이유는 이 서신들이 개인과 교회에 의미가 있기 때문이다. 모든 해석자가 본질적이고 중대한 이 일에 계속 충실하길 바란다.

Bird, Michael F. *The Saving Righteousness of God: Studies on Paul, Justification and the New Perspective*. Eugene, OR: Wipf & Stock, 2007.

Dunn, James D. G. *Jesus, Paul and the Law: Studies in Mark and Galatians*. Louisville: Westminster John Knox, 1990.

――――, *The New Perspective on Paul*. 2nd ed. Grand Rapids: Eerdmans, 2007.《바울에 관한 새 관점》, 김선용 옮김(감은사, 2018).

Garlington, Don. *In Defense of the New Perspective on Paul: Essays and Reviews*. Eugene, OR: Wipf & Stock, 2005.

Heilig, Christoph, Michael F. Bird, and J. Thomas Hewitt, eds. *God and the Faithfulness of Paul*. Minneapolis: Fortress, 2017.

Kim, Seyoon. *Paul and the New Perspective: Second Thoughts on the Origin of Paul's Gospel*. Grand Rapids: Eerdmans, 2001.《바울 신학과 새 관점》, 두란노 아카데미(2002).

Mattison, Mark M. "A Summary of the New Perspective on Paul." The Paul Page, October 16, 2009. http://www.thepaulpage.com/a-summary-of-the-new-perspective-on-paul/.

Sanders, E. P. *Paul and Palestinian Judaism: A Comparison of*

Patterns of Religion. Philadelphia: Fortress, 1977. 《바울과 팔레스타인 유대교》, 박규태 옮김(알맹e, 2018).

──────, *Paul, the Law, and the Jewish People*. Philadelphia: Fortress, 1983. 《바울, 율법, 유대인》, 김진영, 이영욱 옮김(감은사, 2021).

Thompson, Michael Bruce. *The New Perspective on Paul*. Cambridge: Grove Books, 2002.

Watson, Francis. *Paul, Judaism, and the Gentiles: Beyond the New Perspective*. 2nd ed. Grand Rapids: Eerdmans, 2007.

Westerholm, Stephen. *Perspectives Old and New on Paul: The "Lutheran" Paul and His Critics*. Grand Rapids: Eerdmans, 2003.

Wright, N. T. *Justification: God's Plan and Paul's Vision*. Downers Grove, IL: IVP Academic, 2009. 《톰 라이트, 칭의를 말하다》, 최현만 옮김(에클레시아북스, 2016).

──────, *Paul: In Fresh Perspective*. Minneapolis: Fortress, 2009.

──────, *Paul and the Faithfulness of God*. Minneapolis: Fortress, 2013. 《바울과 하나님의 신실하심 상, 하》, 박문재 옮김(CH북스, 2015).

──────, *What Saint Paul Really Said: Was Paul of Tarsus the Real Founder of Christianity?* Grand Rapids: Eerdmans, 1997. 《바울의 복음을 말하다》, 최현만 옮김(에클레시아북스, 2018).

Yinger, Kent L. *The New Perspective on Paul: An Introduction*. Eugene, OR: Cascade Books, 2010.

마이클 버드(Michael F. Bird)는 호주 멜버른에 있는 리들리 칼리지(Ridley College)에서 신학을 가르친다. 저서로는《혁신적 신학자 바울*An Anomalous Jew: Paul among Jews, Greeks, and Romans*》(새물결플러스), 2015년 〈크리스채너티 투데이〉로부터 성경연구 부문 도서상을 받은《주 예수의 복음 *The Gospel of the Lord: How the Early Church Wrote the Story of Jesus*》(새물결플러스) 등이 있다

더글라스 캠벨(Douglas A. Campbell)은 듀크 대학교 신학대학 신약 교수이며, 바울 서신을 연구하는 학자다. 저서로는 *Framing Paul: An Epistolary Biography, The Deliverance of God: An Apocalyptic Rereading of Justification in Paul, Paul: An Apostle's Life* 등이 있다.

제임스 던(James D. G. Dunn)은 더럼 대학교(Durham University) 라이트푸트 명예 교수(Lightfoot Professor Emeritus)를 지냈으며, 현대 세계에서 가장 유명한 신약학자 중 하나로 꼽힌다. 저서로는《바울신학*The Theology of Paul the Apostle*》(CH북스)과 3권으로 된 아주 두꺼운《초기 교회의 기원 *Christianity in the Making*》(새물결플러스) 등이 있다. (2020년 6월에 작고했다.)

티모시 곰비스(Timothy G. Gombis)는 그랜드래피즈 신학교(Grand Rapids Theological Seminary) 신약 교수이다. 저서로는 *The Drama of Ephesians: Participating in the Triumph of God, Paul: A Guide for the Perplexed* 등이 있다.

마이클 고먼(Michael J. Gorman)은 세인트 메리 대학원대학교(St. Mary's Seminary & University)에서 성경연구와 신학 분야의 레이몬드 브라운 석좌 교수(Raymond E. Brown Chair)이다. 저서로는 《삶으로 담아내는 십자가*Cruciformity: Paul's Narrative Spirituality of the Cross*》(새물결플러스), 《삶으로·담아내는 복음*Becoming the Gospel: Paul, Participation, and Mission*》(새물결플러스), 《신학적 방법을 적용한 새로운 바울연구 개론*Apostle of the Crucified Lord: A Theological Introduction to Paul and His Letters*》(대한기독교서회), *Inhabiting the Cruciform God: Kenosis, Justification, Theosis in Paul's Narrative Soteriology* 등이 있다.

리처드 헤이스(Richard B. Hays)는 듀크 대학교 신학대학 신약학 조지 워싱턴 아이비 명예 교수(George Washington Ivey Professor Emeritus)이다. 저서로는 《상상력의 전환*The Conversion of the Imagination: Paul as Interpreter of Israel's Scripture*》(QTM), 《신약의 윤리적 비전*The Moral Vision of the New Testament: A Contemporary Introduction to New Testament Ethics*》(IVP), *Echoes of Scripture in the Letters of Paul, Echoes of Scripture in the Gospels* 등이 있다.

수잔 왓츠 헨더슨(Suzanne Watts Henderson)은 노스캐롤라이나 샬롯에 위치한 샬롯 퀸즈 대학교(Queens University of Charlotte) 교양학부 종교학 교수이자 윤리와 종교 센터(the Center for Ethics and Religion) 책임자이다. 저서로는 *Christ and Community: The Gospel Witness to Jesus, The*

Cross in Contexts: Suffering and Redemption in Palestine (Mitri Raheb 공저) 등이 있다.

타라 베스 리치(Tara Beth Leach)는 서던 캘리포니아에 위치한 파사데나 제일 나사렛교회(First Church of the Nazarene of Pasadena) 담임목사다. *Missio Alliance* 고정 기고자이며, *Christianity Today, Christian Week, Jesus Creed* 등에 기고했다. 저서로는 *Kingdom Culture*가 있으며, *The Apostle Paul and the Christian Life*에도 기고했다.

스캇 맥나이트(Scot McKnight)는 일리노이 롬바드에 위치한 노던 신학교 (Northern Seminary) 신약 교수이다. 저서로는《예수 신경 *The Jesus Creed: Loving God, Loving Others*》(새물결플러스), A *Community Called Atonement* 등이 있으며, 최근 International Commentary 중에《골로새서》와《빌레몬서》를 집필했다. Patheos.com에서 *Jesus Creed* 블로그도 운영하고 있으며, 이 블로그로 상을 받았다.

제이슨 미켈리(Jason Micheli)는 워싱턴 DC 외곽에 자리한 아난데일 연합감리교회(Annandale United Methodist Church) 목사이며, 저서로는 *Cancer Is Funny: Keeping Faith in Stage-Serious Chemo* 등이 있다. 블로그 *Tamed Cynic*을 운영하고 있다.

조지프 모디카(Joseph B. Modica)는 펜실베이니아 세인트 데이비즈에 자리한 이스턴 대학교(Eastern University) 교목이자 성경을 가르치는 조교수다. 스캇 맥나이트와 함께《가이사의 나라 예수의 나라 *Jesus Is Lord, Caesar Is Not: Evaluating Empire in New Testament Studies*》(IVP)와 *The Apostle Paul and the Christian Life: Ethical and Missional Implications of the New Perspective*를 편집했다.

플레밍 러틀리지(Fleming Rutledge)는 성공회 사제이며 베스트셀러 작가이
자 호평 받는 설교자이다. 저서로는 《예수가 선택한 길 The Undoing of
Death》(비아토르), Not Ashamed of the Gospel: Sermons from Paul's
Letter to the Romans, 2017년 〈크리스채너티 투데이〉가 '올해의 책'
으로 선정한 《예수와 십자가 처형 The Crucifixion: Understanding the
Death of Jesus Christ》(새물결플러스) 등이 있다.

토머스 슈라이너(Thomas R. Schreiner)는 켄터키 루이스빌에 자리한 서던 침례
교 신학교(Southern Baptist Theological Seminary) 신약해석학 제임스 뷰
캐넌 해리슨 교수(James Buchanan Harrison Professor)이자 성경신학 교
수이다. 저서로는 《성경신학 The King in His Beauty》(부흥과개혁사), 《신
약신학 New Testament Theology》(부흥과개혁사), 《바울서신 석의 방법론
Interpreting the Pauline Epistles, Paul》(CLC), Apostle of God's Glory in
Christ 등이 있다.

칼 트루먼(Carl R. Trueman)은 펜실베이니아 그로브시티에 위치한 그로브시티
칼리지(Grove City College)에서 성경과 종교 담당 교수이다. 저서로는
《오직 은혜 Grace Alone—Salvation as a Gift of God》(부흥과개혁사)와 《교리
와 신앙 The Creedal Imperative》(지평서원) 등이 있다. FirstThings.com에
정기적으로 글을 게재한다.

스티븐 웨스트홀름(Stephen Westerholm)은 온타리오 해밀턴에 자리한 맥매
스터 대학교(McMaster University)에서 초기 기독교를 가르치는 명예
교수이다. 저서로는 Reading Sacred Scripture: Voices from the
History of Biblical Interpretation (Martin Westerholm 공저), Law and
Ethics in Early Judaism and the New Testament, Perspectives
Old and New on Paul 등이 있다.

윌리엄 윌리몬(William H. Willimon)은 듀크 대학교 신학대학 교수이며, 이곳에서 실천신학(the practice of Christian ministry)을 가르친다. 〈크리스천 센추리 *Christian Century*〉 책임 편집자이기도 하다. 저서로는 《21세기형 목회자 *Worship as Pastoral Care; Pastor: The Theology and Practice of Ordained Ministry*》(한국기독교연구소)와 *Sinning Like a Christian: A New Look at the Seven Deadly Sins* 등이 있다.

포크너, 윌리엄 Faulkner, William, 238,
  257

하링크, 더글라스 Harink, Douglas,
  80n2
헤이스, 리처드 Hays, Richard, 67, 119,
  121n16, 128, 275
화이트헤드, 필립 Whitehead, Philip,
  241
후커, 모나 Hooker, Morna, 121n16

인명 색인

169-171; 다윗의 죄, 170

로마: 초기 로마교회, 212-213; 로마가
  그리스도인과 유대인을 대하는 방식,
  62-64, 157

로마서, 146-148; 바울이 로마서에서 전
  개하는 논증들의 핵심적 특징들, 17-
  18; 선교 편지로서의 로마서, 155; 로
  마서를 하나의 전체로 읽기, 112. 다
  음도 보라. 로마서와 참여; 로마서와
  묵시적 바울 읽기; 로마서, 새 관점의
  재구성 이후의 해석들; 로마서의 이미
  와 아직의 균형

로마서, 로마서를 관통하는 묵시적 길,
  104-105; 1 단계: 하나님의 사랑의
  계시(롬 5-8장), 105-106; 2 단계: 그
  리스도 안에 있는 그리스도인의 삶
  (롬 5-8장), 106-107; 3 단계: 다양성
  을 가진 교회(롬 12-15장), 107-108;
  4 단계: 하나님의 백성(유대인), 108-
  109; 5 단계: 종교와 비신자들, 109-
  110; 6 단계: 바울이 로마서를 쓴 이
  유들, 110-111; 7 단계: 거짓 선생들
  과 이들의 거짓 복음(롬1-3장), 111-
  112

로마서, 새 관점의 재구성 이후의 해석
  들, 60; 이방인이 하나님의 언약적 실
  실하심에 포함됨에 관해(롬 9-11장),
  65-71; 유대인, 이방인, 구속, 성령에
  관해(롬 1-8장), 71-79; 다른 사람
  들, 사랑, 평화, 성령에 관해(롬 12-16

장), 61-65; 강한 자와 약한 자 문제,
  62-65, 69-76, 79

로마서, 이미와 아직의 균형, 183, 194-
  195; 이미, 183-186; 결과, 189-194;
  아직, 186-189

로마서와 묵시적 바울 읽기, 80; 로마서
  와 작인(作因, agency), 97-100; 묵
  시적 스토리텔링, 86-88; 인식론(진
  리 기준)에 관한 중요한 주장, 81-86;
  해방(deliverance), 89-92; 하나님의
  백성(성민 내러티브), 101-104; 부활
  상태는 관계적 실체다, 94-96; 계시
  대 정초주의, 81-86. 다음도 보라. 참
  여; 로마서, 새 관점의 재구성 이후의
  해석들

로마서와 참여, 122-123; 하나님과 인
  간의 참여, 132-133; 바울이 사용하
  는 "함께" 어휘들에서 나타나는 참여
  신학의 표현들, 140-141; 참여의 필
  요성, 125-127; 우리가 하나님의 자
  녀로 '입양'된다, 139-140; 그리스도
  에 참여함(롬 1-4장), 123-125; 그리
  스도에 참여함(롬 9-11장), 142-143;
  복음 내러티브에 참여함(롬 6장),
  134-137; "그리스도 안에" 있는 공동
  체에 참여함, 143-146; 아버지와 아
  들과 성령의 삶에 참여함(롬 7-8장),
  137-138; 참여의 실제, 128-131; 그
  리스도 안에서 일어나는 변화, 133-
  134

적대적인 육신, 192; 율법의 형식, 23; 유대인과 이방인이 율법 앞에서 같은 처지다, 24-28; 그리스도 안에 있는 사람은 율법의 정죄를 받지 않는다, 184-185; 자연의 법, 22; 의에 이르는 길로서의 율법, 29-37; "율법의 행위"에 대한 바울의 논박, 74; 신학계의 새 관점이 "율법의 행위"를 재구성, 54-56; 율법과 죄, 77-79. 다음도 보라. 이방인: "율법 없는" 사람

율법주의(nomism). '언약적 율법주의'를 보라

은혜, 하나님의 은혜, 39n15, 49-50, 73-76, 198-200, 204; 인간의 행위를 배제한다, 39n16; 선물이다, 38-39, 281, 285; 우리에게 은혜를 베풀겠다는 하나님의 "예," 205-208; 은혜에 의하여, 믿음으로 말미암아 얻는 구원, 38-43; 그리스도인들이 '은혜'라는 철저히 새로운 자리에 참여함, 271-274. 믿음: 믿음과 은혜도 보라

의(righteousness), 100; 믿음의 의, 41; 값없는 선물, 38-39; 획득할 수 없다, 35; 의[와 화해]의 새로운 삶, 132; 행위 의, 125. 다음도 보라. 하나님: 하나님의 의; 예수 그리스도: 예수 그리스도의 의

이방인, 22n5, 156-157, 244; 교회에 포함됨, 59; 하나님의 언약적 신실하심에 포함됨, 71-79; 하나님 앞에서의 처지, 18-19; "율법 없는" 사람, 22.

다음도 보라. 율법: 유대인과 이방인이 율법 앞에서 같은 처지다

이스라엘, 59-60, 78, 126; 이스라엘의 언약적 선택과 세상에서 부름을 받음, 67-70

인과율, 인과율과 하나님의 무조건적 사랑, 97

인종 청소, 101n29

자유: 인간의 자유, 242; 예수 그리스도 안에서 가진 자유, 247-250

자흐크리틱(Sachkritik, '감각적' 또는 '주관적 해석'), 96n24

정초주의(foundationalism), 81-86; 신학적 정초주의, 84, 103

죄, 89, 125-127, 200-201, 272-273; 죄의 묵시적 권세,134; 죄의 대속(atonement), 35-37; 죄[와 죽음]의 그물에 사로잡힘, 278-280; 아담에게서 일어난 죄와 악의 재앙이 왕이신 예수님의 신실하심으로 뒤집어졌다, 200-201; 죄 가운데 죽어감, 187; 죄와 율법, 77-79, 198-200; 죄로부터의 해방은 칭의와 세례의 본질적인 부분이다, 136-137; 죄[와 사망의] 신호와 징후, 196-197; 죄(Sin)와 사망(Death)은 동의어다, 232; 죄의 종(노예), 26-27, 89, 126, 136-138; 모든 사람은 죄인이다, 17-23

죄책/죄책감, 170, 242, 283

죽음: 죽음의 그물에 사로잡힘, 278-

8:16	140, 292	9:16	39n16
8:17	115, 140, 190, 193, 292, 293	9:18	68
		9:27-29	109
8:17-39	133	9:30	41
8:18	293	9:30-31	108
8:18-25	91	9:30-32	39n16
8:21	142, 232, 293	9:30-10:17	109
8:22	140, 293	9:32	68
8:23	290	9:33	103
8:24	133	10:4	69, 103
8:24-25	92	10:5	31
8:26	141	10:5-21	69
8:28	141, 294	10:6	41
8:28-29	93	10:6-9	39n16
8:29	93, 141	10:9	143, 154
8:29-30	141	10:10	40n17, 41, 156
8:30	133	10:12	156
8:38-39	89	10:16	124n20
8:39	132	10:17	42
9-11	65, 67, 70, 71, 75, 105, 124n19, 142	11	143
		11:1	68
9:1	142	11:5-6	39
9:1-11:10	69	11:6	42
9:4-5	68, 103	11:7	39n16
9:6	68	11:10	70
9:6-8	68	11:11-12	69
9:6-29	108	11:11-24	143
9:10-11	39n16	11:11-36	69
9:11	39n16	11:12	69
9:14-26	109	11:22	39n16
9:15	103	11:25-36	142

성경 색인

3:10-15	84		2:16	29, 33
3:16	144		2:17	115
5-10	54		2:19	115
5:7	37		2:21	33
6:17	115		3	40n17
6:19	144		3:7-9	103
12	140, 144		3:10	32, 165
12:13	122		3:11-12	41
15:3-9	135		3:12	31
15:55	295		3:15-4:7	68
16:1-4	64		3:19-4:7	74, 78
			3:21-22	33
고린도후서			3:27	122
3:7	32		3:28	44, 114, 143, 215
3:9	32		4:4-6	138
3:18	133, 145		4:6	122
4:16	188		4:10-11	21
4:16-18	92, 178		5:2-6	21
5:1	188		5:3	33
5:7	92		5:13-21	39n15
5:17	90, 114, 130, 263		5:15	268
8-9	64		5:16-18	92
			5:25	92
갈라디아서			6:15	130
1:4	33			
1:12	81, 303n7		**에베소서**	
1:13	91		2:8	172
2:4	248		2:8-9	35, 42n18
2:10	64		2:14-22	103
2:11	244		3:14-19	95
2:15-17	244			

로마서 설교: 네 관점

스캇 맥나이트, 조지프 B. 모디카 편집
전의우 옮김

2022년 7월 5일 초판 1쇄 발행

펴낸이 김도완   **펴낸곳** 비아토르
등록번호 제2021-000048호   **주소** 서울시 종로구 삼일대로 428, 500-26호
    (2017년 2월 1일)   (우편번호 03140)
전화 02-929-1732   **팩스** 02-928-4229
전자우편 viator@homoviator.co.kr

편집 김은홍   **디자인** 임현주
제작 제이오   **인쇄** 민언프린텍   **제본** 다온바인텍

ISBN 979-11-91851-33-5 03230   **저작권자** ⓒ 스캇 맥나이트, 2022